"EIN NEGER DARF NICHT NEBEN MIR SITZEN"

Ich bin durch alles, was ich erlebt habe, zu dem geworden, der ich bin. Deshalb begleitet mich auch immer in der Musik die Frage »Was bin ich für dich?« Hier hast du die Möglichkeit, einen Song anzuhören, den ich genau deshalb geschrieben habe – in einer ganz speziellen Version, die nur im Rahmen des Buches veröffentlicht wird. Einfach dem Link folgen und den Remix exklusiv als Soundtrack zum Buch hören!

http://bit.ly/reklessremix

DAVID MAYONGA AKA ROGER REKLESS
MIT NILS FRENZEL

"EIN NEGER DARF NICHT NEBEN MIR SITZEN"

EINE DEUTSCHE GESCHICHTE

KOMPLETTMEDIA

Originalausgabe
1. Auflage
© Verlag Komplett-Media GmbH
2019, München/Grünwald
www.komplett-media.de

ISBN Print: 978-3-8312-0485-4
Auch als E-Book erhältlich

Bildnachweis Umschlag: Philipp Wulk
Lektorat: Redaktionsbüro Julia Feldbaum, Augsburg
Korrektorat: Redaktionsbüro Diana Napolitano, Augsburg
Umschlaggestaltung: Christian Hundertmark (C100 Studio) www.c100studio.com
Satz: Daniel Förster, Belgern
Druck & Bindung: GGP Media GmbH, Pößneck

Printed in Germany

INHALT

VORWORT
VON HANNES RINGLSTETTER

Der David hat mich also angerufen und gefragt, ob ich ein paar Zeilen vorneweg schreiben mag – in sein neues Buch hinein. Thema: klar. Der Farbige in Bayern aufm Land, der Andere, der Besondere, der, der raussticht, umgeben von ewig gleichem Umfeld. Leicht kommt man auf den Trip beim Drübernachdenken, wie bitter es sich wohl anfühlt, mit den Blicken und den Sprüchen leben zu müssen von Anfang an, und man beginnt emphatisch mitzufühlen mit dem Burschen, der doch nur sein will wie alle anderen. Wie jedes Kind.

Dann aber hab ich mir dich noch mal angeschaut, und wie ich dich erlebe und was du alles aufgestellt hast in deinem Leben und wie talentiert du bist und wie offen und wie bayerisch in deinem Wesen. Also probier ich's mal anders: Vielleicht war alles ein großes Glück! Vielleicht hat dich das »Anders-betrachtet-Werden« gerade zu dem gemacht, der du bist. Vielleicht hat es dich früh auf dich zurückgeworfen, weil nie ganz dazugehörend, dass du viel mehr schauen musstest, wer du bist, wie du dich ausdrücken willst, was du zu sagen hast. Vielleicht war das »Nicht-Sein-wie-alle anderen« genau die Chance, einen eigenen Charakter, Style und Way of Life zu definieren. Und eine eigene Sprache zu finden. Eine Sprache für Kreativität und Ausdruck und Leidenschaft – und Rap.

Ein Glücksfall also vielleicht einfach, jede dieser negativen Erfahrungen der Ausgrenzung, weil sie dich stärker gemacht haben in deiner Persönlichkeit und klarer in deinem Wollen, etwas anderes zu tun als die meisten anderen. Du bist anders geblieben und hast doch die Fähigkeit durch gerade diese Ausgrenzungserlebnisse erworben, es niemals mit anderen genauso zu machen. Also offen zu bleiben, angstfrei Menschen zu begegnen und cool zu sein mit jeglichen Formen von Leben, weil selbst immer unter Beobachtung. Viele Vorurteile aushalten zu müssen kann einen paradoxerweise zu einem Menschen werden lassen, der wenig Vorurteile besitzt anderen gegenüber. Weil man weiß, wie es sich anfühlt.

Begegne dieser wirren und oft so verschlossenen Welt weiter klar, stark, laut, herzlich, direkt, frei und liebevoll. Ist eh selten geworden diese Mischung. Das braucht die Welt. Und schon macht Anders-Sein wieder Sinn. Und somit auch dieses Buch.

PROLOG – ZU BESUCH BEIM AFD-INFOTREFFEN DES KREISVERBANDES MÜNCHEN-SÜD

Es ist ein kalter Dienstagabend Ende November, als ich in meiner Wohnung in Neuperlach stehe und zu meiner Winterjacke greife. Die Kälte ist in den letzten Wochen in die bayerische Landeshauptstadt eingezogen, und ich verweigere mich dem allseits um sich greifenden Frieren.

Ich ziehe die Tür hinter mir zu, laufe die sechs Stockwerke meines Hauses hinunter und mache mich auf den Weg zur nahe gelegenen U-Bahn-Station. Die Blätter der Bäume, die den Pfad säumen, sind bereits komplett gefallen, und das Jahr hat den Herbst schon seit Längerem hinter sich gelassen. Ich steige in die U5 Richtung München Hauptbahnhof. Vom Gewusel am Hauptbahnhof laufe ich einige Hundert Meter zur Hackerbrücke und mache mich von hier auf weiter zu einer Gaststätte in den Münchener Westen. Sicher hätte ich vom Hauptbahnhof auch einfach einige Stationen weiter mit der S-Bahn fahren können, aber manchmal mag ich es einfach, zu Fuß zu gehen und in aller Ruhe nachzudenken. Ich bin von Haus aus ein nachdenklicher Mensch und grübele ständig über die verschiedensten Dinge, die mich beschäftigen. Heute ist aber ein Tag, an dem es nicht die Gewohnheit ist, die mich so viel nachdenken lässt.

Es ist dem Ort geschuldet, den ich im Begriff bin, aufzusuchen. Tausende Gedanken schwirren mir durch den Kopf, mein Atem gefriert in der dunklen Nacht, und ich bin froh, dass ich mir geistesgegenwärtig noch meine Goodbois-Mütze mitgenommen habe.

Deren Slogan ist »Stand for something«, und genau darum wird es heute für mich gehen. Von der Hackerbrücke aus biege ich in eine spärlich beleuchtete Seitenstraße ein. Scheinwerferlichter von vorbeifahrenden Autos leuchten mir den Weg.

Nach wenigen Minuten habe ich mein Ziel erreicht und stehe inmitten einer kaum befahrenen Kreuzung vor einem großen beigen Gebäude. Durch die weißen Gardinen sehe ich bereits einige ältere Männer, die an massiven Holztischen sitzen und halb leere Weißbiergläser vor sich stehen haben. Bis hierhin wirkt die Szenerie altbekannt, »Boazn-Atmosphäre« halt. Der Name der Wirtschaft steht in Frakturschrift über dem Gebäude, daneben hängt ein Paulaner-Schild. Tegernseer wär mir lieber. Ich werfe einen Blick auf meine Armbanduhr: 19:45 Uhr. 15 Minuten noch, bis es losgeht. Ich bin nicht aufgeregt, sondern stelle mir eher vor, jetzt gleich eine teilnehmende Beobachtung durchzuführen, wie damals im Pädagogikstudium. Ist es komisch, dass ich keine Aufregung oder Angst verspüre? Sollte ich nicht eigentlich sogar Angst haben?

Ich denke zurück an vergangenen Freitag und an das Turnier, auf dem ich gekämpft habe, die »Bavarian Open« im Brazilian Jiu-Jiutsu. Meine Leidenschaft. Ich bin ein Blaugurt, und in meiner Gewichtsklasse, den »Ultra Heavyweights +94 Kilogramm« gab es nur einen einzigen anderen Teilnehmer. Jemanden mit einem Braungurt, der also zwei Gürtelklassen über mir war. Für mich ein sogenannter »Superfight«. Ich gewann den Kampf nach Punkten, obwohl ich eigentlich unterlegen hätte sein sollen. Was soll mir also hier noch passieren?

Ich stehe vor dem Gasthof und bin gerade wahrscheinlich am falschesten Ort zum falschesten Zeitpunkt in ganz München, aber ich habe keine Angst. Ich möchte den Menschen, die sich hier alle zwei Wochen in einem Hinterzimmer treffen, mit Ruhe begegnen. Ich will zuhören. Ich will wissen, was in meinem München und in meinem Bayern vor sich geht, worüber bei diesen obskuren, halb öffentlichen Treffen geredet wird und wie die Menschen vor ihren halb leeren Weizengläsern auf mich, den »Schwarzen«, reagieren werden. Ich denke kurz an meine Mutter, von der ich so viel gelernt habe und die mich vor allem zum Frieden und zum gesellschaftlichen Miteinander erzogen hat. Sie würde nicht wollen, dass ich jetzt umdrehe. Jetzt, wo ich schon einmal hier bin. Und ich will das auch nicht. Ein einzelnes Auto fährt die sonst unbefahrene Straße entlang, ansonsten ist es ganz still. Ich genieße die Ruhe des Moments. Dann betrete ich die Gaststätte.

Der Vorderraum der Wirtschaft ist menschenleer und sieht relativ uneinladend aus. Einige rustikale dunkle Holztische stehen im Raum verteilt – mit dazu passenden, hölzernen Stühlen. An der Ecke blinken zwei Spielautomaten und trüben das sonst so klare Bild einer 80er-Jahre-Boazn. Einige Krüge mit dem Logo des TSV 1860, dem Verein der Münchener Löwen, stehen ordentlich platziert hinter mehreren Glasvitrinen, ein unscheinbares, kleines eingerahmtes Gemälde von Ludwig II. hängt schief an der Wand, und ein Deutschland-Sombrero liegt auf einer Ablage. Der Geruch von Malz und Holz liegt in der Luft, und aus dem vom Vorraum aus einsehbaren Hinterzimmer höre ich ein Stimmengewirr der Männer, die ich von draußen bereits gesehen habe. Dass ich mit Überschreiten der Türschwelle vor wenigen Sekunden eine Parallelwelt betreten habe, wird mir erst später klar. Ich blicke noch mal durch den leeren Gastraum. Alles wirkt unwirklich wie ein Filmset, als wolle man die Fassade einer urbayerischen Gaststätte aufrechterhalten. Alles hier wirkt gekünstelt und unecht, als hätte man das Bild des Originals hier hineingetragen und akkurat danach ausgebaut. Mich stören vor allem die vielen 1860er-Maßkrüge und Wimpel. Es wirkt, als hätten sie hier den Traditionsverein nur deshalb so überrepräsentiert, damit klar wird: Wir sind die Bewahrer der echten bayerischen Lebensart. Aber ich fühle, dass sie sich »unseren Verein« genommen haben, »unsere Tradition«, um Leute wie mich auszuschließen. Ich habe ein paar Jahre beim TSV 1860 Boxen trainiert. Daher kommt auch mein Bezug zum Verein. Einmal Löwe immer Löwe, sagt man dort. Aber zu diesen Löwen, die hier zu verkehren scheinen, fühle ich mich ganz und gar nicht zugehörig.

»Ah, Herr Mayonga.« Der Mann vor mir trägt ein weißes Hemd und darüber einen blauen Pullover. Lächelnd reicht er mir die Hand.

»Servus«, antworte ich fast schon übertrieben freundlich. Ich schätze ihn auf Mitte fünfzig, und er ist ganz offensichtlich der Leiter des heutigen AfD-Infoabends vom Kreisverband München-Süd, für den ich mich vor einigen Tagen per E-Mail angemeldet habe. Diese Treffen finden immer im zweiwöchentlichen Turnus statt, Adresse und Zeitpunkt werden vorab per E-Mail mitgeteilt, sind also nicht öffentlich einsehbar. Neben meinem vollen Namen musste ich auch meine Telefonnummer angeben. Um mich herum sitzen bereits ungefähr 20 Personen, größtenteils Männer ab 50. Nicht unbedingt eine sehr jugendliche Veranstaltung. Vereinzelt sehe ich auch Frauen und einige jüngere Männer, die aus der Münchener Kälte nach und nach in die Gaststätte drängen. Ich spüre die Blicke der Umhersitzenden, die an mir hängen, als hätte ich ein Fadenkreuz auf dem Körper, aber das kenne ich ja schon, seit ich ein Kind bin.

»Ach, setzen Sie sich doch hier hin«, sagt der Mann im blauen Pullover und bietet mir mit einer einladenden Handbewegung den Stuhl direkt vor ihm an. Hier stehen sein Laptop und der Beamer, der die Worte »Herzlich willkommen beim Info-Abend des Kreisverbandes München-Süd« auf eine Leinwand projiziert. Ein AfD-Wimpel mit der Aufschrift »Wir lieben Deutschland« steht in der Mitte unseres Tisches. Mir schräg gegenüber sitzen drei Frauen mittleren Alters, die mich etwas irritiert und abschätzig anstarren.

Ruhig bleiben, denke ich mir. Ruhig bleiben. Du hast einen Braungurt besiegt, keiner der Braunen hier kann es mit dir aufnehmen, spreche ich mir mantramäßig zu. Ich fahre meinen Puls hinunter. Eine der Frauen spricht mich an, kurz nachdem ich mich gesetzt und der Runde zugenickt habe.

»Sag amal, bist du sicher, dass du hier bei der richtigen Veranstaltung bist?«

Die Umhersitzenden lachen ein dumpfes, ausschließendes Lachen. Der Mann im blauen Pullover bittet um Ruhe und versucht, mich vorzustellen: »Das ist der Herr Mayonga, der ist Rapper.«

»Ah, wie heißt er denn?«, fragt die Frau, die sich wundert, dass ich hier bin, geheuchelt-interessiert nach.

»Rekless heißt er«, kommt vom Blaupullover, als säße ich nicht mit am Tisch.

»Roger Rekless«, ergänze ich und kann sehen, wie die Frau ganz offensichtlich ihr Handy hervorholt und nach meinem Namen im Internet sucht. Etwas, was der Sitzungsleiter ziemlich sicher vorher auch schon getan hat, denn seine Anschlussfragen implizieren, dass er mich kennt.

»Und also, Sie machen ja … Dinge, oder?«, fragt er nach, und ich muss grinsen.

Ja. Genau das ist mein Motto. *Roger Rekless tut Dinge.* Er muss meinen Instagram-Account entdeckt haben. »Ja, so alles Mögliche. Eigentlich mache ich alles, was mit Wort zu tun hat, Musik, Moderation, Rap, Diverses«, steige ich auf seine Frage ein.

»Ach, das ist ja interessant. Und beim Bayerischen Rundfunk sind Sie ja auch, oder?«

Ich verstehe, worauf er hinauswill und antworte ganz offen und ehrlich: »Ja genau. Ich habe da eine Sendung. Aber ich bin jetzt nicht für den BR hier. Wissen Sie, ich wollte mir das Ganze einfach mal anschauen.« Der Raum füllt sich, Stühle werden hin- und hergeschoben, und aus dem Vorderraum drängen immer mehr Interessierte ins Hinterzimmer. »Ich glaube, es ist eine ganz gute Idee, einfach mal miteinander zu reden, und da das hier ja ein Infoabend ist, dachte ich, komme ich als gebürtiger Münchener und Lokalpatriot einfach mal vorbei.«

Mein Gegenüber wirkt mit der Information etwas überfordert. »Recht hamse«, nuschelt er.

Ich erzähle von meinem Besuch beim politischen Gillamoos in Abensberg einige Monate zuvor. Im Rahmen einer Reportage für die Sendung von Hannes Ringlstetter war ich mit einem Kamerateam vom BR unterwegs und habe die Reden der Parteivorsitzenden angehört und kommentiert. Auch die der AfD. Abgesehen davon, dass Jörg Meuthen ziemlich schlechte politische Comedy abgeliefert hat, stach mir vor allem das Publikum ins Auge. Auf den Bierbänken saßen Bürger, die nach keiner besonderen politischen Agenda aussahen, neben

Menschen mit Thor-Steinar-T-Shirts, die man eindeutig dem rechten Spektrum zuordnen konnte. Hinter den Bierbänken standen Vertreter der Identitären Bewegung, die das Publikum und uns Journalisten beobachteten. Wir wurden eingekreist. Einer machte heimlich Fotos von den Aufzeichnungen des Redakteurs, andere filmten uns auffällig, und sie kamen uns unangenehm nah. Damals hatte ich mit unserem Tonmann, einem ehemaligen russischen Boxer, ausgemacht, dass wir Rücken an Rücken kämpfen würden, falls uns jemand ans Leder wollen sollte. Deshalb war ich auch in dieser Situation nicht so angespannt, wie es die uns Einkreisenden gern gehabt hätten.

Ob der AfD eigentlich bewusst sei, wie nah die Identitäre Bewegung und ein rechtsextremes Spektrum ihnen ist, möchte ich von meinem Gegenüber wissen? Der Infoleiter weicht aus: »Ja, so Leute gibt es halt immer, das ist ja schwierig. Also wir sind hier ja keine Nazis, sonst wäre ich ja nicht hier, weil ich bin ja kein Nazi. Also hier sind ja keine Nazis jetzt, aber ich kann natürlich auch nicht für jeden im Raum sprechen.«

What? Checkst du eigentlich, was du da gerade gesagt hast, Oida? Denk ich mir. Aber der Leiter hatte sich selbst wohl nicht zugehört.

»LEBERKAAS!« Die gellende Stimme der untersetzten Wirtin, die sich von hinten an mir vorbeigeschoben hat, lässt mich zusammenzucken, während sie Gerichte verteilt und neue Bestellungen entgegennimmt. Der Hinterraum füllt sich immer mehr, die Veranstaltung hat noch nicht angefangen, und schon jetzt gibt es hier keine freien Plätze mehr.

»Machen wir den Vorderraum mit auf«, ruft der Mann im blauen Pullover quer über den Tisch dem Ehemann der Wirtin zu, der murrend die Tür öffnet. Es sind jetzt schon mehr als 30 Leute da. Bis zum Ende des Abends werden es weit über 50 sein.

»Was mogstn drinnga?« Die Wirtin ist ihren Leberkäse losgeworden und beugt sich mit ihren krausen Haaren zu mir herüber. Ich bestelle ein alkoholfreies Weißbier. »Und du?« Sie wendet sich an einem Gast am Nebentisch.

»I hätt gern an Russn!«

»Russn derf ma nimmer mehr sonng«, plärrt die Wirtin los. Dann fügt sie hinzu. »Neger derf ma ah nimmer sonng, nix derf ma mehr sonng.« Sie sagt das nicht zum Gast, sondern eher in den nahezu vollen Raum hinein und schaut mich dabei gackernd an.

Der Leiter macht eine abweisende Handbewegung und lacht hell auf: »Mei, die Sissi.«

Alles nur Spaß. Na klar, was sonst. Ich erinnere mich kurz an meine Jugend zurück. Ich bin 15 Jahre alt und will mir über den Sommer in Markt Schwaben Geld verdienen, um mir einen Plattenspieler zu kaufen. Der Sommer 1996 ist heiß und schwül, und mein Kumpel Bowdee und ich arbeiten den kompletten August im Bauhof unseres Ortes. Wir machen gerade Brotzeit und sitzen mit vier anderen Arbeitern an einem runden Tisch in einer Ecke des Café Seidl. Die anderen tragen orange Latzhosen, wir haben keine richtigen Arbeitsklamotten, sind ja auch schließlich nur für ein paar Wochen hier. Die Arbeiter unterhalten sich. Das Wort »Neger« fällt. Relativ zusammenhangslos. »Der ist ah a so a Neger«, ist der ungefähre Wortlaut. Ich verschlucke mich etwas an meiner Weißwurst, und mein Magen zieht sich zusammen. Mein Kumpel Bowdee, der neben mir sitzt, gibt einen Laut von sich. Ein dumpfes »He«. Die anderen schauen kurz ihn an und dann mich, den schwarzen Jungen, der ihnen gegenübersitzt. »Ja, net du …«, sagt einer von ihnen in meine Richtung, dann reden sie weiter. Ich bin Bowdee dankbar. Er hat nicht mal wirklich etwas gesagt, sondern den anderen nur durch ein Geräusch zu verstehen gegeben, dass dieses Wort nichts an diesem Tisch verloren hat.

Und jetzt, 22 Jahre später, sitze ich in dieser Wirtschaft, und jemand wie Bowdee ist nicht hier. Ich bin ein erwachsener Mann, aber habe hier keine Lobby. Niemanden, der Dinge geraderückt oder korrigiert. Niemanden, der etwas sagt, sich äußert oder wenigstens ein Geräusch macht. Niemanden, der die Wirtin aus ihrem Film herausholt und ihr irgendwie zu verstehen gibt, dass ich durch den inflationären Gebrauch dieses Wortes verletzt werde. Ich bin erst seit vier Minuten hier, und schon ist das Wort gefallen, das mich mein ganzes Leben lang begleitet hat. Dieses Wort, das mich verletzt, das so viele

Menschen verletzt und das man aus vielen Gründen nicht mehr sagen sollte. Vor allem weil ich in erster Linie ein Mensch bin. Ein Mensch mit Gefühlen und Eigenschaften, mit Witz und Charisma, mit Emotionen, mit Freunden und einer wunderbaren Frau. Ein Mensch, der in Bayern geboren ist und hier seine kulturelle Identität gefunden hat. Ein Mensch, der mit Renate Maier gstanzelt hat, der im Radio live Facebook-Kommentare freestylt, der in der offenen Jugendarbeit beim Kreisjugendring München gearbeitet hat, Pädagoge ist und seit er 16 ist auf Bühnen steht. Ein Mensch mit Fehlern, Hoffnungen, Träumen und Wünschen. Ein Mensch wie du, der dieses Buch in seinen Händen hält. Aber all das, was mich zum Menschen macht, all das wird ausradiert von dem Wort Neger.

Ich schaue mich weiter um. Meine Anfangstendenz bestätigt sich: Es sind fast nur Männer anwesend und wenige Frauen, alle um die 40 aufwärts. Alle weiß. Niemand hier ist dunkelhäutig. Einige haben rote Biertrinker-Nasen und sehen etwas verbrauchter aus, wieder andere tragen weiße Hemden und haben Gel in den Haaren. Es scheint so, als sei hier jede Bevölkerungsschicht vertreten. Ein Mann wischt die Schweißperlen auf seiner Stirn an seinem roten Oversize-Shirt ab und hustet auf den Holztisch. Ich werfe einen Blick auf die handschriftlich verfasste Speisekarte. Drei der fünf aufgelisteten Gerichte kosten 8,80 Euro. 8,8. Heil Hitler! Ein Neonazi-Code. Das ist kein Zufall.

Mein alkoholfreies Weißbier kommt. »Neger!«, gellt es neben meinem Ohr.

»Na, an Russ hab i bstellt«, sagt der Gast, der zuvor bei der Wirtin, die »Nix derf ma mehr sonng«-Leier angetriggert hatte.

»Koan Neger? Mei jetzad hamma so vui vom Neger gredt, dass i ganz … Ja, was moch ma jetzt?«

Verwirrt steht die Wirtin mit ihrem Cola-Weizen, das sie »Neger« nennt, in der vollen Wirtschaft. Dann dreht sie sich zu mir, ihre Augen funkeln. »Na, da stell i den Neger amoi do her.« Sie nimmt einen großen Schluck von dem »Neger« und stellt das Getränk neben mein alkoholfreies Weißbier. Sie geht.

Der Neger am Tisch bleibt. Und ich auch. Es ist kurz nach sieben, und mir ist jetzt schon schlecht. Die Blicke fühlen sich wie Nadelstiche auf meiner Haut an. Zwar bin ich es gewohnt, besonders beobachtet zu werden, aber ich spüre eine passive Aggressivität, die sich mir gegenüber breitmacht. Meine Hautfarbe findet hier keinen Anklang. Ich könnte der Oberbürgermeister der Stadt München sein oder der Bundeskanzler, aber das zählt hier in diesem Raum und in dieser Umgebung nicht. Alles, was ich hier bin, ist der andere, der schwarze Mann. Und damit fehl am Platz. Ich nehme einen großen Schluck von meinem Weißbier.

Der Mann im blauen Pullover greift zu einer vergoldeten Klingel und bittet um Ruhe. Es ist ein bisschen wie damals in der Schule meines bayerischen Heimatortes Markt Schwaben. Die Wirtschaft platzt mittlerweile aus allen Nähten. Zwischendrin läuft die Wirtin umher, und ihr abwechselnd gellendes »Leberkas«, »Gulasch«, »A Russ?!«, »Neger?« wird zum Soundtrack eines Abends, den ich nie vergessen werde.

»Also gut, dann fangen wir mal an, zuerst einmal freue ich mich, dass ihr alle so zahlreich erschienen seid!«

Mein Gegenüber erhebt sich. Mir fällt auf, dass er sich mir gar nicht vorgestellt hat und das auch jetzt nicht tut, mich aber mit meinem Nachnamen begrüßt hat.

»Jeder bestellt, jeder versorgt? Dann können wir ja anfangen. Erst mal herzlich willkommen.« Gönnerhaft breitet er die Arme aus. »Wir haben heute ein buntes Programm vor uns.« Seine Stimme wabert durch die überfüllte Gaststätte, Ruhe kehrt ein. Dann beginnt es.

Die nächsten zwei Stunden werden mit die härtesten, die ich in einem Raum mit fremden Menschen verbracht habe. Es ist nicht so, dass ich in den kommenden Stunden angegriffen oder angefeindet werde. Niemand beleidigt mich hier offensichtlich (außer die Wirtin, die mir »aus Spaß« einen Neger hinstellt). Im Gegenteil: Derjenige, der den Abend moderiert, versucht, mir von Beginn an das Gefühl zu geben, ich sei nicht nur geduldet, sondern auch willkommen. Aber seine Freundlichkeit wirkt aufgesetzt wie eine Maske.

Ich kann bis hierhin eigentlich nichts Schlechtes über ihn berichten, aber ich erkenne seine Masche. Klar, er verharmlost erst einmal, dass Neonazis oder die Identitären der AfD nahestehen (»Schwarze Schafe gibt's überall!«) und lenkt die Aufmerksamkeit auf den Staat (»Der Verfassungsschutz ist ja eher unser Feind«). Und er bietet mir sogar an, nachdem ich bei ihm nachhorche, ob ich hier mit EC-Karte zahlen kann, mir das Geld auszulegen. Das ist schon etwas perfide, denn nur, weil er ja anderer Meinung ist als ich, kann ich ihm ja nicht böse sein, oder? Das ist die Taktik, die er und die AfD fahren: freundlich im direkten Umgang miteinander, menschenverachtend im Parteiprogramm.

Was war das für eine einfache Zeit, als Neonazis noch mit Springerstiefeln und Glatze umherliefen – wie damals die Typen aus Hohenlinden, die uns bei der Kramperljagd hinterhergelaufen sind – und sich eine Gesinnung nicht hinter einem blauen Pullover und einem netten Handschlag versteckt hatte. Seine Informationen, die er über mich hat und mir auch direkt vorhält, wirken zwar nicht direkt einschüchternd, erwecken aber sofort ein ungutes Gefühl in mir. Er teilt mir so sehr direkt mit: Dich, dich kenne ich. Wir alle hier kennen dich. Es ist dieses subversive Gefühl von Überwachung und Kontrolle, das schon in seinen Begrüßungsworten mitgeschwungen ist. Dieses laute Aussprechen meines Künstlernamens, gefolgt vom offensichtlichen Griff an das Handy der brünetten Frau, die mir schräg gegenübersitzt, gepaart mit den Worten »Aha, ein Rapper. Na dann schauen wir mal«.

Unsicherheit ist ein Gefühl, das nicht messbar ist, aber die AfD und die Repräsentativen des Kreisverbandes München-Süd wissen es sehr gut zu vermitteln. Wie der Blaue-Pullover-Mann mir so gegenübersitzt und etwas tapsig nach Eröffnungsworten ringt, merke ich bereits, dass er heute eine interessante Sonderrolle einnimmt. Ich bin mir sicher, dass zumindest er, der heute repräsentativ für diese Veranstaltung und somit auch für die Partei steht, einen Drahtseilakt vollführen muss. Zum einen muss er mir, dem dunkelhäutigen Gast, der für den Bayerischen Rundfunk auch schon mal verschiedene Parteien besucht und von deren Wahlkampf-Partys berichtet hat, das Gefühl geben, dass er hier willkommen wäre. Er kann mich nicht einfach wegignorieren oder mich mit in sein Feindbild einbeziehen, denn die AfD ist ja eine, zumindest auf dem Papier, demokratische Partei, und ich bin ein waschechter Bayer, wahrscheinlich bayerischer als die meisten anderen hier im Raum. Es ist also nicht nur mein gutes Recht, hier zu sein, sondern eigentlich demokratische Bürgerpflicht, um mir ein gesamtdeutsches Parteienspektrum einmal anzuschauen.

Auf der anderen Seite leitet er diesen Infoabend, den man retroperspektiv auch einfach nur als Stammtisch bezeichnen könnte. Seine Aufgabe ist es also, und das spüre ich im Verlauf des Abends, dafür zu sorgen, dass die Redebeiträge etwas gemäßigter als sonst vonstatten gehen, einfach weil die Partei und diese Versammlung sich nicht vor mir als offen rechts äußern können. Denn für mich, der ja sowieso scheinbar mit Presse und Medien zu tun hat, wäre das ein gefundenes Fressen. Der Blaue-Pullover-Mann muss also den Schein seiner demokratischen Partei waren, gleichzeitig aber auch die Stammgäste zufriedenstellen, die hier sind, um Dinge auszusprechen, von denen ich nicht gedacht hätte, dass diese in einem demokratischen Land im Jahr 2018 ausgesprochen werden. Gar keine leichte Aufgabe.

Zuallererst beginnt der Blaue-Pullover-Mann damit, der im weiteren Verlauf dieses Kapitels auch einfach nur noch so genannt wird, darum zu bitten, Flyer gegen das »Global Compact for Migration« mitzunehmen und zu verteilen. Das Programm soll die erste globale und zwischen Regierungen unter der Ägide der Vereinten Nationen ausgehandelte Übereinkunft zur Abdeckung aller Aspekte internationaler Migration werden, was die AfD verhindern möchte.

Als Nächstes ergreift »Gerd« das Wort, der ähnlich wie der Blaue-Pullover-Mann den Eindruck von Seriosität erweckt. Er ist vermutlich Mitte 50, hat eine hohe Stirn und einen weißen Bart und trägt ebenfalls einen Pulli über seinem weißen Hemd. Allerdings einen grauen. Er wirkt … nett. Gerd soll von der vergangenen Europa-Wahlversammlung der AfD in Magdeburg berichten, und es klingt ein wenig so, als würde er Rapport erstatten. Als er sich unter lautem Applaus von seinem Stuhl erhebt, geht er einige Schritte auf meinen Tisch –

dem Tisch, an dem sich auch Beamer, Laptop und der »Wir lieben Deutschland«-AfD-Wimpel befinden – zu und spricht den Blauen-Pullover-Mann an. Zwischendurch dreht er sich um und rotiert im Kreis, damit seine Worte auch bei jedem Anwesenden Gehör finden. Nach wenigen Sekunden spricht er bereits von einer »permanenten Berieselung durch die Medien«. Und er beginnt, seinen abwertenden Bericht über die Versammlung mit einer persönlichen Geschichte zu würzen, wie er mit dem Auto nach Hause fuhr und im Radio nichts anderes als »linke Indoktrination« lief. Gerd sieht darin eine große Gefahr, denn seine 16-jährige Tochter sagt, was im Radio liefe, das müsse ja stimmen. Und der Rest, »der kommt von den Lehrern«. Ein empörtes Raunen setzt ein, ein paar bejahende »Stimmt!«-Rufe von dem Tisch hinter mir erklingen. »Das Nächste ist vielleicht ein bisschen rassistisch«, erhebt Gerd erneut die Stimme, und ich schaue in das von der Wirtin angetrunkene »Neger«-Glas.

Ein bisschen rassistisch. What in a thousand fucks soll das denn sein? Gibt es das überhaupt? So »ein bisschen« rassistisch? Gibt es ein »bisschen« tot? Ein »bisschen gebrochene« Knochen? Ist etwas Rassistisches nicht immer rassistisch, oder gibt es da ein Barometer, von dem ich nichts weiß und das den Grad an Rassismus für den Gerd misst? Er lässt sich darüber aus, dass bei der eigenen Wahlvollversammlung, »überall da, wo Deutsche angetreten sind, destruktiv nachgefragt wurde«.

Aha, ich verstehe, Fragen mag man also nur, wenn sie nichts kaputt machen. Ich nehme mir vor, dem netten Gerd im Lauf des Abends noch eine Frage zu stellen. Sein Kopf errötet, und Zornesfalten legen sich auf seine hohe Stirn. Ich nehme einen Schluck von meinem alkoholfreiem Weißbier und lausche weiter. Gerd gestikuliert nun etwas mehr und geht quer durch den Raum, er spricht von der Gefahr einer Zerphaserung der AfD und von verschiedenen Interessengruppe, die in der Partei heranwachsen würden. Namentlich: Frauen, Schwule, Katholische. So was halt. Als Gerd abtritt, folgt ein lautes Klatschen, der Blaue-Pullover-Mann hebt noch mal Gerds besonderes Engagement hervor, und Gerd erntet erneut Applaus.

»NÜRNBERGER!« Die Wirtin ist hinter mir aufgetaucht und verteilt Nürnberger für 8,80 Euro. Dann nippt sie wieder an dem unbestellten Cola-Weizen und stützt sich demonstrativ auf mir ab. Gott, ist das unangenehm. Was mir noch an dem ersten Redebeitrag auffällt: Gerd, der als Delegierter zu einer Europa-Vollversammlung der AfD nach Magdeburg fuhr, scheint überhaupt kein Interesse an politischen Prozessen zu haben. Er wirkte völlig gelangweilt und genervt von diesem Wochenende, alles, woran ihm gelegen scheint, war, den Zuhörenden zu beweisen, wie viel er für die Partei gemacht hat. Wie er sich für sie aufgeopfert hat – im selben Atemzug holt er zu einem rhetorischen Rundumschlag aus und spricht von einer Indoktrinierung durch die linken Medien.

Der nächste Programmpunkt steht an. Der Blaue-Pullover-Mann klickt sich an seinem Laptop durch die schlicht gehaltene PowerPoint-Präsentation. Es geht um die rechten Ausschreitungen in Chemnitz vom 27. August 2018. Zumindest denke ich das kurz. Tatsächlich geht es allerdings um das vorangegangene Tötungsdelikt des 23-jährigen Yousif A. an dem Deutschkubaner Daniel H., aber eigentlich geht es auch gar nicht um dieses Tötungsdelikt, sondern um, wie sollte es anders sein, viel mehr. Vorrangig um die Medien, die bei den anschließenden Ausschreitungen eine Hetzjagd hineininterpretiert hätten. Aufgrund einer einzelnen Aufzeichnung, des »Hase du bleibst hier«-Videos, das zeigt, wie mehrere gewaltbereite Männer zwei junge ausländisch aussehende Männer jagen, wäre man von einer Hetzjagd ausgegangen. »Ich hab sofort danach im Internet gesurft, um Sachen zu verifizieren, weil jeder weiß, dass Fake News im Internet von allen Seiten massenweise vorhanden sind und man selbst wirklich filtern muss, was ist jetzt glaubhaft und was nicht. Für mich war das nie glaubhaft, das ein einzelnes Video so etwas beweisen soll.« Der Blau-Pullover-Mann schaut nach diesen Worten aufmerksam in die Runde und erntet breite Zustimmung.

Wow, das geht hier alles sehr schnell. Es wird davon ausgegangen, dass alle hier auf demselben Informationslevel sind. Und dieser ist nicht derselbe, auf dem ich mich bewege. Ich habe die Bilder von Chemnitz gesehen und war erschüttert, dass es in Deutschland möglich ist, dass 6000 Rechte und Sympathisanten wenige Meter von einem Tatort »Ausländer raus!« rufen und Hitlergrüße zeigen können. Ich saß zu Hause mit meiner Frau auf dem Sofa und sah, wie Jungs, die ausländisch aussahen, am helllichten Tag durch eine Straße gejagt wurden. Ich sah meine Frau an und wusste, dass genauso gut ich hätte gejagt werden können. Diese Jungs mussten Todesangst gehabt haben. Was da passierte, war offen ausgelebter Rechtsextremismus. Punkt.

Und angenommen, es wäre wirklich nur dieser einzige Übergriff gewesen, wäre das denn wirklich weniger schlimm? Ab wie vielen Übergriffen gestehen sich diese Leute um mich herum denn ein, dass dort eine rechtsextreme Straftat begangen wurde? Zwei Übergriffe? Drei Hitlergrüße? Vier Wohnheimbrände? Dafür kann es keinen Maßstab geben.

Ich schaue mich abermals um und blicke in die Gesichter, die so viel Zorn und Verzweiflung in sich tragen. Ich bin der einzige Schwarze hier, dem auch noch ein »Neger« hingestellt und der gefragt wurde, »ob er hier richtig sei«. Niemand hier versteht, dass ich – wenn ich dort gewesen wäre, ich mit meinen bayerischen Wurzeln, ich, der eigentlich ihr kultureller feuchter Traum bin – derjenige gewesen wäre, den sie gejagt hätten, derjenige, der um sein Leben hätte bangen müssen. Dass sie das nicht verstehen können, ist mir klar, auch dass sie mir, ihrem Landsmann, in so einer Situation niemals zu Hilfe eilen würden, aber sie versperren sich auch den Weg in eine Welt, in der sie es täten. Sie gehen einen unempathischeren einfacheren Weg der Verdrängung und haken alles als Fake News und einen geplanten Regierungscoup ab. Das Ziel der »Hetzjagd«-Verschwörung soll angeblich gewesen sein, den damaligen Innenminister Hans-Georg Maaßen zu entlassen.

Ich blicke zu der Frau mir schräg gegenüber und schaue ihr tief in die Augen. Ich frage mich, ob sie mir helfen würde, wenn die Wirtin mir hier ein Messer in den Rücken rammte. Einfach so, weil ich ein Neger bin. Dann schaue ich zum Blau-Pullover-Mann. Dann zu dem Mann neben ihm. Dann zu seiner Frau. Dann zu allen anderen. Nein, niemand würde mir helfen.

»CHILI CON CARN!«

»Also, jetzt gibt es hier eine Untersuchung von Tichys Einblick!«
Der Blau-Pullover-Mann öffnet mit einem Doppelklick ein Video.

Was ich in den kommenden sieben Minuten sehe, ist so absurd,
dass ich fast lachen muss. Es öffnet sich ein Vorhang zu einer Geis-
terbahn. »Tichys Einblick«, die Online-Zeitung des Publizisten Roland
Tichy, die sich selbst als »Das liberal-konservative Meinungsmaga-
zin« bezeichnet. Er hat ein Video über Chemnitz erstellt und berichtet
von »neuen Erkenntnissen« zum viralen »Hase du bleibst hier«-Video.
Demnach, so erklärt es Tichy, habe man die Frau, die das Video erstellt
hat, ausfindig gemacht. »Eine Frau, die jeden Morgen früh um fünf
aufsteht, um zur Arbeit zu gehen.« Was für ein Anfang. Was für ein
Bild. Natürlich steht sie jeden Tag um fünf Uhr auf, um zur Arbeit zu
gehen. Das soll wohl suggerieren, dass die Frau bereits von Anfang an
von jeder Schuld befreit ist, da sie ganz offensichtlich hart und ehrlich
arbeitet – und wer um fünf zur Arbeit geht, um zu arbeiten, ist ja schon
per definitionem ein unbescholtener Bürger. Diese Frau behauptet nun
also das Gegenteile. Die vermeintlichen Opfer hätten die Deutschen
provoziert. Es ist unklar, ob die beiden Männer im Video die Frau
zitieren oder selbst interpretieren, sie sprechen davon, dass die beiden »arabisch aussehenden Jugendlichen Bier über die Demonstranten
geschüttet hätten«. Die Begrifflichkeiten ändern sich hier ständig. Mal
sind die gejagten Männer »ausländisch aussehend«, dann »arabisch
aussehend«, dann schlichtweg »Ausländer«. Die Männer und die Frau,
die um fünf Uhr zur Arbeit geht, sind zuerst Besucher eines »Schwei-
gemarsches«, dann eines »Protestmarsches« und schließlich Teilnehmer eines »immigrationskritischen Demonstrationszugs«. Ja, was denn
nun? Und warum trinkt man bei einem Trauerzug eigentlich Bier?

»GULASCH!«

Alles ziemlich verworren und vor allem überhaupt nicht faktenbasiert. Zwei weiße alte Männer unterhalten sich sieben Minuten lang
über ein 19-sekündiges Video und sagen einzig und allein, dass das
Gezeigte nicht stimmt und künstlich »von den Medien« hochstilisiert
wurde. Wäre das Video ein Rapsong zum Thema gewesen, würde

ich sagen, er ist unfassbar »whack«, weil er mir nix Neues erzählt.
Ich hatte ja wenigstens gehofft, dass die Frau zu Wort kommt oder
es irgendwie so etwas wie einen Faktencheck gibt, aber das Gezeigte
hätte ehrlich gesagt auch jeder x-beliebige Mensch selbst produzie-
ren können.

Das Video ist vorbei. Eine kurze Stille tritt ein. Ich hoffe insgeheim, dass alle Anwesenden kollektiv lachen und sich das Ganze hier
als hanebüchener Scherz entpuppt, quasi als Parteigag. Nope.

»Bravo«, ruft jemand, in der vorderen Reihe grummelt einer
»ziemlich starkes Video« in seinen Bart hinein. Ich bin fassungslos. Das Video war einfach nur eine plumpe Umdeutung. Die hart
arbeitende deutsche Frau wurde in den Vordergrund gerückt und die
Angegriffenen als Provokateure bezeichnet. Mehr nicht. Das muss
doch jemand anderem als mir auch noch auffallen, denke ich. Aber
vielleicht ist der Inhalt des gezeigten Videos auch gar nicht so wichtig.
Denn nachdem der Applaus für Tichys Einblick verhallt ist, entpuppt
sich der wahre Kern dieser Versammlung. Nach diesem Video gibt es
keine vernünftige Sachgrundlage mehr. Jetzt kann jeder sagen, was er
will, frei von Fakten. Eine stille Übereinkunft, legitimiert durch dieses abstruse Video, das sagt: Es gibt nur eine Wahrheit, und das ist die
Wahrheit, die wir gern sehen wollen.

Es wäre ein Leichtes gewesen, die wirren Argumente im Video zu
entkräften, vor allem den lapidaren Umgang mit Sprache und Begriffen, aber das will niemand mehr hören.

Let the games begin!

Jemand schräg links hinter mir erhebt die Hand und meldet sich
zu Wort. Er ist etwas jünger als viele andere hier und wirkt eher wie
jemand, der direkt einer Hornbach-Werbung entsprungen ist. Er trägt
ein rotes Karohemd und benutzt auf jeden Fall Bartöl. Er räuspert
sich. Seine Stimme hallt durch die Kneipe: »Die zwei Syrer, die das
gemacht haben, die haben ja Sandhandschuhe getragen.«

»Quarzhandschuhe«, korrigiert der Mann im blauen Pullover.

»Ja genau. Anscheinend etwas, was auch bei der Antifa gern mal
getragen wird. Nur mal so als Fakt.«

»CHILI CON CARN!«

Die Wirtin ist wieder da, verteilt das klumpige Chili, das sie auf einem Teller transportiert, und trinkt wieder von dem Cola-Weizen, das immer noch vor mir steht. Langsam verstehe ich, wie das hier läuft. Jeder darf einfach sagen, was er will, das dahintergestellte »nur mal so als Fakt« des Karohemdträgers legitimiert natürlich überhaupt nichts und hat schon fast etwas Komödiantenhaftes. Ich überlege kurz, mich zu melden und zu sagen: »Sie, 'tschuldigens, des is ma jetzt fast a weng peinlich, aber des war i aufm Video drauf. I und mei Bruader, mir homm des Ganze ogfangt. I woitt immer scho amoi am Nazi as Bier ausschütten aufm Naziaufmarsch, aah Trauermarsch, aah Demo, aaah, es wissts scho, wos i moan. Jetzad wollt i einfach sorry sonng und das des nimmer vorkimmt, oiso kanntats ihr a aufhern, an so an Schmarrn zum glamm, wos es do eich eineziagts!« (»Jo, Leute. Es wird euch wundern … Aber das auf dem Video bin ich. Und ja, ich und mein Bruder haben angefangen! Sorry for that! Wir hatten einfach Bock, die Besucher dieser Trauerdemo mit ihrem eigenen Bier zu überschütten. Aber ich bin hier, um mich zu entschuldigen. Sorry!«) Aber ich lass es doch lieber bleiben.

Von dem Blau-Pullover-Mann wird jetzt Chris aufgerufen, der mir bisher noch nicht aufgefallen war, weil er ganz hinten saß und wohl etwas später kam. Sonst hätte ich ihn sicher bemerkt. Chris ist mit Abstand der Jüngste hier. Ich schätze ihn auf Ende zwanzig bis Mitte dreißig. Er trägt eine blau verspiegelte Brille, wie sie Techno- und Gabba-Fans tragen, eine weiße Hose und eine weiße Jacke. Um seinen Hals baumelt ein übergroßes Kreuz, sein langes hell coloriertes Haar trägt er zu einem Zopf gebunden, die Seiten sind abrasiert – er sieht für mich aus wie der Prototyp des Neonazis. Ich sehe ihn an und habe Bilder vom Rudolf-Heß-Gedenkmarsch im Kopf. Er sieht genauso aus, wie jemand, der dort in der ersten Reihe mitmarschiert.

Als er mit Namen aufgerufen wird, wird mir sofort klar, dass mir keiner hier zu erzählen braucht, es gebe keine Verbindung zwischen rechten Aktivisten und denen, die hier im Hintergrund ihre rechten Reden schwingen. Von seiner Statur ist er überhaupt nicht bedrohlich, er ist eher dünn und schmächtig, aber was Chris durch sein Aussehen verkörpert, lässt bei mir alle Alarmglocken angehen. Er versucht, seinen Worten mehr Ausdruck zu verleihen, indem er zwischendurch kurze Pause einbaut. Er benennt »zwei Dinge«, die ihm »aufgefallen« seien. Zum einen hätten die Syrer aus dem Video angefangen, und die Deutschen hätten denen lediglich »einen Arschtritt gegeben«. Es folgt eine kurze Pause, und Chris tänzelt ein wenig in der Mitte des Raumes umher, außerdem hätte der Innenminister Maaßen vorgehabt, einen Bericht über das Verhältnis von linksextremistischen Parteien zu veröffentlichen. Das sollte verhindert werden. Hätte es das Video nicht gegeben, hätte es nach Chris »eben einen anderen Grund gegeben, ihn zu entfernen«.

Ich bin völlig baff. Aber jetzt weiß ich, an was mich das alles erinnert. An YouTube-Videos von Axel Stoll, den Verschwörungstheoretiker-Nazi schlechthin, der von Nazi-Flugscheiben und den Ariern auf der dunklen Seite des Mondes erzählt. Muss man wissen. Ist bekannt. Es melden sich noch ein paar mehr AfDler oder zumindest Interessierte zu Wort, und jeder spekuliert wild drauflos. Misha, eine Transfrau, tritt nach vorn und hält eine flammende Rede über die innerparteiliche Organisation der AfD. Was genau sie sagt, kommt bei mir nicht an. Es ist die Art und Weise, wie sie redet, die mir im Gedächtnis bleibt. Hitleresque. Mit einem lauten »DANKE« setzt sie sich wieder hin, und der Raum ist ob solcher Ausdruckskraft kurz geschockt und beeindruckt. Ich starre die Transfrau an, die hier offensichtlich auch einige organisatorischen Aufgaben übernimmt. Sie ist hier ein ganz klarer Außenseiter, ich glaube, die wenigsten sind unbedingt begeistert von ihrem Erscheinungsbild, aber ihre Hingabe für die Sache scheint das Ganze wieder wettzumachen.

Die Veranstaltung scheint mir ein Sammelbecken zu sein. Ein Sammelbecken derjenigen, die das Gefühl haben, nicht mehr akzeptiert zu sein. Die AfD ist ein Treffen von Außenseitern, die voller Hass und Zorn sind und ihn hier rauslassen können.

Der Nächste, der sich meldet, spricht über die Vertuschung von vorangegangenen Mordversuchen, dann geht es um die von Berlin geplante Weiterbildung der Täter und einer Indoktrinierung von oben, die ein Typ im schlecht sitzenden dreiteiligen grauen Anzug drei Plätze neben mir in den Raum wirft und sich dabei ein bisschen wie Himmler anhört.

»Wie lange müssen wir uns das noch gefallen lassen?«, ruft jemand hinter mir. Ich drehe mich um, und Gerd hat sich erhoben, um auf den Zwischenruf zu antworten.

»Na ja«, sagt der nett aussehende Gerd von vorhin, dem die Demokratie zu anstrengend war. »So lange, bis wir hier rausgehen und mit dem Knüppel ...«

»LEBERKAAS!«

Die Wirtin ist wieder da und unterbricht den doch gar nicht so netten Gerd, der sich gerade von seiner wahren Seite gezeigt hat. Der Infoleiter im blauen Pullover ist jetzt in seiner Rolle als Vermittler und versucht zu beschwichtigen: »Na, dann doch lieber Leberkas statt dem Knüppel.« Er versucht, die angespannte Stimmung durch ein künstliches Lachen zu lösen. Der Raum knistert, die Menschen hier haben keine Skrupel. Ich bin fassungslos und starre in das dunkle Bierglas neben mir, das weder ich noch jemand anders bestellt hat. An der Außenseite des Glases zieht sich ein Spuckefaden der Wirtin. Mich würden sie jagen … mit einem Knüppel. So viel steht fest. Und wenn sie mich nicht persönlich jagen würden, dann würden sie zumindest danebenstehen und klatschen, genauso, wie sie hier nach jedem einzelnem Redebeitrag, egal, wie verworren der Inhalt ist, klatschen. Das hier ist Dunkeldeutschland mitten in München, mitten in der Weltstadt mit Herz, und ich habe es ganz einfach durch die formlose Anmeldung per E-Mail und dem Überschreiten der Türschwelle einer Gastwirtschaft betreten. Ich habe das Gefühl, über dieser Gaststätte liegt eine unsichtbare Kuppel, ähnlich wie im Roman »Under The Dome« von Stephen King. Hier ist man isoliert von der Außenwelt. Es ist ein rechtsfreier Raum, in dem es keine sprachlichen oder ethischen Werte mehr gibt. Mal gibt es weniger, mal mehr Applaus. Mehr nicht. Ein ausgesprochener Aufruf zum Mord ist hier keiner kritischen Reflexion über Meinungsfreiheit würdig, sondern wird mit Beifall honoriert. Wäre ich heute nicht hier, hätte der Leiter dieses Abends wahrscheinlich nicht versucht einzugreifen und den Knüppel-Redner mit einem lockeren Halbsatz wegzukommentieren. Wobei, so richtig hat er das ja auch nicht getan, er hat den Leberkäse nur dem Knüppel vorgezogen, Applaus gab es dafür übrigens nicht.

Ich schaue mich weiter um und blicke in die Gesichter der versammelten AfDler oder zumindest Sympathisanten. Ich glaube, sie sehen diesen Abend und diese Versammlungen als eine Chance. Als eine Chance, endlich Dinge auszusprechen, von denen sie glauben, man dürfe sie in Deutschland nicht mehr äußern. Für sie ist der Rechtsstaat das Feindbild, Politiker sind Marionetten. Auch die kommenden folgenden Redebeiträge verstärken meinen Eindruck. Mir dröhnt der Schädel. Die inhaltlichen Programmpunkte, die vor allem aus einem Erfahrungsbericht der AfD-Vollversammlung und einem ziemlich lahmen Video über Chemnitz bestanden, sind lange abgehakt. Die Bühne ist offen, und jeder darf etwas sagen. Über Deutschland, über das System, über Flüchtlinge und Asylanten – einfach über alles. Der gar nicht so nette Gerd, der dazu aufgerufen hat, mit einem Knüppel loszuziehen, spricht erneut. Diesmal fragt er sich, wie viel »physischen Widerstand unser Volk« leisten kann, und schiebt ein, dass die demokratische Arbeit ermüdet. Er spricht über Revolution, Macht und Gewalt. Es fällt der Satz »Bayern wurde mit Gewalt gestaltet, ich spreche nicht der Gewalt zu, nur wir müssen wissen, wo Änderungen herkommen«. Er nennt die Pegida als ein legitimes Mittel für »Veränderungen«.

Ich möchte in mein Bierglas brechen.

Mir fällt in der Rhetorik auf, dass die Redner in ihren Beiträgen Themen nie komplett aussprechen. Der gar nicht so nette Gerd spricht der Gewalt nicht zu, aber man »müsse wissen, wo Änderungen herkommen«. Was soll das bedeuten? Er überlässt die Interpretation den anderen Anwesenden, die seine Linie allesamt verstehen. Natürlich propagiert er Gewalt, er verschleiert es nur galant. Und so trifft sich hier eine Interessengemeinschaft, die an eine gemeinsame Sache glaubt: an das Wiedererstarken eines Deutschlands, in dem ausschließlich Deutsche leben sollen (wer auch immer das jetzt genau sein soll, ich offensichtlich nicht).

Der Redebeitrag einer Frau, die eher nach Münchener Öko aussieht, ist ein Paradebeispiel für rechte Rhetorik. Sie spricht von der »Austrocknung der finanziellen Quellen, die diese linke Bande nährt«. Sie spuckt, während sie spricht, und ihr Gesicht läuft rot an. Ihr Pamphlet beendet sie mit den Worten: »Der linke Sumpf muss ausgetrocknet werden.« Die Hasstirade endet mit großem Applaus und vereinzelten »Jawohl«-Rufen.

Ich würde eigentlich gern mehr erfahren. Von welchen Linken sie jetzt eigentlich redet? Langsam reicht es mir. Mein Unbehagen ist stetig gewachsen, aber eigentlich bin ich auch ziemlich wütend. Was glauben diese Leute eigentlich, was sie hier machen? Alles, was hier passiert, ist falsch. Als ich mich für diesen Termin anmeldete und von meiner Wohnung aus loszog, hatte ich kaum eine Ahnung, was mich erwarten würde, zwar war ich etwas aufgeregt, aber ich konnte nicht ahnen, dass ich mich so unwohl hier fühlen würde, obwohl ich nicht offen bedroht werde. Aber dieses Gefühl des Nicht-willkommens-Seins, des Unerwünscht-Seins und -Bleibens zieht sich durch die gesamte Wirtschaft. Es hängt auf dem Deutschland-Sombrero am Eingang, es liegt auf dem Staub der 1860-München-Krüge und gipfelt in den Redebeiträgen der Rechten, die hier nicht das Gefühl haben, etwas Falsches zu tun, sondern einfach nur ihre kritische Meinung äußern.

Empathie ist hier ein Fremdwort. Ebenso wie Nächstenliebe. Die Menschen, die hier sitzen, sind so in ihrer Thematik festgefahren, dass sie überhaupt keine Gesichter und Geschichten mehr sehen, sondern nur noch stumpfe Parolen von sich geben. Einzelschicksale und ein friedliches Miteinander sind ihnen egal.

Ich hebe meine Hand und melde mich. Auch ich möchte etwas sagen. Mein Puls steigt, als der Blau-Pullover-Mann auf mich deutet und mich bittet, mich zu erheben. Ich spüre die Blicke auf mir, als ich in die Mitte des Raumes gehe. Ich sehe in die Runde. »Servus, ich bin der David.«

Die Wirtin hält zwei Weizengläser in der Hand und drängt sich an mir vorbei. »WEISSBIER!«, schreit sie.

Dann ist es ganz ruhig. Aber das ist nicht diese melancholische, diese beruhigende, sinnliche Stille, die ich in dem Moment erlebt habe, bevor ich hier hineingegangen bin. Eine unangenehme Spannung liegt in der Luft. Meine Stimme ist fest, als ich anfange zu reden. Ich will es ihnen nicht leicht machen, nicht unsicher wirken, nicht angreifbar. »Ich bin der David. Ich bin heute das erste Mal da, ich bin kein Parteimitglied, sondern wollte mir das nur mal anschauen. Ich bin der Enkel von Flüchtlingen.« Eine kurze Pause. Einzelne Augenbrauen heben sich. »Meine Großeltern kommen aus Sudetendeutschland und sind nach Bayern gekommen, also eben Vertriebene.«

Eine Reaktion bleibt aus, was mich wundert, da viele andere vorherigen Redner auch erst einmal die Geschichten ihrer Vorfahren abgehandelt und dafür (natürlich) Applaus bekommen haben.

»Na ja, und man sieht es mir ja schon an.« Ich wechsle ins Bayerische: »I bin a Bayer, des ist kloar.« Gelächter im Raum. Ich lächle. Dabei ist das natürlich kein Witz. Ich bin wahrscheinlich der bayerischste Typ in dieser Gaststätte. Ich kenne die Probleme unserer bäuerlichen Nachbarn seit meiner Kindheit. Bauern, die irgendwann aufgehört haben, ihre Felder zu bestellen und auf Maschinenverleih umgestiegen sind. Ich habe frühmorgens mit einer Milchkanne frische Milch nach Hause getragen, bin als Zwölfjähriger mit einem Moped illegalerweise durch das niederbayerische Hinterland gebraust und habe als Teenager mit alten Leuten auf der Maibaum-Wache gehockt und Bier gesoffen. »Bavarian Squad« heißt die Rap-Gruppe, mit der ich bayerischen Rap mache. All das verschwindet hinter dem Gelächter der Stammtischbesucher.

»Was ich nicht verstehe: Es wurde eben gesagt, der demokratische Prozess wird als ermüdend empfunden. Aber ihr seid doch in unserem demokratischen System gerade dabei, richtig Fahrt aufzunehmen. Ich verstehe nicht, dass hier gesagt wird, dass das demokratische System ermüdend sei. Und wenn dem so ist: Wie geht ihr jetzt damit um? Überlegt man sich etwas, oder geht man, wie eben angesprochen, mit dem Knüppel raus? Wohin geht die Reise?« Es wird ruhig.

»Dass das demokratische System ermüdend ist, habe ich so nicht gesagt«, erwidert der gar nicht so nette Gerd und verschränkt die Arme. Damit hatte ich gerechnet. Indirekt wird mir vorgeworfen, dass ich Tatsachen verdrehen würde. Fake News. Das war klar. Der nächste Gast springt ein und sagt, dass man sich bei Übergriffen auf AfDler schon wehren muss, zur Not eben auch mit Gewalt. Schon irgendwie lustig. Als wären Übergriffe auf AfDler das große Problem unserer Zeit, und vor allem in Chemnitz.

Der Blau-Pullover ergreift das Wort: »Wir müssen das alles als Katalysator nutzen und die Bürger zu einem Protestverhalten aktivieren.« Eine kurze Pause entsteht. Dann fügt er hinzu. »Natürlich zu einem friedlichen.«

Ich setze mich wieder in den knarzenden Holzstuhl. An diesem Ort herrscht eine verquere Wahrnehmung. Die AfD, deren Anhänger und Sympathisanten, sind in erster Linie Opfer und fügen sich auch dieser Opferrolle. »Die Linken«, aus deren Sicht also nahezu jede Partei – außer vielleicht dem rechten Flügel der CSU – sind das klare Feindbild, das aber nicht weiter ausdifferenziert wird. »Die Linken« sind einfach nur ein Schlagwort für alles, was nicht zur AfD zählt. Es wird darauf beharrt, dass die eigene Partei von »den Medien« kritisch beäugt wird und seitens dieser eine »Indoktrinierung« stattfindet. Eine »Berieselung«, die der AfD bewusst schaden will. Dabei sind die Begriffe so schwammig und allgemeingültig, dass jeder sich etwas darunter vorstellen kann – oder eben auch nicht.

Ich verstehe nicht, warum »der linke Sumpf ausgehoben werden muss«. Ist eine Linke in einem parlamentarischen politischen Spektrum nicht wichtig für eine funktionierende Demokratie? Aber es geht hier auch gar nicht um politische Inhalte, sondern um ein Zusammengehörigkeitsgefühl, das sich durch die einzelnen wirren Wortbeiträge bildet. Hier sitzen keine Menschen, die wirklich an einer politischen Arbeit interessiert sind. Interessant finde ich, dass die AfD-Sympathisanten an diesem Infoabend ziemlich durcheinandergeredet haben und nicht selten inhaltlich aneinander vorbei. Um ehrlich zu sein: Wenn das hier keine politische Brisanz hätte, man könnte es auch als Freakshow oder zumindest als Selbsthilfegruppe bezeichnen, in der jeder seine kruden Theorien zu allen möglichen Themen einer nickenden und applaudierenden Masse vortragen kann.

Die Aggressivität der Beiträge stieg bis zum Schluss immer weiter an, das Eingreifen des Blau-Pullover-Manns erfolgte ziemlich halb gar und offensichtlich auch nur, weil ein Fremdkörper, in diesem Fall meine Wenigkeit, heute hier war. Wie enthemmt die Redebeiträge hier wohl vonstattengehen würden, wenn keine schwarze Person anwesend wäre, die von außen kommt und sich zwischen die Reihen setzt, kann ich mir lebhaft vorstellen. Der Sitzungsleiter erzählt noch etwas, aber ich höre ihm nicht mehr richtig zu, sondern trinke mein alkoholfreies Weißbier aus.

Die Wirtin schiebt sich vorbei und räumt mein Glas und das Cola-Weizen,»den Neger«, weg. Ich schaue in ihr alterszerfurchtes Gesicht und frage mich, in welcher Realität sie lebt. Eigentlich steht sie mit ihrer Cola-Weizen-Aktion sinnbildlich für das, was die AfD und deren Sympathisanten hier heute verkörpert haben. Sie beging einen Fehler, als sie ein Cola-Weizen gezapft hat, das nie jemand bestellt hat. Als ihr der Fehler inmitten der vollen Kneipe auffiel, wäre es ein Leichtes gewesen, sich ihren Fehler einzugestehen und das zu viel gezapfte Getränk einfach wieder zurückzunehmen. Niemandem wäre es aufgefallen, und es hätte auch niemanden wirklich interessiert. Stattdessen stand sie mit ihrem zu viel gezapften Bier da und sah sich nach jemandem um, dem sie es unterjubeln konnte, um die Schuld von sich zu weisen. Um es im Nachhinein als doch als genau richtig darstellen zu können. Und da ich in der Minderheit war und es aufgrund meiner fehlenden Lobby oder Verbindungen in diesen Reihen nicht so einfach gewesen wäre, mich mit ihr zu streiten oder ihr zu widersprechen, war ich derjenige, dem sie ihren Fehler übertragen konnte.»Den Neger stell ich amal da her.« Richtig so. Nicht mehr ihr Problem. Der außenstehende Unbeteiligte in der Minderheit muss mit dem Fehler klarkommen, den sie verschuldet hat. Das ist so schrecklich passend. Ich, der Flüchtling, der Ausländer, der Dorn im Auge. Sie, die AfD-Sympathisantin.

Die Wortbeiträge nähern sich dem Ende. Aber ich habe mittlerweile keine Kraft mehr. Die Luft ist stickig geworden, hier in der Illusion einer bayerischen Wirtschaft. Wo so getan wird, als wisse man, was bayerische Leitkultur ist, in der jemand wie ich, der sich im Ausland immer zuerst als Bayer vorstellt, unerwünscht ist. Aus den Augenwinkeln konnte ich während meines eigenen Wortbeitrags beobachten, wie mich die Frau, die mich am Anfang gegoogelt hat, fotografierte. Jetzt sitzt sie mir gegenüber und stochert seelenruhig in ihrem Gulasch herum. Was sie mit den Fotos von mir wohl vorhat? Wahrscheinlich nichts. Vielleicht wollte sie ja auch einfach, das ich mitkriege, wie sie mich fotografiert. Einfach, damit ich Bescheid weiß.

Es kommen noch ein paar Beiträge, aber ich kann nicht mehr so richtig zuhören. Ich bin durch. Der letzte Beitrag des Abends stammt von einem älteren Herrn, der sich noch gar nicht zu Wort gemeldet hat. Seiner Meinung nach leben wir in einem Land, in dem viele Menschen wohnen und man »einfach nichts mehr sagen darf«. Seine letzten Worte klingen aber um einiges wohlwollender. »Alle sollten mal wieder miteinander reden und ins Gespräch kommen, bevor man sich die Köpfe aneinanderhaut.«

Applaus – natürlich.

Ich glaube, hier könnte man nach vorn gehen und behaupten, die Erde wäre eine Scheibe und Angela Merkel ein Echsenwesen, und alle würden klatschen. Der Blau-Pullover-Mann beendet den Abend. Mein Weißbierglas ist leer, und ich suche Kleingeld zusammen, um zu bezahlen. Es herrscht ein wenig Aufbruchsstimmung, viele bleiben aber noch hier und sprechen Themen an, die ihnen auf dem Herzen liegen. Ich habe ehrlich gesagt keine Lust mehr zuzuhören, denn das habe ich in den letzten zwei Stunden bereits zur Genüge getan, und ich habe mittlerweile eine Ahnung davon, worum es hier im Kern wirklich geht. Diese Infotreffen sind vielmehr ein Sammelsurium verschiedener besorgter Bürger, die hier ihren wilden Theorien verbreiten. Wirkliche politisch relevante Inhalte werden nicht besprochen.

Auch um das Grundsatzprogramm der AfD ging es nicht im Geringsten. Ich hätte es spannend gefunden, wenn auf die einzelnen Redebeiträge eingegangen worden wäre, wenn sich Diskussionen ergeben hätten, aber eine kritische Reflexion fand zu keinem Zeitpunkt statt. Es scheint mit zum Konzept dieser lokalen Veranstaltung zu gehören, dass hier einfach alles gesagt werden darf. Das ist das Besondere dieser Partei, zumindest wenn ich das heute Erlebte auf Bundesebene übertrage. Die Suggestion, unter dieser Kuppel fände eine exklusive Wahrheitsfindung statt, und zwar ausschließlich hier. Getragen von dem kollektiven Gedanken, der alle hier vereint: dass es Deutschland aufgrund von Überfremdung schlecht geht und eine Revolution von innen entstehen muss.

Hier treffen sich die, die einen Umbruch wollen. Sie sprechen zwar davon, dass eine Demokratie richtig und wichtig sei, aber das kommt mir genauso falsch und verlogen vor wie der freundliche Händedruck des Mannes im blauen Pullover. Wie kann es denn duldbar sein, dass Revolutionsgedanken, die das demokratische System natürlich abschaffen wollen, Hand in Hand mit Aussagen wie »bis wir mit dem Knüppel da rausgehen« einhergehen? Die AfD spielt mit Ängsten. Angst vor Ausländern, Angst vor dem Fremden und natürlich auch Angst vor mir, dem Dunkelhäutigen. Ich glaube, es war relativ egal, was ich inhaltlich zur Diskussion beigetragen habe. Mein Auftritt allein war Provokation genug. Die Tatsache, dass jemand wie ich sich in diese Kuppel hineinwagt, verwirrt. Dass ich geduldet werde, spielt dieser Veranstaltung aber in die Hände, denn so schlimm können sie ja nicht sein, wenn sie immerhin einen Schwarzen auf ihre Veranstaltung kommen lassen und der sogar auch noch etwas sagen darf, oder?

Nope.

Für die AfD bin ich ein hervorragendes Argument für überparteiliche Toleranz, das die AfD-kritischen Stimmen aus dem politisch linken Spektrum hochhalten kann, wenn es mal wieder berechtigterweise heißt, die AfD wäre eine rechtsextreme Partei. Vielleicht wurde ich deshalb fotografiert und lande später als visuelles Statement auf

irgendeiner lokalen Facebook-Seite. So was wie »Wir lassen jeden aussprechen: Vielfalt bei der AfD-München-Süd« … Doch das Gedankengut der AfD ist rechter und demokratiefeindlicher denn je, auch
wenn die Outfits sich vielleicht geändert haben. Es gab genau eine
Person am heutigen Abend, der man ansehen konnte, dass sie patri-
otisch und nationalistisch tickt: der Jüngste, Chris, der an eine Maa-
ßen-Verschwörung glaubt und für den das Chemnitz-Video (wie für
alle anderen) natürlich fake ist. Er war zwar der Einzige, der gewalt-
bereit aussah, aber ich bin mir sicher, er ist nicht der Einzige, der es
ist. Und im Zweifel kennt er genug andere Typen, die so aussehen wie
er und die kein Problem damit hätten, jemanden wie mich durch die
Straßen Münchens zu jagen.

»So, also schönen Dank, dass Sie hier waren!« Der Blau-Pullover-
Typ streckt mir seine Hand entgegen. »Es ist wirklich gut, wenn man
einfach immer miteinander redet.« Ich bin zu durcheinander, um ihm
zu antworten, denn miteinander zu reden fand ich auch immer gut.
Wenn es aber kein Korrektiv gibt und alles auf einmal beredenswert
ist, also wirklich alles, dann hilft reden und aufeinander zugehen auch
nicht mehr.

Ich habe nichts gesagt, als ich mehrmals von der Wirtin offen rassistisch angegangen wurde. Ich bin ruhig geblieben und habe es hingenommen, dieses grauenhafte schreckliche Wort, das keiner mehr
sagen sollte. Ich habe es ertragen, dass niemand es für nötig hielt, hier
einzuschreiten oder der Wirtin vielleicht kurz zu erklären, dass es
nicht in Ordnung ist – weil es hier anscheinend in Ordnung ist.

Will ich also mit Leuten diskutieren und reden, für die es dazugehört, dass »Neger« ein gängiges Vokabular ist? Will ich mit Menschen
reden und Menschen zuhören, die einen Knüppel hervorholen und
auf die Straße gehen wollen? Muss ich die Meinung von Menschen
anerkennen, die ein siebenminütiges Video von zwei alten weißen
Männern schauen und glauben, hierin die einzige legitime Wahrheit
gefunden zu haben, einfach weil es ihnen gerade praktischerweise in
ihr Weltbild passt?

Nope.

Die Gaststätte leert sich allmählich, die Leute drängen an mir vorbei und nehmen einen Flyer gegen den Migrationspakt mit. Auch ich greife zu. »Wir entscheiden selbst, wen wir reinlassen!«, lautet die Überschrift. Im Bild öffnet eine weiße Hand den Türknauf zu einer malerischen grün anmutenden Landschaft. Die Menschen hinter mir drängen zu den Flyern, manche nehmen Hunderte mit, die sie in ganz München verteilen wollen. Ich will nur noch weg.

Als ich an den Tresen gehe und mein Bier bezahlen will, spricht mich die Wirtin auf Bayerisch an. »Wo kimmstn du her?«, fragt sie.

»Neuperlach«, sage ich.

»Naaa.« Sie winkt ab. »Wo kimmstn du wirklich her?«

»Geboren bin ich am Sendlinger Tor in München und großgeworden in Markt Schwaben.«

»Ah na, du versteht mi ned.« Sie winkt erneut ab und lacht.

Vielleicht denkt sie, ich bin zu dumm, um zu verstehen, was sie mit ihrer Frage herausfinden will.

»Weil meine Nachbarin, die kommt aus dem Senegal.«

Aha. Und jetzt? Will sie diese Frau irgendwie mit mir connecten? Ich verabschiede mich freudlos, verlasse die Kuppel und trete hinaus in die dunkle Münchener Nacht. Es ist 21 Uhr. Am Himmel ist keine einzige Wolke zu sehen. Ich ziehe meine Jacke enger zu, seufze und mache mich auf in Richtung Hauptbahnhof, um die U-Bahn nach Hause zu nehmen. Nach Perlach. Unweit von Markt Schwaben. Wo ich herkomme. Da und nirgends anders komm ich her. Aber, um ehrlich zu sein, dieses Gefühl der Nicht-Akzeptanz, des Fremdseins, dieses N-Wort, das ausgesprochen wird, wenn ich im Raum bin, das ist für mich nichts Neues. Im Gegenteil. Es begleitet mich eigentlich schon, seit ich ein kleiner Junge war.

KINDHEIT IN MARKT SCHWABEN

Meine Geschichte beginnt ungefähr 25 Kilometer östlich von München im beschaulichen Markt Schwaben. Markt Schwaben ist eine sehr ruhige Ortschaft. Am Marktplatz gibt es ein großes Schwarzes Brett, an dem die Bürger vom örtlichen Finanzamt gebeten werden, ihre Steuererklärung rechtzeitig einzureichen. Daneben hängen die aktuellen Todesanzeigen des Ortes. Markt Schwaben ist, um ehrlich zu sein, ein klassischer Durchfahr-Ort. Allerdings möchte ich an dieser Stelle betonen, dass es sicherlich der visuell einladendste Ort zum Durchfahren ist. In der Nähe des Hochhauses, in dem ich großgeworden bin, haben die Bauern ihre Zuckerrüben-Felder gehabt, und als wir Kinder waren, gab es regelmäßig Zuckerrüben für uns, wenn gerade Ernte war. Es ist nicht so, dass Markt Schwaben in irgendeiner Weise »verschlafen« ist; es ist einfach eine dieser typischen kleinen bayerischen Märkte. Ein Ort, der auf eine lange Historie zurückblickt und dessen Innenstadt sich schön herrichtet. Das Leben hier ist angenehm und ruhig, der nahe liegende Münchener Flughafen ist ein stabiler Arbeitgeber, ansonsten sind viele Arbeitnehmer im östlich angrenzenden Gewerbegebiet beschäftigt – oder eben in München. Die Ortschaft ist klein und beschaulich, aber man kennt und schätzt sich, und ich freue mich immer wieder, wenn ich merke, dass sich Institutionen wie der Metzger Gantner, den ich seit Kindertagen kenne, immer noch halten. Durch Markt Schwaben fließt der Henningbach, der in den vergangenen Jahren groß renaturiert wurde. An der Wittelsbacher Höhe, dem, wenn man so will, einzigen und damit auch größten Berg von ganz Markt Schwaben, hat man einen fast malerischen Ausblick über den ganzen Ort. Am Kreppmeier Berg rodeln im Winter die Dorfkinder und lernen Ski fahren. Das

Dorfwappen ist ein golden bewehrter silberner Falke auf schwarzem Grund, nach dessen Motiv benannte sich unser lokaler Fußballverein: der FC Falke. Und auch ich habe mir das Wappen selbstverständlich auf den Arm tätowiert.

Ich wuchs hier bei meiner alleinerziehenden Mutter auf. In einer Vierzimmerwohnung im Dr.-Hartlaub-Ring, eine von zwei Hochhaus-Siedlungen, die in den 1960er-Jahren als Folge eines Baubooms im Münchener Einzugsgebiet entstanden. Auf Postkarten aus dieser Zeit werden der Ort und die Siedlungen als »Wohngebiet im Münchener Osten« betitelt, was schon ganz lustig ist, weil es immerhin doch einigermaßen außerhalb von München liegt. Neben dem Dr.-Hartlaub-Ring gibt es noch die Von-Kobell-Straße, diese Siedlung liegt allerdings auf der anderen Seite der Bahnstation. Denke ich an meine Kindheit zurück, erinnere ich mich vor allem an den Geruch von nassem Asphalt auf den Straßen unserer Siedlung im Sommer, wenn wir im Siedlungsblock saßen und darauf warteten, dass der Regen nachließ, um wieder herauszurennen. Meine Mutter arbeitete als Lehrerin in Altenerding, einer Ortschaft etwa 14 Kilometer nördlich von Markt Schwaben. Mein Vater stammt aus dem Kongo und kam 1968 über ein Stipendium nach Deutschland und studierte hier VWL. Später arbeitete er unter anderem für BMW, wurde später mittlere Führungskraft im Inhouse Consulting und promovierte in Wirtschaft. Meine Mum lernte er über eine gemeinsame Freundin kennen, während beide im Studium waren. Sie verliebten sich und zogen in eine gemeinsame Wohnung nach Markt Schwaben.

Zu dieser Zeit war es mehr als ungewöhnlich, einen Afrikaner als Partner zu haben, und ich glaube, meine Eltern und vor allem mein Vater mussten sich damals bereits mehr als nur seltsame Blicke von argwöhnischen Nachbarn gefallen lassen. Doch das änderte sich 1976 mit dem Eintritt meines Vaters in den lokalen Fußballverein. Kein Witz. Mein Vater war ein ziemlich guter Fußballspieler, so gut, dass der Aufstieg in die Kreisliga zu großem Teil sein Verdienst war. Durch seine Schnelligkeit und seine präzise Technik kickte er den Verein fast im Alleingang hoch, und aus »Paul, dem Afrikaner, der im Verein spielte« wurde »die schwarze Perle«. Bis heute erinnern sich noch alt eingesessene Markt Schwabener Fußballfans daran, wie es zum Aufstieg kam: »Mei, der Pauli, die schwarze Perle, des war scho was.« Ich fand das später schon ziemlich krass, dass es für die Markt Schwabener einfach normal war, meinen Vater in aller Öffentlichkeit »schwarze Perle« zu nennen, als wäre seine Hautfarbe das einzige Merkmal, das irgendwie ausschlaggebend war.

1980 heirateten meine Eltern dann, und ein Jahr später kam ich auf die Welt. Drei Jahre nach meiner Geburt trennten sie sich allerdings, und ich zog mit meiner Mutter allein in die Wohnung, die wir eigentlich zu dritt beziehen wollten. Ich habe noch drei Halb-Geschwister, meine Schwester, die 1989 und meine Brüder, die 1990 und 1996 geboren sind. Der Kontakt zu meinem Vater war nie sehr einfach für mich, und es dauerte viele Jahre, bis wir uns trafen und offen miteinander sprachen. Die Scheidung meiner Eltern setzte mir, obwohl ich noch ein kleines Kind war, ziemlich zu, auch wenn ich damals natürlich den langwierigen und nervenaufreibenden Prozess der Trennung nicht verstehen konnte. Trotz allem habe ich frühe Kindheitserinnerungen daran, wie ich in meinem Gitterbett liege und mit anhöre, wie meine Eltern im Flur unserer Wohnung auf Französisch streiten. Bis heute assoziiere ich diese eigentlich so schöne und liebevolle Sprache mit der Trennung meiner Eltern und dem anschließenden Verlust meines Vaters. Es ist schon seltsam, wie viel kleine Kinder, die sich noch nicht gut ausdrücken können, von ihrer Umwelt mitbekommen. Ohne Vater aufzuwachsen ist sicherlich für kein Kind auf der Welt leicht, sondern immer eine Herausforderung. Nun war ich auch noch ein Mischlingskind, das einzige dunkelhäutige in ganz Markt Schwaben. Das mag jetzt vielleicht so klingen, als wäre es direkt eine Bürde, die mir mitgegeben wurde – war es natürlich erst mal nicht, aber über die Jahre wurde es zu einer.

Ich glaube, mein Leben wäre anders verlaufen, wenn ich eine schwarze Vaterfigur um mich herumgehabt hätte, die mich etwas angeleitet hätte, mit dieser seltsamen Situation, der einzige, der »anders« aussieht, umzugehen. Später habe ich mich oft gefragt, wie

mein Vater es geschafft hatte, Ende der 80er-Jahre allein in eine bayerische Provinz zu ziehen. Später erzählte er mir von rassistischen
Anfeindungen, beispielsweise auf dem Fußballplatz. Während Kreis-
ligaspielen war er auch schon mal »Neger« genannt worden – bei
Sonntagsnachmittagsspielen um 16 Uhr bei Weißwurst und Bier.
Mein Vater hatte die Antwort auf solche rassistischen Sprüche immer
auf dem Platz gegeben und während der Partie so viele Tore, wie er
nur konnte, versenkt. Ähnlich hatte er es auch in seiner beruflichen
Karriere gehandhabt. Wann immer er mitbekommen hatte, dass er
aufgrund seiner Hautfarbe benachteiligt wurde, hatte er härter gearbeitet als alle anderen. Später war er in München Ausländerbeirat
geworden.

Dazu muss ich erzählen, dass mein Vater einem großen Fischer-
stamm, den Yakoma aus dem Kongo, angehört und mir, nachdem
wir uns wiedergetroffen hatten, erzählte, dass er schon mit zehn
Jahren vier Meter hatte tauchen und nachts bei völliger Dunkel-
heit ausgelegte Netze von heruntergefallenen Baumstämmen hatte
befreien müssen. Ich glaube, er hatte diese Kämpfer-Attitüde mit
nach Deutschland genommen und selten Schwäche gezeigt. Außerdem hatte er das Privileg genossen, aus einer angesehenen Familie zu
stammen. Für ihn war Rassismus wie Teflon gewesen, er hatte sich
daran nicht verbrannt. Er hatte den Hass absorbiert, der ihm zuwei-
len entgegengekommen war, und ihn in etwas Produktives umge-
wandelt. Ich glaube schon, dass ihn die rassistischen Anfeindungen
sehr gestört haben, aber er hatte sich nie etwas anmerken lassen. Es
war einfach an ihm abgeperlt, und er hatte sich nicht weiter damit
beschäftigt.

In meinen ersten Kinderjahren war ich gezeichnet von der Trennung meiner Eltern. Ich möchte das an dieser Stelle nicht überdra-
matisieren. Für meine Mutter standen, nachdem mein Vater uns
verlassen hatte, vor allem ich und meine Zukunft im Vordergrund.
Trotzdem kam ich ziemlich früh in eine Trotzphase und wurde ein
ungestümes Kind. Ich erinnere mich noch daran, wie ich mir recht
schnell den Ruf eines kleinen Wirbelwinds erarbeitete und am nahe

gelegenen Spielplatz schon in diesen sehr jungen Jahren Angst und Schrecken verbreitete. »Der David kommt, der David kommt«, war so ein Rufwort, das ich kannte, wenn ich am Klettergerüst hinter unserer Siedlung auftauchte, und ich konnte mit meinem frühen Image eigentlich ganz gut leben.

DER ERSTE TAG IM KINDERGARTEN

Dieser Tag sollte ein besonderer für mich werden. Ich erinnere mich noch erschreckend genau an die Szenerie. Der Kindergarten war ein wunderschönes »altes« Schulhaus. Auf dem Dach nisteten Störche, die wir kleinen Kinder bewundernd und mit offenen Mündern anstarrten. An meinem ersten Tag im Kindergarten versammelten sich die ungefähr 20 Kinder im Gruppenraum. Ich glaube, wir waren die »Igel-Gruppe«, auf der Holztür prangte ein kleiner Comic-Igel, der breit lächelte und an dem wir erkannten, dass wir hier richtig waren. In der Mitte waren kleine bunte Holzstühle in einem Kreis aufgestellt, und wir Kinder lungerten etwas planlos im Raum herum. Eine unserer beiden Erzieherinnen, die uns immer im Wechsel bespaßten, klatschte in die Hände und verlangte nach unserer Aufmerksamkeit. Ehrfürchtig sahen wir an ihr hoch. Sie bat uns darum, sich einen Platz zu suchen, und wie das bei Kindern nun mal so ist, war diese Aufforderung der Startschuss für ein heilloses Durcheinander. Unter lautem Getöse und Geplärre liefen alle Kinder aufgeregt durch den Raum, schmissen sich auf die freien Stühle und hielten Plätze frei, indem sie ihre Hände und ihren halben Oberkörper auf einen freien Stuhl neben sich warfen. Ich stand etwas verdattert herum, an den Wänden hingen ausgemalte bunte Mandalas, und die Window-Color-Bilder an den Fenstern warfen viele kleine Igel-Silhouetten auf den Boden, die ich interessiert beobachtete. Der Tumult um mich herum weckte mich aus meinen Tagträumen. Viele freie Plätze gab es nicht mehr. Nur vorn neben einem kleinen Jungen mit Pilzkopfhaarschnitt und Latzhose. Also eilte ich durch den Raum

zu ihm. Der Junge sah wirklich nett aus. In dem Moment sah er mich
an, legte seine Hände auf den Stuhl, auf den ich mich setzen wollte,
und sagte dann den Satz, den ich, einmal gehört, nie vergessen habe.
Den Satz, der mir schon zu Anfang meines Lebens gezeigt hat, dass
ich anders bin und vielleicht nicht nur keinen Platz im Kindergarten
habe, sondern vielleicht auch keinen Platz in der Mitte der Gesellschaft. Er sah mich an und sagte: »Ein Neger darf nicht neben mir
sitzen.«

Ich war verwirrt und baff und blickte mich irritiert um. Ich fand,
der Junge hatte recht. Neben mir sollte ein Neger auch nicht sitzen,
was auch immer das war. Ich sah mich also um und suchte nach
einem »Neger« im Raum, fand aber keinen. Ich wusste ja auch nicht,
wonach ich hätte Ausschau halten sollen. Der Junge starrte mich
bösartig an und sagte dann: »Du, du bist ein Neger.« Dieser kleine
unschuldige Junge wollte einfach nicht, dass ich neben ihm sitze.
Aber warum nicht? Ich verstand es nicht. Ich checkte einfach nicht,
was los war. Irgendwie war er gegen mich.

Die Betreuerin hatte mitbekommen, wie ich verdattert vor diesem Stuhl stand, kam auf mich zu, tätschelte mir nett den Kopf und
bat mich, zu einem freien Sitzplatz irgendwo nach hinten zu gehen,
was ich dann natürlich tat. Ich warf mir meinen kleinen Bärchen-
rucksack über die Schulter und trottete quer durch den Raum, während alle anderen mich ansahen.

Das war der erste Moment in meinem Leben, an dem ich merkte,
dass ich aus irgendeinem Grund, den ich noch nicht kannte, anders
war. Es war das erste Mal, das ich spürte, dass es in Ordnung war,
wenn ich eine Sonderbehandlung erhielt. Ich hatte keine Möglichkeit herauszufinden, ob der Pilzkopfjunge nett war oder nicht (war
er übrigens nicht, wie sich im späteren Verlauf meines Lebens her-
ausstellen sollte), aber diese Ausgrenzung, die ich damals erfuhr und
weder verstand noch richtig zuordnen konnte, ließ mich fragend in
einem Stuhl neben irgendeinem blöden Mädchen Platz nehmen. Ich
schaute aus dem Fenster, sah die tänzelnden Herbstblätter im Wind
und spürte, dass ich irgendwie anders, irgendwie falsch war.

VON BAGGERN, DIE MIR NICHT GEHÖREN DÜRFEN

Von außen betrachtet war der Kindergarten natürlich eine super Zeit. Wir malten viel mit Filzstiften, und ich gab mir damals schon jede Menge Mühe, extra schöne Bilder hinzukriegen. Links neben dem Eingang des Kindergartens führte ein Weg um das Gebäude herum zu einem Holzschuppen, in dem sich die Spielsachen befanden, die wir in der Zeit draußen benutzen durften. Dieser Holzschuppen war so etwas wie unsere kleine Goldgrube. Von Bällen bis hin zu einfachem Holzspielzeug und Frisbee-Scheiben befand sich hier alles, was unsere Kinderherzen höher schlagen ließ. Absolutes Highlight des Schuppens waren kleine grüne Bagger mit gelben Schaufeln, auf die man sich draufsetzen und mit denen man den Sand im anliegenden Sandkasten umgraben konnte. Die Schaufel musste händisch bedient werden, doch das machte nichts, die grünen Bagger waren die Kronjuwelen in der Schuppen-Schatzkammer, der Hauptgewinn jeder Spielzeit. Während wir im Kindergarten in unserem Gruppenraum Mandalas ausmalten, Sonnenuhren bastelten und uns mit Flüssigkleber die Hände aneinanderklebten, dachten wir bereits die ganze Zeit an die Bagger im Schuppen und sprachen auch über nicht viel anderes. Die Bagger-Hierarchie, denn es gab nur vier für über 30 Kinder, war nach einem einfachen Prinzip geregelt: Die Kinder, die am schnellsten zum Schuppen rannten, bekamen die Bagger. Ziemlich fair. Ich hatte meine teilweise etwas verträumte Art nicht so ganz ablegen können und war nie der Schnellste. Also wirklich nie. Mehrere Pausen stand ich mit offenem Mund vor einem Kind, das auf einem Bagger saß, und beobachtete die Schaufelbewegungen des Kindes, das den Sand von einem Kasten in den nächsten Kasten beförderte und riesige monumentale Sandbauwerke errichtete. Das wollte ich auch.

Eines schönen Sommertages ließ ich die Mandalas Mandalas sein und wartete auf den Gong, der anzeigte, dass das große Rennen um die Bagger beginnen würde. Wie ein kleiner Psychopath rührte ich die Mandalas nicht an, sondern horchte nur auf den Gong. Als dieser nach gefühlten Ewigkeiten ertönte, lief ich wie ein Verrückter aus dem Raum, stieß versehentlich noch einen Jungen um, der Wind fuhr durch meine dunklen Locken und – ich konnte mein Glück kaum fassen – ich war der zweite am großen Holzschuppen. Der Junge vor mir riss die hölzerne Tür mit ganzer Kraft auf, die Scharniere quietschten, und ich griff blind nach einem dieser Bagger. Hinter mir kamen langsam die anderen Kinder herangerannt, strahlend ging ich mit meinem Bagger unter dem Arm an ihnen vorbei und begann eifrig damit, Sand von einem Kasten in den anderen zu befördern. Ich war selig.

Doch mein Glück endete abrupt. Und es mag banal erscheinen, doch auch diesen Moment habe ich bis heute nicht vergessen. Ich setzte mich also auf diesen Bagger und fing an, die Schaufel zu bedienen – mittlerweile waren auch die anderen Kinder, die ich heute einmal besiegt hatte, angekommen, und auch die Erzieherin trappelte müde nach –, da passierte es. Ein kleiner Bub stellte sich neben die Erzieherin und zog an ihrem Rockzipfel. Sie beugte sich hinunter, er zeigte auf mich und sagte in ernstem Tonfall: »Der David, der David, der hat mir meinen Bagger weggenommen.« Daraufhin kam die Erzieherin im Eilschritt auf mich zu, schüttelte ihren Kopf, ihre Brille verrutschte etwas, und sie sagte: »So, David, runter von dem Bagger.« Und das war's dann auch. Einfach so. Ich stieg völlig perplex vom Bagger ab und konnte mein Unglück nicht fassen. Ich kannte die Spielregeln im Bagger-Game und hatte sie befolgt: Der Erste kriegt einen Bagger. Obwohl ich fair gespielt und mir meinen Baggerplatz innerhalb der Spielregeln erarbeitet hatte (und dafür sogar auf die Mandalas verzichtet hatte), musste ich absteigen, nur weil ein anderes Kind behauptet hatte, ich würde auf seinem Bagger sitzen. Ich glaube, das andere Kind war auch ziemlich überrascht davon, dass das so einfach ging. Da stand ich nun ohne Bagger im Sandkasten, sah zu, wie irgend so ein Sebastian oder Korbinian auf meinem Bagger herumspielte und die mechanischen Geräusche des Baggers mit seiner Backe laut nachvertonte und sich von den anderen Kindern für seine Schaufelkünste bewundern ließ. Alles, was ich verstand, war, dass ich immer noch ein Sonderfall zu sein schien und es für die Erzieherin einfach war, jedem weißen Kind bedingungslos zu glauben, wenn ich in der Opposition war – eine Erkenntnis, die bis heute nachhallt.

Um dies gleich im ersten Kapitel zu sagen: Ich wurde selten offen rassistisch angegangen. Und dieses Buch soll auch nicht die Geschichte eines farbigen Menschen erzählen, der aufgrund seiner Hautfarbe in der Vergangenheit diskriminiert wurde und sich jetzt offenbart. Es ist nicht so, dass ich mit brennenden Fackeln durch Markt Schwaben gejagt wurde (auch wenn spätere Begegnungen so ähnlich verliefen) und ich in meiner späteren Arbeit als Musiker, Moderator und Pädagoge immer benachteiligt wurde. Trotzdem glaube ich auch, dass Rassismus nicht erst dann anfängt, wenn Menschen mit dunkler Hautfarbe durch Städte gejagt werden und Asylantenheime brennen. Das ist nur die hässliche, deutlich erkennbare Spitze des Eisbergs, auf den die Öffentlichkeit reagiert. Rassismus setzt viel früher ein. Rassismus ist immer individuell. In meinem Fall war Rassismus zuerst ein Gefühl im Kindergarten. Ein Gefühl des Unwohlseins und des »Anders-behandelt-Werdens«, das ich als kleiner neugieriger Junge nicht zuordnen konnte und nicht verstand, da ich ja wie alle anderen Kinder war. Zumindest dachte ich das. In Wahrheit war ich von meinem ersten Tag im Kindergarten an ein Außenseiter, ob ich wollte oder nicht. »Ein Neger darf nicht neben mir sitzen« wurde zu einem Satz, der während meines bisherigen, aufwühlenden Lebens immer über mir und meinen Handlungen schwebte wie das berüchtigte Damoklesschwert. Obwohl ich mich so vielseitig, wie ich konnte, engagierte und mir bis heute von meinem Umfeld attestiert wird, dass ich mich mit vielen, vielleicht manchmal zu vielen Dingen, befasse, blieb meine Hautfarbe etwas, worauf sich viele beschränkten. Sie sahen nicht mich mit meinen charakterlichen Eigenschaften, mit meinen Talenten oder Neigungen, sie sahen immer zuerst … einen Schwarzen. Und erst dann meine Talente und Interessen. Passte beides nicht zusammen, war ich also derjenige, der im Park ein spannendes Buch las, stimmte das Bild nicht. War ich aber Rapper auf einer Bühne, war das genau der Schwarze, den sich mein Umfeld vorstellte. Meine Schwester sagte einmal, als in den Medien eine Geschichte kursierte, in der ein schwarzes Mädchen sich gegen den Angriff eines weißen Mädchens verteidigte: »What did the one dimensional black girl do to the multidimensional white women?«

Als Schwarzer bist du (vor allem in Bayern) in der Minderheit, und du warst und bist auf diese eine Dimension, deine Hautfarbe, beschränkt. Ich musste im Folgenden also immer mehr leisten, um diese Beschränkung aufzuheben und von der Öffentlichkeit als vollständig wahrgenommen zu werden. Vielleicht ist das auch der Grund, warum ich bis heute von Dingen so besessen bin.

»Rekless tut Dinge« ist mehr als ein Instagram-Spruch. Oftmals verliere ich mich in Projekten oder will etwas Neues starten, vielleicht weil ich das Gefühl habe, immer mehr machen zu müssen und zu zeigen als andere, um möglichst vielfältig wahrgenommen zu werden.

Meine Hautfarbe führte dazu, dass ich schon früh eine Sonderstellung bezog. Ich war der einzige dunkelhäutige Junge in dieser kleinen Ortschaft in Bayern, und insgeheim spürte ich das schon an diesem ersten Tag im Kindergarten, wo es in Ordnung war, dass ein Junge nicht wollte, dass ich neben ihm sitze. Nicht etwa, weil ich unfreundlich oder gemein war, sondern einfach, weil ich für ihn beziehungsweise für seine Eltern, die ihm diesen Gedanken ja mitgegeben haben mussten, ein »Neger« war und damit weniger berechtigt, neben ihm zu sitzen als ein Junge mit weißer Haut.

Ich habe lange überlegt, was für ein Buch ich schreiben möchte. Ich glaube, es ist für dich und mich wenig spannend, auf zweihundert Seiten zu erzählen, wie ich während meines Lebens rassistisch angegangen wurde. Wenn du das Buch ausgelesen hättest, würdest du denken: Aha! Eine nette Story mit wirklich schlimmen Geschichten über das Schwarz-Sein in Deutschland. Und ein paar nette Anekdoten über Hip-Hop in den frühen 90er-Jahren. Und am nächsten Tag im Bus auf dem Weg zur Arbeit setzen sie sich in der U-Bahn dann neben einen Schwarzen und sagen »Ich weiß, was du durchmachst, Bruder«.

Deshalb möchte ich dir nicht nur mein Leben erzählen. Ich möchte aufklären und einordnen. Lass uns gemeinsam Antworten auf die großen Fragen finden: Was ist Rassismus eigentlich, wo kommt er her? Was ist Racial Profiling? Wie sicher ist die Kriminalstatistik? Gibt es überhaupt Rassismus im Alltag? Wie rassistisch sind Stereotypen in den Medien? Und woher kommt eigentlich unsere Angst vor dem Fremden? Und wie können wir ihr begegnen?

Dieses Buch ist keine Biografie, aber auch kein Ratgeber. Es ist ein Angebot.

Let's talk about it!

RASSISMUS – WAS IST DAS ÜBERHAUPT?

Diese erste »Ein Neger darf nicht neben mir sitzen«-Begegnung war, wenn man so will, der Stein des Anstoßes für etwas, das mich bis heute begleitet: den Umgang mit Rassismus. Blicke ich auf mein bisheriges Leben zurück, waren rassistische Anfeindungen oder zumindest Erlebnisse immer etwas, was sich stringent durchzog. Irgendetwas war immer. Sei es durch dieses klar ausgesprochene Wort »Neger« oder dass ich mit meiner Jugendfreundin am Bahnhof in Markt Schwaben saß, frisch verliebt, pubertierend, Händchen haltend und eine alte Dame den Kopf schüttelte, uns ansah und dann sagte: »Na, was da wohl für Kinder bei rauskommen.« Oder dass ich in einer Bäckerei gefragt wurde: »Was du wollen?!«

Aber es gab eben auch diese kleinen, subversiven Momente. Die Frage nach meiner Herkunft. Die Frauen, die ihre Handtaschen festhielten, wenn ich mich im Bus neben sie setzte. Die Blicke, wenn ich mit meiner weißen Mutter über die Wiesn ging. Das alles habe ich mir so nicht ausgesucht, das kam durch die Verhaltensweisen anderer Menschen, ausgelöst durch meine Hautfarbe. Ich habe lange versucht zu verstehen, ob es hierfür einen Grund gibt. Warum werde ich anders behandelt? Kann ich etwas an meinem Verhalten ändern? Darüber habe ich im Lauf meines Lebens wirklich viel nachgedacht, und wollte irgendwann einfach nur nett sein, damit andere Menschen mich sahen, ein gutes Gespräch hatten und später ihren Freunden erzählen konnten: »Hey, ich habe da einen Schwarzen getroffen, und mei, der war echt nett.«

Kein Witz, so habe ich eine Zeit lang getickt. Ich verstand, dass ich für andere etwas repräsentierte. Etwas, das nichts mit mir persönlich zu tun hatte, sondern mit dem, was andere in mir sahen. Ich wollte ein »guter« Schwarzer sein und verstand lange nicht, dass ich mich hierbei ja selbst beschnitt. Irgendwann sah ich ein, dass ich eine gewisse Grundablehnung einfach hinnehmen musste und sie nicht persönlich nehmen durfte. Ich musste meinen eigenen Weg finden, damit umzugehen, wie das jeder Mensch finden muss, der Ablehnung ohne Grund erfährt. Aber da jeder Rassismus individuell erlebt wird, muss zwangsläufig eben auch der Umgang damit individuell sein, es geht nicht anders. Und das sei hier auch noch kurz gesagt: Es ist nicht so, dass es mir viel Spaß macht, mich damit auseinanderzusetzen, es ist nur eben notwendig. Es ist ja auch nicht so, dass viele Frauen Spaß daran haben, sich mit ihrer Rolle in der Gesellschaft und in den Medien zu beschäftigen und sich für eine gleiche Bezahlung am Arbeitsmarkt stark zu machen. Ich glaube, dass die wenigsten Feministinnen morgens aufstehen und sich vorstellen, dass es heute gut wäre, gegen was auch immer zu sein. Ja, gegen was denn heute? Ach, heute mal zur Abwechslung gegen strukturelle Benachteiligung. So ein Einsatz entsteht immer durch eine Kraft, die von außen herangetragen wird und so hart einwirkt, dass man keine Lust mehr hat, in diesem Zustand zu verharren und ihn einfach auszuhalten. Gäbe es keinen akuten Missstand, der so direkt in das eigene Leben und den Umgang miteinander wirkt, gäbe es keinen Anlass, sich zu positionieren und die Stimme zu erheben.

Glaub mir, ich bin dunkelhäutig, und das ist ein Problem. Nicht für mich, aber für andere. Und somit wieder ein Problem für mich. Offensichtlich gibt es also in unserem Kulturkreis genug Menschen, die sich aufgrund meiner Hautfarbe dazu genötigt fühlen, mich anders zu behandeln, mich zu benachteiligen und mir, ob gewollt oder ungewollt, das Gefühl zu geben, nicht so ganz dazuzugehören. Ich kann jetzt schlecht für diesen Pilzkopfjungen sprechen, weil er drei Jahre alt war. Ziemlich sicher haben seine Eltern beim Abendessen über mich gesprochen, und er hat dieses »Neger«-Wort einfach übernommen. Und das ist ja das Gefährliche, weil es für diesen kleinen Pilzkopfjungen in dem Moment und in den folgenden Jahren die einzige Realität war, die er kannte und die er erst einmal durch den Kindergarten und durch die Grundschule spazieren trug wie einen Turnbeutel.

Doch was ist Rassismus eigentlich? Woher kommt er? Und wie äußert er sich? Im Folgenden möchte ich mich mit dir auf eine Spurensuche begeben und hierfür gern bei null anfangen. Das hat einen guten Grund. Ich habe in den vergangenen Jahren meines Lebens viel über Rassismus diskutiert. Reden und mich auszudrücken ist seit jeher mein Job – als Musiker, als Pädagoge und als Moderator für Funk und Fernsehen. Und eine Sache, die mich schon immer gestört hat und heute noch ziemlich stört, ist der inflationäre Gebrauch von Begriffen, die nicht klar umrissen und erklärt sind.

»Der linke Sumpf muss ausgerottet werden« war eine von vielen Zeilen, die mich nach meinem Besuch des AfD-Kreisverbandes in München ratlos zurückließen. Ich saß dort, lauschte der Gift und Galle spuckenden Frau und verstand die Welt – und vor allem sie – nicht mehr, obwohl genau das eigentlich mein Plan war. Mich hinzusetzen und zu verstehen. Aber was sollte ein »linker Sumpf« überhaupt sein? Diese Begriffsunschärfe führt dazu, dass jeder einfach Wörter in einen Raum wirft, die undefiniert sind und aus denen sich jeder Zuhörende das zieht, was er darunter versteht. Dabei ist doch ein großer Vorteil der deutschen Sprache, dass sie so exakt ist und wir uns in ihr so genau ausdrücken können. Miteinander reden ist wichtig, davon bin ich überzeugt. Ich mache eigentlich nichts lieber, als zu reden. Wenn man bei Diskussionen einen komplett anderen Standpunkt hat, ist das sicherlich spannend, und ein progressiver Austausch ist ein Gewinn für beide Fraktionen. Voraussetzung hierfür ist allerdings, dass beide Parteien wissen, wovon und worüber eigentlich gerade gesprochen wird. Eine unlösbare Aufgabe, wenn mit Begriffen hantiert wird, die undefiniert durch einen Raum wabern.

Gern hätte ich mit der Frau vom AfD-Stammtisch über den »linken Sumpf« diskutiert. Aber was ist ein »linker Sumpf?« Gehört für sie eine Partei, die links neben der CSU steht, direkt zum »linken Sumpf«? Und hat sie nicht auch das Gefühl wie ich, dass diese Aussage außerdem ziemlich wertend ist und weniger neutral? Diskutieren ist wichtig, Begrifflichkeiten zu klären, bevor man über etwas diskutiert, aber auch. Wenn du an den Begriff »Rassismus« denkst, was kommt dir in den Sinn? Der Film »12 Years a Slave«, in dem ein schwarzer Sklave zwölf Jahre lang auf einer Farm drangsaliert wird? Martin Luther King mit seiner berühmten »I have a Dream«-Rede? Oder vielleicht an den Ku-Klux-Klan aus den USA? Wir alle haben andere Bilder im Kopf, wenn wir an Rassismus denken, und auch eine andere Vorstellung davon. Vielleicht ist Rassismus für dich etwas Historisches. Etwas, das in verstaubten Büchern steht. Oder du hast dich bisher damit nicht auseinandergesetzt, einfach weil es dafür schlichtweg keinen Grund gab.

Bei mir ist das ein bisschen anders. Rassismus ist etwas, das mich umgibt und mit dem ich mich beschäftige, nicht aus purer Freude, sondern weil es notwendig ist. Meine persönliche Erfahrung mit Rassismus ist Teil dieses Buches, aber ich will auch informieren. In den Sachteilen habe ich Studien und Definitionen gesammelt, weil ich zum einen keine Lust habe, nur ein Buch zu machen, in dem es um einen »armen schwarzen Jungen« geht, sondern eben auch etwas beisteuern will, das Fakten aufzeigt. Unsere Gesellschaft wird komplexer und vielfältiger, damit müssen wir umgehen lernen. Auch diejenigen, denen es nicht gefällt, dass sich die gesellschaftliche Zusammensetzung ändert, müssen eine neue Sensibilität entwickeln, um darin bestehen zu können. Unsere Informationsquellen werden mannigfaltiger. Mehr Informationen, die abgewägt werden müssen, strömen auf uns ein. Daher wird die Quellenkritik immer wichtig. Es macht also Sinn, sich auf gleicher Basis austauschen zu können. Damit dies gegeben ist, möchte ich an dieser Stelle eine Begriffsklärung vorschieben.

VERSUCH EINER DEFINITION

In einer ersten Definition wird Rassismus als eine Gesinnung, Ideologie oder Wahrnehmung bezeichnet. Hiernach werden Menschen aufgrund äußerlicher Merkmale zugehörig zu einer vermeintlichen

»Rasse« eingeteilt und beurteilt. Hautfarbe, Körpergröße oder Sprache, aber auch kulturelle Merkmale wie Kleidung oder Bräuche
werden als bestimmender Faktor menschlicher Fähigkeiten und
Eigenschaften gedeutet und nach Wertigkeit eingeteilt. Rassisten
betrachten Menschen, die ihren eigenen Merkmalen möglichst ähnlich sind, als höherwertig, andere, die nicht ihrer Norm entsprechen,
werden als geringerwertig diskriminiert. Mit Rassentheorien, die
angeblich wissenschaftlich untermauert sind, wurden und werden
Handlungen gerechtfertigt, die den heute angewandten allgemeinen
Menschenrechten widersprechen.

Eine recht »moderne« Begriffsdefinition für Rassismus liefert die
Europäische Kommission gegen Rassismus und Intoleranz. Sie be-
schreibt Rassismus als »die Überzeugung, dass ein Beweggrund wie
Rasse, Hautfarbe, Sprache, Religion, Staatsangehörigkeit oder nati-
onale oder ethnische Herkunft die Missachtung einer Person oder
Personengruppe oder das Gefühl der Überlegenheit gegenüber einer
Person oder Personengruppe rechtfertigt«.

Das Internationale Übereinkommen zur Beseitigung jeder Form
von Rassendiskriminierung, das im Jahr 1978 von der UN-Volksver-
sammlung in New York verabschiedet wurde, unterscheidet hierbei
nicht zwischen rassischer und ethnischer Diskriminierung. Beides
wird gleichgesetzt, die Diskriminierung aufgrund der »Rasse« und die
Diskriminierung aufgrund der Ethnie. Es ist egal, ob ein Mensch diskriminiert wird, weil er aus einem asiatischen oder aus einem arabischen Land kommt, beides ist nach der UN Rassismus. Das ist wichtig
für das Grundverständnis der ganzen Sache, denn es zeigt, wie grundlegend falsch Rassismus ist und dass es hier nicht unbedingt einer riesig großen Ausdifferenzierung bedarf. Menschen mit rassistischen
Vorurteilen diskriminieren andere aufgrund von deren Zugehörigkeit, der institutionelle Rassismus verweigert bestimmten Gruppen
Vorteile und Leistungen oder privilegiert andere. Die Folgen von
Rassismus sind kein Spaß und reichen von Vorurteilen und Diskriminierung über Rassentrennung, Sklaverei und Pogrome bis zu sogenannten »ethnischen Säuberungen« und Völkermord. Rassismus ist

gefährlich. Punkt. Deshalb sind rassistische Tendenzen es auch. Vielleicht würde nicht jeder Mensch, der einen anderen rassistisch beleidigt oder aufgrund seiner Andersartigkeit ausgrenzt, ihn auch direkt verletzen, aber jemanden wegen seines Anders-Seins auszuschließen ist eine Tendenz, für dessen Gedanken es in einer modernen Gesellschaft von Beginn an keinen Platz geben darf – in keinster Weise. Außerdem kann das eine früher oder später zum Nächsten führen, die Geschichte bietet hierzu viele Beispiele, auf die später noch eingegangen wird. Zunächst blättern wir einmal zurück.

DER URSPRUNG VON RASSISMUS

Woher kommt diese Idee, andere aufgrund äußerer Merkmale oder ihrer Zugehörigkeit auszuschließen? Diese Frage ist so grundlegend, dass wir sie uns eigentlich nicht mehr stellen. Grund genug, sie in diesem Buch einmal aufzuwerfen und etwas ausführlicher zu beantworten. Rassismus gibt es nicht erst seit gestern und auch nicht erst seit der Zeit des Nationalsozialismus, als die Hakenkreuz-Flaggen durch deutsche Städte wehten, so viel steht fest. Rassismus ist fast so alt wie die Geschichte moderner Zivilisationen. Der deutsche Historiker Imanuel Geiss (1931–2012) beschrieb in seinem 1988 erschienenen Werk »Geschichte des Rassismus« das indische Kastenwesen als die älteste Form quasi-rassistischer Strukturen. Diese nahmen mit der Eroberung Nordindiens durch die Arier, die Bewohner der iranischen Hochebene, um 1500 vor Christus ihren Anfang. Hellhäutige Eroberer pressten unterworfene Dunkelhäutige als Sklaven in die Apartheid einer Rassen-Kasten-Gesellschaft ein. Diese ließ sich auf Dauer nicht halten, führte aber zu einer extremen Fragmentierung und Abschottung der Kasten untereinander, in allen möglichen Lebensbereichen. Hellhäutige Menschen waren höhergestellt als Menschen mit dunklerer Hautfarbe, und es war nicht möglich, eine Kaste zu verlassen, um gesellschaftlich aufzusteigen – das indische Kastensystem existiert übrigens immer noch.

Und auch im frühen antiken Griechenland sprechen einige Historiker von einem prototypischem Rassismus, der hier vorherrschte. Zwar wurden Barbaren nicht als rassisch minderwertig beschrieben, aber als kulturell und zivilisatorisch zurückgeblieben betrachtet, es fand somit eine Ausgrenzung statt.

Der »moderne« Rassismus entstand im 14. und 15. Jahrhundert und war in erster Linie religiös begründet. Hierfür müssen wir die Zeit noch etwas zurückdrehen. Ab 1492, dem Ende der Reconquista, also der Rückeroberung Andalusiens durch die Spanier, wurden Juden und Muslime als »marranos« (zu Deutsch: Schweine) verfolgt und aus Spanien vertrieben. Zwar gab es die Möglichkeit einer Taufe, um zu konvertieren und so Tod und Vertreibung zu entrinnen, es wurde jedoch angenommen, dass die Konvertierten weiterhin heimlich ihren Glauben ausübten. Ihnen wurde somit die Möglichkeit genommen, vollwertige Mitglieder der Gesellschaft zu werden, selbst wenn sie alles dafür taten. Das »Jüdische« oder das »Islamische« an ihnen wurde viel wichtiger als der gezeigte Wille zu konvertieren. Die Religionszugehörigkeit war zu einem unüberwindbaren Zustand geworden, den man im Nachhinein nicht mehr ändern konnte. Vielen Historikern gilt die Vorstellung, dass eine Taufe oder Konversion nicht mehr ausreichte, um sich einer Gesellschaft anzupassen, somit als erstes Lebenszeichen des modernen Rassismus. Es ist ein zutiefst rassistischer Gedanke, wenn davon ausgegangen wird, dass ein Jude oder ein Moslem seine jüdischen oder muslimische Eigenschaften, wie auch immer diese jetzt konkret aussehen, nicht einfach ablegen kann, wenn er seine Religion ändert. Denn das muss man sich einmal vorstellen: Die Menschen wollten ihre Religion, die damals noch einen sehr viel höheren gesellschaftlichen und identitären Stellenwert besaß als in unserer heutigen Zeit – in der zumindest in Deutschland immerhin 36 Prozent der Menschen konfessionslos sind – ändern, um gesellschaftlich anerkannt zu werden, doch es änderte nichts. Es war einfach egal. Aber bleiben wir zunächst in Spanien. Während der Reconquista entstanden 1449 die »Estatutos de limpieza de sangre« (»Statuten von der Reinheit des Blutes«)

die durch den Rat der Stadt Toledo in Auftrag gegeben waren und die, wenn man so will, eine Art Vorgänger der Nürnberger Rassegesetze wurden, die Hunderte Jahre später in Deutschland folgen sollten. Die spanischen Altchristen wollten sich mit ihnen von den Neuchristen, die muslimische oder jüdische Vorfahren hatten, abgrenzen.

Wollte man damals in einer Ordensgemeinschaft aufgenommen werden, ein staatliches Amt erhalten oder in einer Universität immatrikuliert werden, musste der Kandidat drei Qualitäten oder Eigenschaften nachweisen. Einer dieser Eigenschaften war eine altchristliche Abstammung. Keine Juden, Muslime oder Ketzer durften unter den Vorfahren zu finden sein. Willkommen im Frührassismus!

In seinem sehr lesenswerten Buch »Rassismus, ein historischer Abriss« setzt sich der emeritierte Stanford-Professor George M. Fredrickson (1934–2008) intensiv mit dieser frühen Form von Rassismus auseinander. Er beschreibt, dass die Überzeugung, dass Kinder dasselbe Blut wie ihre Eltern haben, zwar eher ein Mythos als ein empirischer wissenschaftlicher Befund war, gleichzeitig aber einen auch »genealogischen Determinismus« beschreibt, der ziemlich schnell in Rassismus umschlagen kann, wenn er auf ganze ethnische Gruppen angewendet wird, wie es eben schon im alten Spanien durchgesetzt wurde. Du siehst also: Dass in Nazi-Deutschland irgendwann Juden aufgrund ihrer Religionszugehörigkeit und ihres Glaubens ausgegrenzt wurden, ist keine Erfindung der Nazis. Ausgrenzung und Ablehnung aufgrund einer Zugehörigkeit, die nicht einmal selbst bestimmt ist, sondern von einer »Blutlinie« ausgeht, gibt es bereits seit dem 15. Jahrhundert. Für Fredrickson ist die spanische Doktrin von der Reinheit des Blutes zweifellos eine rassistische Lehre und diente der Stigmatisierung ganzer ethnischen Gruppe. Dieser frühzeitliche Rassismus blieb allerdings zunächst eingebunden in den Zusammenhang mythischer und religiöser Vorstellungen. Es fehlte der Bezug zu einer naturwissenschaftlich begründeten Biologie, der erst später kam und, wenn man so will, das Ganze noch verschlimmerte. Ich meine, sicher ist es schlimm, wenn man aufgrund seiner Abstammung kein vollwertiges Mitglied einer Gemeinschaft sein kann, aber vielleicht noch einigermaßen ertragbar.

Stell dir vor, du kommst nicht in einen Klub oder in ein Theater rein, weil auf dem Personalausweis steht, dass deine Großeltern Moslems sind. Du wirst abgewiesen, deine Freunde, deren Großeltern Christen sind, würden aber reinkommen. Du stehst vor der Tür und gehst achselzuckend mit deinen Freunden in eine andere Kneipe. Du ärgerst dich über diese miese Türpolitik, ihr habt aber untereinander jetzt nicht unbedingt ein Problem damit. Deine Freunde gehen nicht davon aus, dass du aufgrund der Herkunft oder Religionszugehörigkeit deiner Eltern ein schlechterer Mensch bist oder irgendwelche körperlichen Defizite hast. Ein biologisch begründeter Rassismus kam erst später hinzu und erweiterte diesen frühzeitlichen Rassismus durch eine ziemlich heftige Komponente.

RASSENSYSTEMATIKEN

Ausgehend von den Ereignissen rund um das Zeitalter der Aufklärung erhielt der Rassismus ein weiteres wichtiges säkuläres Fundament mitgeliert. Die von Europa ausgehenden kolonialen Projekte, die weite Teile der Welt und die dort lebenden Bevölkerungen unterwarfen, nährten den noch etwas mageren Rassismus und machten ihn zu einer sehr großen und gefährlichen Sache. Zeitgleich mit der Kolonialisierung nahm in Europa zudem das Wissen über andere Weltteile ziemlich schnell zu. Auf einmal, als man anfing, andere Länder und Menschen zu bevölkern, zu unterdrücken, zu versklaven und zu missionieren, brach ein regelrechter Debatten-Hype bei den europäischen Gelehrten los. Wie war eigentlich das Verhältnis von Menschen zueinander, die sich äußerlich unterschieden? Gehörten Menschen von anderen Kontinenten, die anders aussahen, eigentlich mit zur Menschheit?

Liest man heute solche Fragen, kann man natürlich nur den Kopf schütteln und sich sagen: Ist das euer fucking Ernst? Darüber macht ihr euch Gedanken? Aber genau über solche Themen wurde sich, vor allem in Europa, der Kopf zerbrochen, ziemlich genau dann, als man in großen Kolonialisierungsprojekten loszog, um andere Länder zu erobern. Damalige Gelehrte begannen damit, Rassensytematiken aufzustellen, um das Beobachtungsmaterial europäischer Forschungsreisender zu dokumentieren. Die Forschungsreisenden kamen zurück, berichteten von ihren Reisen nach Indien oder Afrika, und die Gelehrten begannen damit, eine Art Kategoriesystem für die Weltbevölkerung zu erdenken.

Eine Gänsehaut bleibt bei solchen Gedanken nicht aus, aber das ist alles historisch belegt, es war eben nicht immer alles aufgeklärt und tolerant, sondern die Eroberer waren der Ansicht, andere »Rassen« hätten andere Eigenschaften, und wollten dies kategorisieren und ausreichend belegen.

Eine der prominentesten Rassensystematiken wurde 1684 von dem Franzosen François Bernier (1625–1688) entworfen, der die Menschheit in vier bis fünf ungleich entwickelte Rassen einordnete. Diese Einteilung nahm er aufgrund von Merkmalen an Nase, Lippen, Haaren und Zähnen vor. Er sah diese Einteilung der Menschen als Möglichkeit einer neuen Welteinteilung, die seiner Meinung nach nicht nur auf Länder und Regionen, sondern auch auf Menschengruppen basieren sollte, und etablierte als Erster den Begriff »espèces« für Rasse. Das klingt etwas surreal, ist aber Teil der Geschichte von Rassismus und unbedingt erzählenswert, um zu verstehen, dass die Geschichte des Rassismus auch Teil unserer europäischen Geschichte ist. Nach Bernier verschriftlichten auch Carl von Linné (1707–1778) und Georges-Louis Leclerc, Compte de Buffon, (1707–1788) sowie Johann Friedrich Blumenbach (1752–1840) und Immanuel Kant (1724–1804) ihre Gedanken hierzu in langen Abhandlungen und unterteilten die Menschheit in verschiedene Rassen.

In Kants Werk »Physische Geographie« von 1801 heißt es auf Seite 301: »In den heißen Ländern reift der Mensch in allen Stücken früher, erreicht aber nicht die Vollkommenheit der temperierten Zonen. Die Menschheit ist in ihrer größten Vollkommenheit in der Rasse der

Weißen. Die gelben Indianer haben schon ein geringeres Talent. Die Neger sind weit tiefer, und am tiefsten steht ein Teil der amerikanischen Völkerschaften.« Schon ziemlich radikal, oder? Ein regelrechter Hype um diesen neuen »Forschungsbereich« entstand. In der Regel konstruierten die damaligen Gelehrten, die sich mit »Rasse« auseinandersetzen, vier bis fünf menschliche »Rassen«, zu deren Bezeichnung sich bald die Farbbezeichnungen »Weiß«, »Gelb«, »Rot«, »Braun« und »Schwarz« einbürgerten und denen spezifische physische, intellektuelle, charakterliche und ästhetische Kollektiveigenschaften zugeschrieben wurde. Es wäre an dieser Stelle etwas zu langatmig und zu ermüdend, jeden einzelnen Menschen, der mit an einer Rassentheorie schrieb, vorzustellen und genau zu beleuchten und, um ehrlich zu sein, will ich ihnen auch nicht zu viel Platz in diesem Buch lassen.

Carl von Linné möchte ich dennoch kurz vorstellen, da er sich fast sein gesamtes Leben lang diesen Rassentheorien widmete. Er unterteilte in der ersten Auflage seines 1735 erschienenen Werks »Systema Naturae« die Menschen nach ihrer geografischen Herkunft in die Varietäten Amerikaner, Europäer, Asiaten und Afrikaner. Ab der 1758 erschienenen zehnten Auflage ordnete er außerdem jeder der vier Varietäten ein Temperament und eine Körperhaltung zu: Den Amerikaner bezeichnete er als rot, cholerisch, aufrecht; Europäer als weiß, sanguinisch, muskulös; Asiaten als melancholisch und steif und Afrikaner als schwarz, phlegmatisch und schlaff. Ziemlich heftig, oder?

Bereits zu diesem Zeitpunkt leiteten verschiedene Autoren unterschiedliche Vorstellungen von einer hierarchischen Ordnung der menschlichen »Rassen« ab. In den folgenden Jahren wurde diese Unterteilungen dann in den Diskursen des europäisch-nordamerikanischen Imperialismus allgegenwärtig und gaben eine ideelle Marschrichtung vor. George Fredrickson schrieb später in seinem Standardwerk über die Geschichte des Rassismus: »Was immer von Linné, Blumenbach und andere Ethnologen des 18. Jahrhunderts beabsichtigt hatten – sie waren jedenfalls die Wegbereiter für einen säkularen beziehungsweise ›wissenschaftlichen‹ Rassismus.« Denn diejenigen, die diese rassistischen Klassifikationen vornahmen, nah-

men sich im selben Atemzug das Recht heraus, Hierarchien aufzustellen. Unabhängig davon, ob von Linné, Blumenbach und andere
Ethnologen des 18. Jahrhunderts ahnten, was sie mit ihrer Forschung
über Rassen auslösen würden, ist es unbestreitbar, dass sie Wegbereiter für einen »wissenschaftlichen« Rassismus wurden. Es wäre
schon einmal interessant, heute in die Vergangenheit zurückzureisen
und sich mit diesen Herren zu unterhalten, die in ihrer Schreibhöhle
saßen und Menschen aufgrund der Forschungsberichte von Kolonialisten nach Rassen kategorisierten. Glaub mir, ich hätte wirklich Lust,
obwohl mein Schwedisch eher bescheiden ist, mich einmal mit Carl
von Linné zu unterhalten und ihm zu sagen, dass es eine blöde Idee
war, Menschen in Kategorien zu untergliedern – und dass kommende
Ideologen und Rassisten auf ihn und seine »Forschungen«, die nicht
wissenschaftlich begründet waren, zurückgreifen werden. Danke
dafür, Carl. Leider wird es mir verwehrt bleiben, mich mit ihm zu
unterhalten und das Rad der Zeit zurückzudrehen.

Und so nahm die Geschichte unweigerlich ihren Lauf. Die populäre Rassenforschung und die daraus resultierende Verknüpfung mit
geistigen, charakterlichen und kulturellen Fähigkeiten von äußeren
Merkmalen bereite somit den Nährboden für den Rassismus, der im
19. und 20. Jahrhundert folgte. Das Rassenkonzept fand, nachdem die
Forschung über Rassismus so populär wurde, ziemlich schnell in der
historisch-politischen Publizistik Verwendung. Die Frage nach dem
Menschen beherrschte in der zweiten Hälfte des 18. Jahrhunderts wie
kein anderes Thema die Wissenschaft. Fast die gesamte gelehrte Elite
bemühte sich um eine Klassifizierung der Menschheit. Es wurde, wenn
man das so sagen will, ein Modethema. Im 19. Jahrhundert folgten dann
auch der französische Schriftsteller Joseph Arthur de Gobineau (1816–
1882) mit seinem »Essay über die Ungleichheit der Menschenrassen«
und der britisch-deutsche Schriftsteller Houston Stewart Chamber-
lain (1855–1927), dessen Werk »Grundlagen des 19. Jahrhunderts«
zu einem Standardwerk rassistischen und ideologischen Antisemitismus wurde. Vor allem Arthur de Gobineau erlangte mit seinem 1852
bis 1854 in vier Bänden erschienenen »Essai sur l'inégalité des races

humaines« (Versuch über die Ungleichheit der Menschenrassen) großen Einfluss. Er ergänzte hierin das bereits etablierte Motiv eines Ras-
senkampfes durch das Thema Rassenvermischung und versuchte, die
Geschichte der Völker und Nationen auf diese beiden Faktoren rück-
zuführen. Er stellte die These auf, dass es für die kulturelle Entwicklung
entscheidend sei, dass sich fortschreitende Völker in ihren Rasseeigen-
schaften von anderen unterscheiden müssten. Die Vermischung von
Rassen führe zum Niedergang. Diese These, die ein wenig nach einem
weiteren Redebeitrag beim Infoabend der AfD München-Süd klingt,
ist in rechten Kreisen immer noch en vogue. Du siehst also, die Angst
davor, dass eine kulturelle Vermischung erfolgt und wir alle in einem
großen Multikulti-Sumpf untergehen werden, wurde bereits vor über
150 Jahren verschriftlicht. Aber die Menschheit existiert seltsamer-
weise immer noch. Vielleicht ist solch eine kulturelle Vermischung ja
doch nicht unser Niedergang, aber das ist nur eine kleine steile These
von mir, die ich an dieser Stelle mal kurz einschieben möchte.

Diese Idee wurde allerdings von zahlreichen anderen Autoren auf-
gegriffen und bildete die theoretische Grundlage für vielfältige rassistische Praktiken, die bis weit ins 20. Jahrhundert hineinreichten.
Gobineau und seine Kollegen waren, das muss man leider so formu-
lieren, echte rassistische Vorreiter.

RASSISMUS AB DEM 19. JAHRHUNDERT

Der Rassismus näherte sich zunehmend einer Ideologie an, die in
Europa immer populärer wurde: dem Nationalismus. Begrifflichkeiten wie »Rasse«, »Nation« und »Volk« wurden miteinander vermischt.
Eine »Nation« wurde nicht mehr, wie noch in der Französischen
Revolution, durch den Zugehörigkeitswillen zu einem gebildeten
politischen Verband definiert, sondern vermehrt als eine Abstam-
mungsgemeinschaft angesehen – wie damals bei den alten Spaniern.
Die Herkunft wurde wieder wichtig. Und auch heute ist Herkunft in
unserer Gesellschaft immer noch ein gar nicht so unwichtiger Fak-

tor, weil wir einem Herkunftsland, und sei es auch nur innerdeutsch, immer gewisse Charaktereigenschaften zusprechen. Vorurteile eben. Der Schwabe spart. Der Bayer trinkt Weißbier. Der Norddeutsche schweigt. Aber ich schweife etwas ab.

Die Verbreitung des Rassekonzepts hatte schon sehr bald konkrete Auswirkungen in West- und Mitteleuropa und auch in den kolonisierten Gebieten. Bis hierhin war die »Forschung« an solchen Rassen aus heutiger Sicht, nun ja, schwierig, aber, um ehrlich zu sein, wenn es bei dieser Art von »Forschung« bleibt, ist das ja nicht weiter tragisch, oder? Es wäre nur zu schön gewesen, hätte man diese ganzen seltsamen Kategoriensysteme einfach niedergeschrieben und die Idee dahinter, dass es nämlich Wertigkeiten im Menschsein gibt, in irgendwelchen Bibliotheken verstauben lassen. Dem war aber nicht so. Rassismus wurde eine Waffe und als ein Rechtfertigungsmittel eingesetzt. Unterwerfung, Ausbeutung und Versklavung gingen in den Kolonialstaaten eben leichter von der Hand, wenn man den Menschen, die dort lebten, nicht dieselbe Wertigkeit zusprach. Wenn ich einen anderen Menschen nicht als gleichwertig anerkenne, einfach aufgrund seiner Herkunft, ist es sehr viel leichter, ihn zu versklaven. Der menschliche Bezug, die Empathie fehlt. Durch den »wissenschaftlichen« Rassismus wurden Rechtfertigungen für Unterwerfung, Ausbeutung, Abwertung und Versklavung gesucht und gefunden.

DIE WIRKUNGSMACHT VON RASSISMUS

Einer Sache muss man sich wirklich bewusst werden. Rassismus beziehungsweise das Rassekonzept waren nicht einfach wilde Theorien von irgendwelchen Hinterwäldlern. Diejenigen, die Rassekonzepte und Rassentheorien aufstellten, waren Bildungsbürger. Gelehrte und Forscher. Die Idee, dass Menschen unterschiedlich viel wert sind, weil sie unterschiedliche angeborene Eigenschaften haben, die sich durch ihre Herkunft begründen, entstand nicht in einer Kneipe. Sie entwickelten sich aus der Bildungsschicht und wurden prominent und weit verbreitet. Philosophen wie Immanuel Kant, deren Schriftwerk heute immer noch wichtig und einflussreich ist, beteiligten sich an solchen Debatten. Das mag heute unvorstellbar erscheinen, aber genau deshalb müssen wir kritisch mit dem Vermächtnis so mancher Denker umgehen und deren rassistische Ideen nicht verschweigen, sondern offenlegen. Die Aussage »der Zeitgeist war damals einfach ein anderer« ist hierbei schlichtweg eine Ausrede, die weder als Entschuldigung noch als Verharmlosung gelten darf. Die prominente Präsenz des Rassekonzepts, die eben nicht auf das Konto normaler Bürger, sondern der adligen europäischen Elite ging, hatte verschiedene Konsequenzen, auf die ich im Folgendem eingehen möchte.

Zunächst entstand eine rassistische Pseudowissenschaft, die die Existenz menschlicher »Rassen« und deren Ungleichheit empirisch nachzuweisen versuchte. Die bevorzugte Methode dazu war die anatomische Vermessung und Klassifizierung von Menschen, insbesondere von Schädelform und -volumen. Testresultate, die nicht den Erwartungen entsprachen, wurden dabei in aller Regel nicht zum Anlass genommen, das Rassenkonzept infrage zu stellen, sondern führten dazu, noch ausgeklügeltere Messmethoden zu fordern. Eng damit verknüpft war die Eugenik oder, wie sie in Deutschland genannt wurde, die »Rassenhygiene«, die auf denselben biologistischen Annahmen wie das Rassenkonzept basierte und ab dem späten 19. Jahrhundert ebenfalls einen Aufschwung erfuhr. Auch eine Vielzahl gesellschaftlicher Probleme wie Kriminalität, Alkoholismus oder Prostitution wurde im Wandel der Zeit auf eine Veranlagung zurückgeführt und sollte durch Maßnahmen wie Eheverbote und Zwangssterilisationen bekämpft werden. Das waren die ersten Konsequenzen, nachdem der »wissenschaftliche« Rassismus gesellschaftsfähig wurde.

Die Vorstellung von »rassischen« Hierarchien, die zeitgleich Hand in Hand mit der Vorstellung von ethnischen Nationalstaaten gingen, führte, wie hätte es anders sein können, zu einer Vielzahl von Gewaltaktionen. Ein Pulverfass war geschaffen worden. Die nationalistischen Vorstellungen von ethnisch »reinen« Nationalstaaten führten zu Gewaltaktionen, die von Vertreibungen bis hin zum Völkermord reichten. Schauplätze waren im 19. und frühen 20. Jahrhundert vor allem die kolonisierten Gebiete außerhalb von Europa und der südosteuropäische Raum. Siedlerkolonien, die sich in Nordamerika und Ozeanien ausbreiteten, rotteten die indigenen Bevölkerungen fast vollständig aus.

Eine weitere Form »säubernder« Gewalt entfaltete sich in den weltweiten Besatzungen der Kolonialmächte um 1900. Seien es die Spanier auf Kuba, die Amerikaner auf den Philippinen oder die Deutschen in afrikanischen Kolonien, große Teile der Bevölkerungen wurden deportiert, in Konzentrationslagern gefangen gehalten und ermordet. Ja, auch die Deutschen waren schon vor den Weltkriegen an solchen Völkermorden beteiligt. Die Vernichtungskriege gegen die Herero und Nama in Deutsch-Südwestafrika bezeichnete die deutsche Seite als »Rassenkampf«. Von 1904 bis 1908 wurden durch Kriege und Zwangsarbeit rund 100.000 Menschen getötet. Eine Tatsache, die viel zu lange verharmlost wurde, kaum in Schulbüchern zu finden ist und nicht zwangsläufig als Teil deutscher Geschichte gesehen wird. Dabei sind es gerade die dunklen Episoden der eigenen nationalen Historie, aus der man für die Zukunft lernen kann. Auch andere Nationen vernichteten einheimische Völker. Die Auswirkungen von Rassismus erreichten im Ersten Weltkrieg einen traurigen Höhepunkt.

Es kam im Osmanischen Reich zu Verfolgungen der armenischen, griechischen, jüdischen, aramäischen und assyrischen Minderheiten, die im Fall der Armenier bis zum Völkermord reichten. Wir müssen uns anhand solcher historischer Tatsachen darüber im Klaren sein, dass diese Völkermorde, egal, auf welchem Erdteil sie gerade stattfanden, immer einen gemeinsamen Ursprung hatten: rassistisches Gedankengut. Das sind die historischen, aufgezeichneten und erlebten Auswirkungen von Rassismus: Völkermord und Vertreibung. Das liest man sehr ungern, aber es ist wichtig, sich dessen bewusst zu sein, vor allem in unserer heutigen Zeit, wo so ein »kleines bisschen Rassismus« manchmal ja in Ordnung erscheint. Vielleicht denkst du an das erste Kapitel und an den Mann, der während der AfD-Infoveranstaltung meinte, das Folgende sei ein »kleines bisschen rassistisch«.

Es gibt aber kein »kleines bisschen rassistisch«. Es gibt nur rassistisch oder nicht rassistisch.

Meinst du, die Armenier hätten es in Ordnung gefunden, wenn man ihnen gesagt hätte, dass die Osmanen halt »ein bisschen rassistisch« unterwegs gewesen wären? Lässt man sich von Menschen, die nicht ganz rassistisch, sondern eben nur ein »bisschen« rassistisch sind, lieber umbringen als von Vollzeitrassisten? Hier liegt ein Denkfehler bei Menschen, die der AfD angehören. Rassismus, egal in welcher Form, ist immer indiskutabel und nie etwas, was unter dem Deckmantel der Meinungsfreiheit formuliert oder gar gerechtfertigt werden sollte. Es ist praktizierter Rassismus, der dazu geführt hat, das ganze Volksgruppen vor gar nicht allzu langer Zeit von unseren Vorfahren gejagt und vertrieben wurden. Mitten in Europa. Wenn du also mal in einer Runde sitzt und jemand etwas »bisschen Rassistisches« sagt, kannst du gern kurz an die Seite dieses Buches und an die zahlreichen Völkermorde denken, die alle mit einem »kleinen bisschen Rassismus« angefangen haben. Rassismus kennt keine Toleranz, also sollten wir gegenüber Rassismus auch keine Toleranz zeigen.

Es mag sein, dass dich dieses Kapitel vielleicht etwas anödet und du dachtest, es gibt jetzt mehr Storys übers Kiffen und Rappen (gibt es später auch, versprochen), aber ich möchte, und das ist mir wirklich ein Anliegen, gern erklären, warum diese Sache so wichtig ist. Mir im Speziellen, aber auch für jeden anderen Menschen. In einer Welt, in der wir zusammenleben müssen – wir haben nun mal nur diesen einen Planeten, den wir uns alle teilen –, ist es unabdingbar, dass wir uns auf Augenhöhe begegnen, um so eine gemeinsame Zukunft bestreiten zu können.

Puh, kurz durchschnaufen und weiter im Text!

RASSISMUS UND DER NATIONALSOZIALISMUS

Kommen wir nun zu einer wirklichen, man kann es nicht anders sagen, »Hochzeit« des Rassismus und der damit verbundenen

Gewaltpraktiken: dem Nationalsozialismus. Mich hat diese Zeit immer auf irgendeine Weise fasziniert. Während die anderen Jugendlichen im Geschichtsunterricht mit den Augen rollten, wenn es »schon wieder« um Nazi-Deutschland ging, war ich immer hellwach und aufnahmefähig. Ich fand es wahnsinnig interessant, wie es möglich war, dass sich der größte Teil der Bevölkerung in Deutschland hatte mitreißen lassen von diesem Gedankengut und der andere Teil die Augen davor verschlossen oder die Gräuel zumindest sehenden Auges hingenommen hatte. Ich war fasziniert von der Vorstellung, dass eine Gesellschaft ihre moralischen Zweifel dem Vertrauen gegenüber einem politischen Führer untergeordnet hatte.

Außerdem hatte ich auch einen persönlichen Bezug zu dieser Thematik. Von meinem Opa mütterlicherseits wusste ich alles vom Krieg. Er erzählte und berichtete von seinen Erfahrungen. Für mich waren das damals mündliche Actionfilme, und ich konnte das als Kind nicht so recht einordnen. Irgendwann, nachdem er gestorben war, fand ich als junger Erwachsener ein Foto von seiner Hochzeit, auf dem er eine Wehrmachtsuniform trägt. Mit Hakenkreuzen drauf. Das schockierte mich natürlich ziemlich. Ich schaute das Bild und ihn in dieser Uniform an, und dann an mir herunter. Wie passte das alles zusammen? Wie konnte jemand seinem Enkel einen Wanderstock basteln und ihm zeigen, wie man schnitzt, und gleichzeitig in der Wehrmacht dienen und Menschen töten? Ich hatte als Kind nichts hinterfragt, keine Ahnung von Politik gehabt, sondern war nur ein Kind gewesen, das seinem Opa und dessen Geschichten vom Krieg gelauscht hatte: explodierende Granaten, Kameraden, denen die Eingeweide heraushingen. Einmal war mein Opa auf einem Pferd reitend beschossen worden, und nur der Manschettenknopf seines Wehrmachtsmantels hatte das Schrapnell abprallen lassen, sonst wäre sein Handgelenk zerschmettert worden.

Wenn meine Oma mitbekam, dass er vom Krieg erzählte, schimpfte sie ihn, als würde er ein Geheimnis preisgeben. Meiner Mutter erzählte er im Übrigen, er wäre im Krieg Laster gefahren.

Irgendwann, nachdem er gestorben war, verstand ich, dass die Actionfilme keine Geschichten gewesen waren. All seine Erzählungen waren wahr.

Wenn wir uns fragen, wie Rassismus wirkt, müssen wir uns zwangsläufig mit den Nazis befassen, denn die nationalsozialistische Ideologie beruhte in erster Linie auf einem rassistisch begründeten Antisemitismus. Juden waren das Feindbild. Hinzu kam ein Ariermythos und ein über die Maßen eingebranntes nationalistisches Selbstverständnis, das dem verlorenen Ersten Weltkrieg und den daraus resultierenden Reparationszahlungen zuzuschreiben war. Millionen von Menschen fielen diesem ideologischen Gemisch zum Opfer.

Sechs Millionen Jüdinnen und Juden sowie zahlreiche weitere Opfergruppen, darunter zwischen 220.000 und 500.000 ermordete Sinti und Roma und über 100.000 Todesopfer der Euthanasie-Programme sprechen eine deutliche, blutige Sprache. Das alles hat mit »ein bisschen Rassismus« begonnen. Das sollten wir nicht vergessen.

DIE NEUEN RECHTEN

Ich habe ein wenig das Gefühl, immer wenn es um Nazi-Deutschland geht, schalten viele Menschen ab, einfach weil man das Ganze ja schon »so oft« gehört hat. Ich glaube aber, wir brauchen ein klares geschichtliches Verständnis darüber, was in der Vergangenheit in Deutschland passiert ist, eben, um daraus zu lernen und unsere Konsequenzen zu ziehen.

Der praktizierte Rassismus erlebte im NS-Regime eine Hochphase. Menschen aufgrund ihrer Herkunft, Ethnie oder Hautfarbe zu jagen war gesellschaftlich akzeptiert und wurde quasi zu einer Bürgerpflicht. Der Nationalsozialismus ist ein ziemlich dunkles Kapitel in unserer Geschichte, und es macht natürlich wenig Spaß, darüber zu reden. Für viele Menschen ist diese Zeit in Deutschland aber auch immer etwas »outstanding« und passt nicht ganz in die sonstige deutsche Geschichte, ist quasi ein historischer Sonderfall. Für mich ist das nicht so. Ich sehe hier eine klare sich abzeichnende Linie historischer Ereignisse und Geisteshaltungen, die zum Dritten Reich geführt haben. Ich glaube, es ist extrem wichtig, eine gesamthistorische Entwicklung zu betrachten, um zu verstehen, dass hier einiges zusammenhängt und dass diese wichtige Episode kein – wie es Alexander Gauland von der AfD einmal formuliert hat – »Vogelschiss« in der deutschen Geschichte ist. Vielmehr zeigte diese Zeit doch auch exemplarisch auf, das Menschen in der Lage sind, ihre christlich moralischen Grundsätze komplett abzulegen und sich in einer Masse aus Gleichgesinnten zu einem rassistischen Mob zu entwickeln, der die Bücher der Andersdenkenden verbrennt und auf den Straßen die brutalen Schläger und Meucheltrupps gewähren lässt, die im November 1938 durch Deutschland ziehen. Nur um sich danach das Mäntelchen des »Ich selbst hab ja nicht wirklich etwas Schlimmes getan« anzuziehen. Das kann nur funktionieren, wenn Rassismus und Entmenschlichung in der Mitte der Gesellschaft angekommen sind. Genau dies hat das System des Dritten Reiches mit dem offen propagierten Rassismus geschafft.

Schau mich an. Was hätte ich für ein Leben in Nazi-Deutschland geführt? Ich denke an die Geschichte von Hans-Jürgen Massaquoi, einem in Nazi-Deutschland aufgewachsenem Diplomatensohn mit der gleichen Komplexion wie ich. »Neger, Neger, Schornsteinfeger« heißt seine Biografie, und ich habe sie genau aus dem Grund verschlungen: Ich wollte wissen, wie es gewesen wäre, wenn ich in der Welt meines Opas großgeworden wäre. Massaquoi war fasziniert von den Nazis und wollte unbedingt einer von ihnen sein. Auf dem Cover des Buches trägt er einen Hakenkreuz-Anhänger auf seinem Pullover, sein Blick ist ernst und entschlossen. Ich glaube, wäre ich in diese Zeit hineingeboren, hätte ich auch mit dieser Entschlossenheit versucht, mich den Nazis anzupassen.

Es ist schon seltsam, dass ich, ein farbiges Mischlingskind, damals auf dem Schoß meines Opas einschlief und er mich streichelte, wohingegen er 30 Jahre zuvor einem Regime diente, das systematisch Juden ermordete und alles Andersartige verabscheute.

Aber wie steht es eigentlich um den Rassismus nach der NS-Zeit, nachdem der Peak gewissermaßen erreicht war?

Zusammenfassend lässt sich sagen, dass nach der Erfahrung der NS-Verbrechen der Rassismus politisch und wissenschaftlich erst einmal diskreditiert war. Allerdings hatten in den Südstaaten der USA und in Südafrika Systeme der Rassentrennung noch bis in die 1960er- beziehungsweise bis in die 1990er-Jahre Bestand. Rosa Parks, die ihren Sitzplatz Mitte der 50er nicht für einen weißen Fahrgast räumen wollte, Martin Luther King oder auch Malcolm X – all diese Personen kämpften Zeit ihres Lebens für die Rechte von Schwarzen mitten in Amerika. Nicht aus purem Vergnügen oder Geltungsdrang, sondern weil sie in ihrem alltäglichen Leben als Schwarze diskriminiert und nicht als vollwertiges Mitglied der US-amerikanischen Bevölkerung angesehen wurden.

Die UN-Sonderorganisation für Erziehung, Wissenschaft und Kultur, die UNESCO, initiierte kurz nach Ende des Zweiten Weltkriegs eine internationale Kampagne gegen Rassenvorurteile, um hier ein deutliches Zeichen zu setzen, dass diese Zeit vorbei sei. Bis in die 1960er-Jahre erlangten zudem die meisten europäischen Kolonien ihre Unabhängigkeit, und die Kolonialmächte mussten sich zurückziehen. Ein rassistisches Überlegenheitsgefühl, das einst Versklavung gerechtfertigt hatte, trat erstmalig in den Hintergrund. Das in der Vergangenheit durchaus anerkannte biologische Rassenkonzept als politische Ideologie und Rechtfertigung für Unterdrückung und Gewalt blieb nur noch rechtsextremen Kreisen vorbehalten. Im politischen und gesellschaftlichen Mainstream, wie er eben vor allem während der Kolonialisierung vorgeherrscht hatte, fand die Idee, man sei eine »bessere« Rasse, weil man eben weiß und privilegiert war, nicht mehr statt.

Das heißt nicht, dass man sich nach 1945 und der Auflösung der Kolonialmächte auf einmal auf ein friedliches Miteinander geeinigt hätte und die rassistische Ideologie einfach so – quasi über Nacht – verschwunden gewesen wäre. Noch immer wurde versucht, verschiedene Menschengruppen zu kategorisieren, und ich glaube, das ganze

Rassendenken verschob sich im Lauf der Zeit einfach. Weg von den Parlamenten und den Kaffeehäusern, in denen Weiße über die Vorteile von Negern als Arbeitssklaven geredet hatten, hin zu Facebook-Gruppen und AfD-Treffen hinter verschlossenen Türen. Unterschiede zwischen Menschen wurden allerdings nun nicht mehr genetisch begründet. Der biologische Rassismus war im Lauf der Jahre ein wenig aus der Mode gekommen, stattdessen wurden kulturelle Faktoren verstärkt in die unterschiedliche Betrachtung von Menschengruppen eingebunden. Es ging nun nicht mehr um die Wertigkeit oder um die Vorherrschaft einzelner Rassen, sondern um die Verschiedenartigkeit von Völkern und Kulturen und um das vermeintliche Recht jeden Volkes auf die Bewahrung seiner Identität, was auch immer das jetzt sein sollte.

Im Lauf der Jahre entstand so eine Denkweise, die von der Forschung mit den Schlagwörtern »kultureller Rassismus«, »Neo-Rassismus« oder »Rassismus ohne Rassen« gekennzeichnet wird. Ein neuzeitlicher Rassismus, der nicht immer offensichtlich zu tragen kommt, aber nicht weniger gefährlich ist. Hast du schon mal mitbekommen, wie jemand über »Moslems« schimpft?

»Die bauen hier eine Moschee hin und unterwandern unsere Kultur« ist eine durchaus gängige These, wenn du zur falschen Zeit in die falschen Wirtshäuser einkehrst und dich dort umhörst. Dieses kulturrassistische Denken unterscheidet sich von einem biologisch begründeten, bleibt aber natürlich rassistisch. Wenn der eben bereits zitierte Alexander Gauland die SPD-Politikerin Aydan Özoğuz in einem Redebeitrag angeht und sagt, er wolle sie »in Anatolien entsorgen«, ist das ein deutlich rassistisches Statement, da er ihr aufgrund ihres kulturellen Hintergrundes abspricht, zu Deutschland zu gehören. Von der rassistisch gefärbten Wortwahl seiner Aussage einmal ganz abgesehen. Dessen müssen wir uns bewusst werden: Rassismus ist immer noch Teil unserer Lebensrealität.

Die theoretische Konzipierung dieses neuen kulturell begründeten Rassismus wurde von den »Neuen Rechten« rund um den französischen Philosophen Alain de Benoist mitbegründet, der in Frankreich einige rechte Zeitschriften publizierte und sich auch als Autor in rechten Publikationen wie der »Jungen Freiheit« und »Europa vorn« etablierte. Der deutsche Rechtsintellektuelle Henning Eichberg prägte den Begriff des »Ethnopluralismus«, welcher sich zum Kernstück einer neurechten Ideologie mauserte. Hiernach kann die Identität einer »Ethnie« nur im Kontext eines Territoriums und einer spezifisch kulturellen Prägung entwickelt werden. Die Idee entstand, das unterschiedliche Ethnien räumlich voneinander getrennt werden müssten, um kulturelle Eigenarten zu bewahren. Multikulturalität ist demnach also ein Novum, die Angst vor dem Fremden eine natürliche Reaktion. Für Eichberg und die neuen Rechten wird Kultur als eine feststehende Größe definiert, die sich entweder sehr langsam oder gar nicht wandelt. Das ist schon eine ziemlich einseitige und hängen gebliebene Vorstellung, wie ich finde. Die Vorstellung von einem kulturellen Wandel in der modernen Welt wird von den neuen Rechten geflissentlich ignoriert. Auch Phänomene der individuellen und kollektiven Vermischung kultureller Praktiken und Werte werden ausgeblendet. Man stelle sich nur eine Hip-Hop-Kultur ohne Remixes und Samples vor, also ohne die Neuaufbereitung von bereits Dagewesenem. Das wäre nicht möglich. So ziemlich alles, was unsere heutige multipluralistische, kulturelle Gesellschaft ausmacht, wäre nicht vorhanden, denk beispielsweise nur kurz an deinen Lieblings-Falafel-Laden um die Ecke. Oder an alles andere. Ich glaube, man könnte hier Tausende Beispiele einfügen, warum es ziemlich rückschrittig ist zu glauben, dass Kultur ein fester Wert ist. Und ich rede jetzt nicht von Traditionen, die gepflegt werden sollten.

Ich komme ja aus Bayern und liebe es, Bayerisch zu reden. Ich finde die bayerische Kultur super, die Wirtshäuser, den Dorfklatsch, die Wiesn, die Kramperljagd, die Goaßnschnoizer, das Gstanzl singen, sogar den Trachtenverein. Ich will da niemandem etwas wegnehmen, aber ich will auch Hip-Hop machen. Ich will auch mit Leuten herumhängen, die nicht alle aus demselben Dorf kommen, ich will Kultur mitgestalten und etwas Neues schaffen. Menschen inspirieren und zusammenbringen. Und ich bin mir ziemlich sicher, dass beides funktioniert, also das Bewahren von alten Traditionen wie auch das Hereinnehmen anderer Kulturkreise in den eigenen, und ich glaube, dass vor allem Letzteres uns kulturanthropologisch weiterbringt, weil wir so von etwas Unbekanntem, von einer Kultur oder von Menschen, die wir nicht kennen, etwas mitnehmen können.

Im Lauf der Jahre wurde kulturrassistisches Gedankengut von diversen Anti-Immigrationsbewegungen immer wieder propagiert, die seit den späten 1960er-Jahren in verschiedenen europäischen Ländern auch vermehrt Wahlerfolge erzielen konnten. Hierzulande waren das beispielsweise die NPD, der dann später, zunächst ja erst mal als eurokritische Partei, die AfD folgte. In Frankreich war die Front Nationale (RN) rechtspopulistischer Vorreiter, in Österreich etablierte sich am rechten Rand die Freiheitliche Partei (FPÖ). Die Idee, das wir »unsere« Kultur innerhalb unserer Grenzen bewahren müssen, verbreitete sich allerdings nicht nur in Parteiprogrammen und auf irgendwelchen politischen Sitzungen, sondern hielt auch Einzug in den gesellschaftlichen Mainstream.

Populäre Bücher wie das 1996 erschienene »The Clash of Civilizations« (Kampf der Kulturen) sorgten für Aufsehen und verkauften sich millionenfach. In seinem Werk definierte Samuel Huntington zwar nicht genau, was er jetzt unter »Kulturen« verstehen würde, beschrieb aber »eine signifikante Entsprechung zwischen der an kulturellen Merkmalen orientierten Einteilung der Menschen in Kulturkreise und ihrer an physischen Merkmalen orientierten Einteilung in Rassen«. Andere Veröffentlichungen versuchten die Zusammenhänge zwischen Kultur, Ethnie und Intelligenz nachzuweisen. Solche Vorstellungen waren ja bereits Kernidee des frühen pseudowissenschaftlichen Rassismus im 19. und frühen 20. Jahrhundert gewesen, also nicht wirklich neu. Ab den späten 1960er-Jahren wurden derartige Vorstellungen in breiteren konservativen Kreisen Nordamerikas wieder hervorgehoben und führten zu einer Reihe von Forschungsprojekten. Die beiden Harvard-Professoren Charles Murray und Richard J. Herrnstein (1930–1994) erläuterten 1994 in ihrem Buch »The Bell Curve«, dass der Intelligenzquotient von Afroamerikanern niedriger sei als derjenige von Weißen. Die sinkende Intelligenz der amerikanischen Bevölkerung sei für eine steigende Kriminalität, Verarmung und Arbeitslosigkeit verantwortlich. Staatliche Sozialprogramme seien nicht nur sinnlos, sondern kontraproduktiv, da sie zur weiteren Ausbreitung von intellektuell unterlegenen Unterschichten beitragen würden.

Und dabei dachten wir doch, wir hätten den Rassismus schon längst hinter uns gelassen. Weit gefehlt. Nur ist die Wortwahl eben eine andere. In diesem kulturellen Rassismus wird kein Schwarzer mehr durch ein Dorf getrieben, der Rassismus verlagerte sich, wie oben bereits beschrieben, in den letzten Jahren vor allem auf Ethnien und auf die kulturelle Herkunft.

Thilo Sarrazin sah 2010 in seinem Buch »Deutschland schafft sich ab«, einen Zusammenhang zwischen der Zuwanderung aus muslimischen Ländern und dem angeblich sinkenden Intelligenzdurchschnitt der Bevölkerung in Deutschland. Das Buch wurde ein Bestseller. Von Fachleuten wurde das Werk Sarrazins zwar aufgrund des unsauberen und selektiven Umgangs mit statistischen Daten kritisiert, verkaufte sich aber trotzdem 1,5 Millionen Mal und hielt sich insgesamt 68 Wochen lang auf der SPIEGEL-Bestsellerliste. Der Nachfolgetitel »Feindliche Übernahme«, der im August 2018 erschien, ist bei Drucklegung des Buches (aktueller Stand 2019) bereits 25 Wochen auf der SPIEGEL-Bestsellerliste. Die Angst davor, dass wir unsere kulturelle Identität verlieren, woran und an wen auch immer, scheint also wirklich ein Thema zu sein, was die Menschen interessiert und bewegt (oder zumindest ihre Kaufkraft anregt). Im Übrigen, und das nur am Rande: Mittlerweile ist das erste Sarrazin-Buch neun Jahre alt, und ich weiß nicht, ob es dir aufgefallen ist, aber Deutschland hat sich immer noch nicht abgeschafft. Sicher, dass Vorrundenaus bei der letzten Fußball-WM war tragisch, und die Preise für die Maß auf der Wiesn sind wieder einmal gestiegen, aber damit müssen wir eben versuchen klarzukommen.

Abschließend lässt sich nach diesem historischen Abriss feststellen: Die Geschichte des Rassismus hat nach 1945 einen sehr bedeutenden Einschnitt erfahren. Offener, direkter Rassismus findet seltener statt, auch wenn uns Videos und Bilder von Protestmärschen in Chemnitz, bei denen zu sehen ist, wie ausländisch aussehende Jugendliche von Rechten gejagt werden, zu denken geben sollten – auch die NSU-Morde.

Die Geschichte des Rassismus ist mit dem Zerfall von Nazi-Deutschland keinesfalls beendet, sondern im späten 20. Jahrhundert einfach in eine neue Phase eingetreten. Heute sind es kulturelle Gruppen, die Ablehnung und Diskriminierung erfahren und Feindbilder sind. An den Kern eindeutig rassistischer Ideen und Taten Rechtsextremer schließt sich heute eine Grauzone an, die bis in die gesellschaftliche Mitte reicht und der wir überall und jederzeit begegnen können. Wir müssen uns im gesellschaftlichen Miteinander also auch darüber im Klaren sein, dass rassistische Tendenzen vielleicht nicht mehr ganz so offensiv in Erscheinung treten, aber eben immer noch vorhanden sind und auch formuliert werden. Nur weil Rassismus heute galant verpackt wird und sich nicht mehr durch Kolonialisten, die die Sklaverei propagieren, ausdrückt, ist die Idee, das eine bestimmte Gruppe Menschen privilegierter als eine andere Gruppe ist, nicht aus der Welt geschafft. Das hat mir vor allem die Begegnung beim AfD-Infotreffen gezeigt, als ich spürte, dass mir Ablehnung entgegenkam, einfach weil ich eine andere Hautfarbe habe. Weil ich ein »Neger« bin, wie die Wirtin mir zu verstehen gegeben hatte, bevor sie mir mein unbestelltes Cola-Weizen hinstellte und selbst davon getrunken hat.

Der Rassismus ist nicht aus der Welt. Er tritt nur in einer anderen Form auf. Dessen müssen wir uns bewusst sein, überall und jederzeit. Prost!

DIE GRUNDSCHULE
UND DIE GRUNDSCHULD

Als ich damals in Markt Schwaben vom Kindergarten auf die Grundschule wechselte, war der Wandel von einem biologisch zu einem kulturell begründeten Rassismus noch kein großes Thema für mich, auch wenn es später eins werden sollte. Damals wollte ich einfach nur schnellstmöglichst auf die Schule und endlich mehr lernen. Die Bildungseinrichtungen in Markt Schwaben liegen allesamt in einem großen Bildungskomplex, was für mich praktisch war, denn die Schule war gut zu erreichen. Von unserer Hochhaussiedlung lief man einen fast malerischen Weg entlang des Fernsehturms, vorbei am Henningsbach zum Bahnhof Markt Schwaben. Später, als ich zum Gymnasium ging, habe ich meinen Kumpel Bowdee hier immer abgeholt. Er trug Kopfhörer, und auf dem Weg zur Schule zeigten wir uns gegenseitig unsere Scratches, die wir in unseren Kinderzimmern aufgenommen hatten. Doch das kam alles später. Der Bahnhofvorplatz war jedenfalls morgens immer ein kleiner Knotenpunkt. »Fahrschüler« nannten wir die Kinder, die aus den nahe gelegenen Dörfern, also Kirchheim, Ottenhofen und Poing pendelten. Vom Bahnhof aus ging es dann den Kreppmeier Berg hoch, wo die Kinder im Winter Skifahren lernen. Am Ende des ersten Anstiegs befindet sich die Grundschule, ungefähr auf derselben Höhe liegt auch der Kindergarten und etwas weiter dann die Hauptschule, ein hässlicher Betonbau aus den 60ern, daneben Realschule und das Gymnasium. Wie bereits gesagt – alles ziemlich nah aneinandergebaut.

Diesen Weg kannte ich ja schon von meiner Zeit aus dem Kindergarten. Der Wechsel in die Grundschule war also ein wirklicher

Katzensprung. Dort hielt ich es allerdings nur zwei Jahre aus, bevor meine Mutter mich runternahm. Das Unwohlsein fing hier schon an meinem allerersten Schultag an. Auf dem Foto sieht man exemplarisch eine Vorher-Nachher-Situation. Auf dem ersten Bild stehe ich überglücklich und voller freudiger Erwartungen vor dem Schulgebäude und auf dem zweiten ... na ja. Das siehst du ja selbst. Ich hatte eigentlich schon ziemlich Lust auf die Schule. Meine Mutter war ja selbst Lehrerin, und ich hatte eine ungefähre und vor allem positive Vorstellung davon, wie das ist, wenn ein Lehrer mit Schülern arbeitet, weil sie mich als Kleinkind gelegentlich mit in die Schule genommen hatte und ich ihr bei der Arbeit hatte zusehen können. Meine Mutter war immer sehr emphatisch gewesen und voller Eifer dabei. Frau Janka, meine Klassenlehrerin, die mit einem biederen Zopf und einer unnachahmlichen Strenge und Bissigkeit in ihrem Blick auf sich aufmerksam machte, tat aber alles dafür, um mir diesen Eindruck zu vermiesen, und setzte mich an meinem ersten Schultag direkt weg von meinem Freund Rainer, der aus meiner Siedlung kam. Einfach so. Der Vibe, der von dieser Frau ausging, war einfach von Anfang an mies, und so schlug meine vorfreudige Erwartungshaltung schnell in die ernüchternde Feststellung um, dass diese alte Frau mich einfach nicht mochte.

In ausnahmslos jeder Pause musste ich mich vor ihr für irgendetwas verantworten. Ich will jetzt nichts beschönigen, ich war sicherlich ein wildes Kind, das auch ab und an mal über die Stränge schlug, und bestimmt kein Engel, aber an der Grundschule in Markt Schwaben war ich erst einmal an allem schuld. Das ging weit über diesen normalen Ärger, den ein Grundschulkind mit seinen Lehrern haben kann, hinaus, und es entstanden zum Teil bizarre Situationen. Eine Sache von damals ist mir bis heute noch sehr gut in Erinnerung. Martin, ein Grundschulfreund von mir, trug eine Brille, was damals Grund genug für ein anderes Kind war, ihm diese in der großen Pause runterzuhauen. Ich stand unbeteiligt mit auf dem Schulhof, auf dem alle Kinder herumwuselten, als Frau Janka und der Direktor einschritten und in die Runde von gaffenden Erst- und Zweitklässlern fragten, was sich hier denn zugetragen habe. Irgendein unbeteiligtes Kind rief wohl von der Seite, dass ich auch mit dabei gewesen sei, zumindest muss es so gewesen sein, denn auf einmal stand der Schuldige fest: ich. Und das war's dann auch. Frau Janka beugte sich in ihrem straffen Kostüm über mich und brüllte mich mit ihrem wutverzerrten Gesicht an. Rechts neben ihr thronte der große, dicke Direktor mit seiner Hornbrille und brüllte auch. Ich blickte zu ihm hoch, von dem ich eigentlich bisher einen ganz guten Eindruck gehabt hatte, und dachte mir nur: O mann, du siehst aus wie mein Opa. Wieso bist du nicht so nett wie mein Opa? (Die Fotos von meinem Opa in Wehrmachtsuniform fand ich erst später.) Was sollte das? Beide Lehrkräfte standen jetzt vor mir und schrien mich an, obwohl ich nichts getan hatte. Außerdem gab es keinen richtigen Abschluss dieser ganzen Nummer. Kein klassisches Ärgerbekommen, »Es tut mir leid«-Wimmern, Strafaufgabe-Kassieren … Stattdessen hörte diese seltsame Tirade nicht auf. Mein Freund Martin stand derweil neben mir, hielt sich die Hände an den Kopf und plärrte die ganze Zeit, das ich nichts mit seiner Brille zu tun hätte. Ich habe die Szene noch genau vor Augen. Verdattert schaue ich in die weit aufgerissenen Augen meiner Lehrerin und meines Direktors, während Martin mit seiner kleinen Piepsstimme »Der David hat damit nichts zu tun! Der David kann da nichts für!« ruft. Doch das war zu diesem Zeitpunkt egal. Ich stand mal wieder im Mittelpunkt, und selbst das Geschrei des Opfers konnte die zuständigen Autoritätspersonen nicht davon abhalten, den einfachsten Weg zu wählen und den Auffälligen vom Schulhof, den Auffälligen von Markt Schwaben in die Verantwortung zu ziehen. Meine Hautfarbe war mein Unique Selling Point, wie man in der Betriebswirtschaft sagen würde. Die Aufmerksamkeit wurde der Einfachheit halber auf mich gelenkt.

Es folgten diverse Briefe der Grundschule an meine Mutter, was für ein schlimmes Kind ich doch sei. Meine Mutter konnte sich das schlecht vorstellen. Sie bekam die Briefe und las sie kopfschüttelnd in der Küche. Sie war ja selbst Lehrerin. Zu Hause tollte ich zwar mit meinen Jungs herum, wir bauten Holzlager am Henningbach und vertrieben uns die Zeit mit Ritterspielen, mehr aber auch nicht – so schlimm konnte ich in ihren Augen gar nicht sein, und ich war es auch nicht.

In der zweiten Klasse feierten wir in der Grundschule ein Schulfest, zu dem ich unter keinen Umständen hinwollte. Ich hatte keine Marken für Getränke und Essen bekommen, weil ich beim Werken etwas geschludert hatte, und rückte erst nach und nach vor meiner Mutter mit der Sprache heraus, als sie herausfinden wollte, warum ich denn nicht mit meinen Freunden aus der Siedlung zum Schulfest gehen wollte. Ich hatte einfach keine Lust, als Außenseiter dazustehen, der ich ja ohnehin schon war. Ohne Marken auf dem Schulfest, da wollte ich lieber dann ganz zu Hause bleiben. Als ich meiner Mutter unter Krokodilstränen beichtete, warum ich nicht zum Schulfest wollte (»Ich hab keine Marken gekriegt …«), reichte es meiner Mutter endgültig, und sie sprach den Direktor am darauffolgenden Tag von Pädagoge zu Pädagoge an, was denn der Humbug sollte, so könne man schließlich nicht mit einem Kind umgehen, das sowieso bereits Probleme in der Schule habe. Wenige Tage später meldete sie mich dann ab, und ich wechselte zum dritten Schuljahr in die Grundschule nach Altenerding.

In Altenerding änderten sich die Dinge. Ich war auf der Schule zwar immer noch der einzige Schwarze, denn wenn es in Markt Schwaben schon kein anderes schwarzes Kind gab, warum sollte es hier eins geben, aber daran hatte ich mich ja schließlich gewöhnt. Die Stimmung in Altenerding war allerdings eine andere. Ich weiß heute nicht mehr, woran es genau gelegen hatte, aber ich hatte nicht mehr das Gefühl, dass meine Hautfarbe eine große Sache war. Ich war halt einfach der David. Vielleicht lag es auch daran, dass es in Altenerding nicht diesen großen Knotenpunkt am Bahnhof gab, von dem aus alle Schüler des Ortes zu den Schulen gingen und dieser öffentliche Laufsteg nicht mehr existierte, an dem ich hervorstach. In Altenerding spürte ich zum ersten Mal auch etwas anderes: Zusammenhalt von Kindern, die mich kaum kannten. Neben unserer Grundschule befand sich die Hauptschule. Ab und zu lungerten Schüler von dort auf unserem Pausenhof herum und rauchten Zigaretten. Als ich in die vierte Klasse ging, löste sich in einer Pause ein Junge von seinen drei Kumpels und ging auf mich zu. Er hob seinen Schuh, und forderte mich in tiefstem Bayerisch auf: »Neger, putz ma d'Schua!« Das war etwas, das ich öfter hörte, lustigerweise aber vermehrt von türkischstämmigen Kindern, die ja selbst oft Außenseiter waren, aber dieses »Neger putz ma d'Schua!« irgendwie für sich entdeckt hatten. Vielleicht weil sie merkten, dass sie selbst zwar auch nicht als die urdeutschen Kinder galten, ich mit meiner dunklen Haut aber ein noch größerer Außenseiter war und sie sich somit jemanden suchten, der noch weniger akzeptiert war als sie selbst. An diesem Tag in der Grundschule reichte es mir aber mit diesem blöden Spruch. Ich war sowieso schon energiegeladen, und das gab mir den Rest. Also ging ich auf den Jungen los. Ein Viertklässler gegen einen Siebtklässler, ein ziemlich ungleicher Kampf. Es war völlig egal, was ich machte, weil ich sowieso keine Chance und keine Kraft hatte, und auch die anderen drei bemerkten, was für ein leichtes Opfer ich war, als ich wie ein kleiner schwarzer Berserker auf diesen riesig wirkenden Siebtklässler einprügelte. Nach wenigen Sekunden, als ich die anderen auf mich zukamen sah, rannte ich quer über den Schulhof und versuchte, über eine Torwand zu klettern, doch es half nichts. Die Jungs zogen mich herunter, und die ersten Schläge prasselten auf mich nieder. Doch dann kamen wie aus dem Nichts drei Mädchen aus meiner Klasse und halfen mir genau in dem Moment, als die Hauptschüler auf mich einprügelten. Das war das erste Mal, dass jemand mir zur Seite sprang, der nicht meine Mutter war. Die Mädchen hätten mir nicht helfen müssen, ganz im Gegenteil. Dadurch, dass sie mir halfen, begaben sie sich wissentlich oder unwissentlich in eine Gefahrenzone, denn es wäre wahrscheinlich gewesen, dass sie jetzt im Fokus standen als diejenigen »die den Neger verteidigten«. Doch das war ihnen egal.

In dieser Phase, mit acht oder neun Jahren, wurde ich allerdings auch etwas aggressiver. Die frühe Scheidung meiner Eltern hatte mir doch mehr zugesetzt, als ich geglaubt hatte. Meine Mutter schickte mich zu einer Kinderärztin. Diese verschrieb mir allerdings kein Ritalin oder Ähnliches, sondern riet meiner Mutter, sie solle mit mir länger in den Urlaub fahren. Es wäre jetzt wichtig für mich, dass ich ein paar schöne Dinge und Momente erlebte. Mit einer befreundeten Familie verbrachten wir damals einen wunderbaren Urlaub in Niederbayern – in einem ehemaligen Bauernhof in Heißprechting –, und ich fühlte mich hier wie im Paradies. Tagsüber spielte ich mit den Tieren auf dem Grundstück, und ich durfte allein mit einem Moped durchs niederbayerische Hinterland fahren. Diese Urlaubszeit half mir auch, über das schwierige Verhältnis zu meinem Vater hinwegzukommen. Ich sah ihn zwar kaum, aber immer wenn er mich ab und zu wieder zu sich holte, nässte ich regelmäßig ein, sodass meine Mutter entschied, dass es besser wäre, den Kontakt zu unterbrechen, was für mich absolut in Ordnung war.

Am Ende der Grundschulzeit wollte meine Mutter natürlich, dass ich aufs Gymnasium kam. Für sie als Lehrerin war das absolut klar, denn Bildung war für sie immens wichtig und der Schlüssel zu einem guten Leben. Ich sah das Ganze etwas anders. Meine Freunde aus dem Dr.-Hartlaub-Ring gingen allesamt auf die Hauptschule. Die einzigen Kinder, die aufs Gymnasium gingen, lebten in den Reihenhäusern unweit der Siedlung. Zwar hatte ich mit den Reihenhaus-Kindern auch ein bisschen zu tun, meine besten Freunde lebten aber in meiner Siedlung. Das war so ein Gang-Ding. Irgendwie waren wir alle kleine Außenseiter. Bei uns in der Siedlung hatte jeder seine Story. Bei dem einen fehlte das Geld, bei anderen ein Elternteil, bei vielen beides. Es ist nicht so, dass wir in einer kaputten Getto-Welt aufwuchsen und uns nachts an brennenden Mülltonnen wärmen musste oder so. Ich mochte die Siedlung und den Zusammenhalt sehr, hier war alles einfach und unkompliziert. Oft aßen Freunde bei uns und ich bei ihnen. Der Vater von Bernhard aus dem fünften Stock schnitt mir die Haare, und ich ärgerte mich, dass er nie einen Flat-Top-Schnitt hinbekam, wie meine späteren schwarzen Vorbilder ihn hatten. Hier war ich zu Hause. Nachdem meine Mutter mir also eröffnete, sie wolle mich aufs Gymnasium schicken, war ich erst mal schockiert. Meine Noten waren zwar in Ordnung, das schon, aber ich wollte wie alle anderen aus meinem Umfeld auf die Hauptschule, den Sinn und Zweck, auf ein Gymnasium zu wechseln, sah ich einfach nicht. Einige Tage später traf ich mich mit meinem älteren Cousin, und wir zockten irgendein Computerspiel in meinem Kinderzimmer. Während wir so vor uns hin daddelten und Schokolade in uns reinschaufelten, erzählte er ganz beiläufig, dass es auf dem Gymnasium ja Würstl für die Schüler geben würde. Einfach so, schon morgens zu Schulbeginn. Ich wollte meinen Ohren nicht trauen. Was hatte er gerade gesagt?

»Ja, kein Scheiß, David. Da gibt es Würstl jeden Morgen«, wiederholte er und griff zur Schokolade. Ich konnte es kaum glauben. Beim späteren gemeinsamen Abendessen mit meiner Mutter und meinem Cousin sagte ich ihr, wie ich mich entschieden hatte. Ich wollte aufs Gymnasium. Wegen der Würstl.

Später erfuhr ich dann, dass meine Mutter mich eh schon längst am Gymnasium angemeldet hatte, trotzdem war es schöner zu glauben, dass ich allein dafür verantwortlich gewesen war – die Würstl hatten mich tatsächlich überzeugt.

DIE MÄR VON DER CHANCENGLEICHHEIT

Rückblickend ist es ja schon etwas seltsam, dass ich der einzige Junge aus meiner Siedlung war, der aufs Gymnasium ging. Und die Tatsache, dass ich Lernen und Bildung als etwas Positives erlebt habe, liegt vor allem an meiner Mutter, die mir ihre Liebe zu Büchern schon im Kindesalter weitergegeben hatte. Zwar waren die ersten zwei Grundschuljahre ein harter Dämpfer, aber nach der zehnten Klasse war ich zum ersten Mal ein wirklich eifriger Schüler. Es wurde immer wichtiger, Transferleistungen zu erbringen, und immer weniger wichtig, Dinge stumpf und monoton auswendig zu lernen. Schlagartig verbesserten sich meine Noten, und mein Ehrgeiz zog an. Zwar war ich immer noch tendenziell faul, aber ich musste mich nicht mehr quälen, um zu lernen. In den letzten Jahren meiner Schulzeit hatte ich immer mehr die Lust am selbstständigen Lernen erfahren und deshalb auch im Hochschulstudium alle meine Interessen verfolgt, um zu sehen, wo es mich hinzog. Ich habe dies nie als verlorene Zeit gesehen. Ich habe Kunstgeschichte studiert, später dann Pädagogik, Psychologie und politische Wissenschaften. Schlussendlich ist ein Magister in Pädagogik mit den Nebenfächern Kunstgeschichte und Psychologie daraus geworden. Immerhin hab ich das zu Ende gebracht. Wie auch dieses Buch.

Rekless tut Dinge.

Ich hatte ziemliches Glück, dass meine Mutter alles tat, um mir eine gute Bildung zukommen zu lassen, aber sie war auch, wenn man es so sagen will, ein pädagogischer Sonderfall. Sie erkannte schnell, das andere Lehrer Vorurteile gegenüber der familiären Situation von Migrantenkindern hatten und diese Schüler benachteiligt wurden. Die vorherrschende Meinung im Lehrerzimmer war, dass die Eltern von Migrantenkindern sich nicht sonderlich für deren schulische Leistungen interessieren würden. Meine Mutter lud zu Gesprächen oft die älteren Brüder der Kinder ein, die dann vor den schlecht Deutsch sprechenden Eltern als Dolmetscher fungierten, und sie erklärten ihnen beispielsweise, dass es so etwas wie Nachhilfe geben würde. Sie schlug, wenn man es so sagen will, schon eine Brücke zwischen den Kulturen, was zum einen dazu führte, dass in diesen Jahren viele glückliche türkische Eltern durch Altenerding liefen und wir zum anderen eine ganze Menge Baklava zu Hause hatten. Ziemlich nice.

Meine Mutter war damals auch die Grundschullehrerin von Susi und Sali Nuru, den Schwestern von Sara Nuru, die im Jahr 2009 die Castingshow »Germanys Next Topmodel« gewann. Als ich später in München studierte und mit meiner Mutter spazieren ging, trafen wir Susi und auch Sara zufällig. Susi kam freudestrahlend auf meine Mutter zu, herzte sie und freute sich ganz offensichtlich, sie zu sehen. Das fand ich schon witzig, denn *ich* war eigentlich der Musiker, der »Rekless«, der ab und zu erkannt wurde. Meine Mutter hingegen war doch nur Grundschullehrerin. Aber vielleicht war sie eben mehr als das.

In Markt Schwaben kann man den Bildungsweg geografisch einordnen, keine zweihundert Meter von meiner damaligen Haustür beginnen die Reihenhaussiedlungen. In der Reihenhaussiedlung war die Gymnasiastenquote eine andere. Da würde ich retroperspektivisch sagen, dass eins von fünf Kindern auf die Hauptschule und der Rest in die Realschule oder auf das Gymnasium gingen. Auch Kinder, die nicht unbedingt die besten in der Schule waren. Ihre Eltern pushten sie. Reichten die schulischen Leistungen nicht, gab es eben Nachhilfeunterricht. Ich habe mir im Vorfeld viele Gedanken zum Thema Chancengleichheit gemacht. Wäre ich eines der Reihenhauskinder gewesen, hätte es so eine Diskussion mit meiner Mutter mit dem Totschlagargument »kostenlose Würstl« überhaupt gegeben?

Inwiefern beeinflusst das Umfeld den weiteren Bildungsweg eines Kindes? Und gibt es diese in Deutschland hoch angepriesene Chancengleichheit überhaupt? Da ich ein Freund von Begrifflichkeiten bin, würde ich direkt einmal bei der Grundfrage starten und mich damit auseinandersetzen: Wovon sprechen wir in Deutschland eigentlich, wenn wir über Chancengleichheit reden?

Zunächst einmal ist Chancengleichheit offensichtlich ein ziemlich wichtiges Thema, zu dem jede Partei etwas sagen kann. Quer durch das politische Spektrum hindurch wird sich der Einsatz für das Recht auf Chancengleichheit auf die parteipolitische Fahne geschrieben. Im Frühjahr 2017 war es laut einer Studie im Auftrag der »Initiative Neue Soziale Marktwirtschaft« 78 Prozent der Deutschen wichtig, dass jeder, unabhängig seiner sozialen Herkunft, seiner Abstammung oder seines Geschlechts, die gleichen Chancen bei Bildung und Beruf bekommt. Es lässt sich also feststellen, dass es durchaus ein Interesse der Politik wie auch der deutschen Allgemeinbevölkerung an Chancengleichheit gibt. Doch was ist damit gemeint?

Zuallererst besagt das Prinzip der Chancengleichheit, dass alle Bürgerinnern und Bürger die gleiche Chance bekommen sollten, um sich selbst zu verwirklichen. In Bereichen und Situationen, in denen begehrte Ressourcen, Positionen oder Lebensverhältnisse knapp sind und Menschen konkurrieren, sollte niemand wegen seiner sozialen Herkunft, seines Geschlechts, seiner Religion oder eben wegen seiner Hautfarbe im Vorteil oder Nachteil sein. Auch ich als Dunkelhäutiger sollte selbstredend die gleiche Chance wie alle anderen bekommen, in irgendeinem langweiligen Bürojob zu versauern und genervt Akten einzuscannen. Das ist die Kernidee des Ganzen (die gleichen Chancen, nicht der langweilige Bürojob). Eine ziemlich erstrebenswerte Sache, die auf einem ganz bestimmten Verständnis von sozialer Gerechtigkeit beruht. Nämlich der Idee, das eine leider existierende Ungleichheit zwischen Menschen nur dann als gerecht angesehen werden kann, wenn der Bessergestellte seinen Vorteil in einem fairen Wettbewerb erlangt hat, also in einem Wettbewerb, in dem alle anderen Teilnehmer ebenfalls eine reelle Chance haben. Eine auf diesem Wege erlangte Besserstellung ist dann nicht willkürlich, sondern eben verdient und legitim.

Zugegeben, meine Mutter hätte mich sicherlich auch ohne meine Zustimmung auf das Gymnasium geschickt. Sie war eben Lehrerin, und Bildung war ihr immens wichtig. Und das ist auch schon der erste Punkt. Ich hatte das Glück, dass meine Mutter in mich und in meine Zukunft investieren wollte. Sie wollte für mich die bestmögliche Ausbildung, weil sie aus ihrem eigenen beruflichen Alltag wusste, welche vielfältigen Möglichkeiten sich mit dem Abitur ergaben. Es war nicht so, dass die anderen Kinder aus meiner Siedlung so immens schlechtere Noten hatten als die Kinder aus der Reihenhaussiedlung – oder als ich. Mein Freund Bernhard zum Beispiel hatte sehr gute Noten in allen Bereichen, wurde aber trotzdem auf die Hauptschule geschickt, einfach weil es in der Lebensrealität seiner Eltern völlig normal war, ihren Sohn dorthin zu schicken. Alles andere schien undenkbar und irgendwie unpassend. »Zeig mir deine Eltern, und ich sage dir, was aus dir wird«, so fasst ein Artikel der ZEIT die Ergebnisse des Nationalen Bildungsberichts von 2016 zusammen. Hiernach gibt es kaum einen Indikator, der den Bildungserfolg von Kindern und Jugendlichen in Deutschland so sehr beeinflusst wie die soziale Herkunft. Dabei zeigen die Ergebnisse, dass zwei Gruppen von Heranwachsenden besonders benachteiligt werden: Arbeiterkinder und Kinder mit Migrationshintergrund. Die Kinder vom Dr.-Hartlaub-Ring in den späten 80er-Jahren verkörperten oftmals beide Gruppen. Ihre Eltern waren Migranten und Arbeiterkinder. Übrigens: Bernhard zog später zurück nach Markt Schwaben, machte seinen Abschluss auf dem zweiten Bildungsweg und studierte dann. Es dauerte zwar etwas länger bei ihm, aber im Endeffekt setzte er sich, obwohl seine Eltern beide keine Akademiker waren, gegen die Statistik durch.

Kinder von Migranten sind jetzt in Deutschland nichts wirklich »Neues« mehr und ebenso oft in Kitas und Schulen zu finden wie Gleichaltrige ohne Migrationshintergrund. Allerdings bleiben diese weitaus häufiger in den unteren Bildungsgängen wie Mittel- und Förderschulen stecken. Das lässt sich statistisch belegen: Kinder mit ausländischen Wurzeln erreichen dreimal seltener die Hochschulreife und verlassen mehr als doppelt so häufig die Schule ohne Abschluss. Auch hier werden Migrantenkinder oft doppelt benachteiligt. Zum einen fehlen häufig die familiäre Unterstützung und eine individuelle Förderung in der Schule. Zum anderen haben sie durch mangelnde Sprachkenntnisse meist nur eingeschränkten Zugang zu Bildungsangeboten. Des Weiteren haben wir hier oft eine räumliche Trennung, ich kenne das ja so ein bisschen aus meiner Jugend.

Wir im Dr.-Hartlaub-Ring waren eine eingeschworene Clique von Jugendlichen, die einfach alle aufeinanderhingen, zusammen spielten und einfach eine gute Zeit miteinander verbringen wollten. Nebenan gab es die Reihenhaussiedlungen, mit denen wir erst einmal per se nicht so richtig viel zu tun hatten. Nicht, weil wir sie nicht mochten oder mit ihnen nichts anfangen konnten, wir waren ja alle Kinder, aber sie lebten einfach nicht in unserem ganz direkten Umfeld. Obwohl unsere Siedlung nur ungefähr 200 Meter von den Reihenhäusern entfernt war, spielte sich hier eine völlig andere Lebensrealität ab, und wir blieben lieber unter uns, was natürlich auch dazu führte, dass wir von der anderen Seite kaum etwas mitbekamen – und die Reihenhaus-Kids von uns auch nicht. Obwohl das ein großes Wort ist, aber bereits in meiner Jugend in Markt Schwaben fand eine Art Gettoisierung statt: Die zwei Hochhaussiedlungen für die ausländischen Kinder und Eltern aus schwachen sozialen Verhältnissen waren die eine Lebensrealität, die Reihenhaussiedlungen mit intakten Familien und einkommensstarken Eltern die andere. Als wir Kinder waren, war das noch nicht so ein großes Ding. Mir fiel auf: Wenn ich mal bei jemandem aus der Reihenhaussiedlung zum Essen blieb, wurde mir subversiv mitgeteilt, dass es schon gut wäre, wenn ich jetzt auch irgendwann wieder gehen würde.

Alles wirkte hier so steril, so ordentlich, und irgendwie passte ich nicht so recht rein. Bei uns war es viel kleiner, etwas zugestopfter, aber irgendwie auch gemütlicher. Hier raufte sich die Siedlung immer mal wieder zusammen, und ständig hingen irgendwelche Freunde in unserer Wohnung ab. Die Reihenhaussiedlungen waren etwas sortierter, ruhiger und … langweiliger. Nach der Grundschule, deren letzten beide Jahre ich ja aufgrund einiger unüberwindbarer Differenzen mit der Schulleitung nicht in Markt Schwaben verbracht hatte, gab es dann die Diskussion mit meiner Mutter über die Schulwahl. Es ist rückblickend gesehen schon erschreckend, wie für mich wie selbstverständlich feststand, dass ich auf die Hauptschule wechseln wollte. Meine Freunde waren alle da, und es war einfach eine Art Common Sense für mich. Ich assoziierte die Hauptschule auch mit überhaupt nichts Negativem, im Gegenteil, ich fühlte mich zugehörig. Aber vielleicht wurde dieses Zugehörigkeitsgefühl auch nur von außen an mich herangetragen.

Später, als ich als Pädagoge in der Offenen Jugendarbeit im Kreisjugendring München-Stadt arbeitete, erlebte ich eine Sache, die ich an dieser Stelle gern noch erzählen möchte. Ich betreute unter anderem ein junges Mädchen, deren Eltern beide aus dem Sudan kamen, die aber ein unglaublich gutes Deutsch sprach und für ihr Alter schon sehr weit war. Sie bekam selbstredend erst mal keine Empfehlung für das Gymnasium, wobei ich mir nur dachte: Warum denn nicht? Das machte überhaupt keinen Sinn. Die Message, die bei ihr und auch bei vielen anderen Kindern mit Migrationshintergrund verbreitet wurde, war: Das Gymnasium ist doch so schwer, und die Eltern haben ja auch keine Zeit für ihre Kinder. Die können ja selbst kaum Deutsch und müssen hier erst einmal ankommen. Genau die Message, gegen die meine Mutter immer angekämpft hat. Denn ein ausländischer Name bedeutet ja nicht gleich, dass zu Hause sechs Kinder und zwei überforderte Elternteile sitzen. Die betreuenden Lehrer treffen so oft eine Entscheidung für ein Kind, dessen Welt sie nicht kennen und auch nie verstehen werden. Da sitzt in der Klasse dann ein Migrantenkind, das noch nicht so lange in Deutschland ist und natürlich noch einige Probleme mit der Sprache und der Umgebung hat. Aber der nächste Schritt, das Kind einfach auf die Mittelschule schicken zu wollen, anstatt vielleicht auch das Potenzial zu erkennen und hierin zu investieren, wäre ein viel wichtigerer Schritt und Weichen stellend für die Zukunft. Ich bin kein großer Fan von Floskeln, aber dieses Mädchen mit all ihrer Neugier und Wissbegierde ist die Zukunft dieses pluralistischen Landes, das sich multikulturell wandelt. Was soll sie denn auf der Mittelschule anfangen? Diese Sache mit dem Mädchen aus dem Sudan hat mich wirklich beschäftigt, ihr Bruder besuchte einen Rap-Workshop bei mir, und ich traf das Mädchen fast täglich. Ich dachte mir nur die ganze Zeit, als sie auf ihren Bruder wartete und lesend in der Ecke saß: Mann, gebt ihr doch eine Chance. Mehr nicht. Sie wird auf der Mittelschule nie die Möglichkeit haben, sich zu beweisen, weil sie dann in einem Käfig ist, aus dem sie nicht mehr rauskommt.

Es ist für Grundschullehrer oftmals sehr einfach, ein ausländisches Kind zu sehen, das natürlich Probleme und vielleicht eine Familie im Background hat, die noch nicht so lange hier in Deutschland lebt – und daraus zu schlussfolgern, es wäre das Richtige, dieses Kind auf die Mittelschule zu schicken. Ich glaube, hier sind weiße Kids klar im Vorteil. Solange die Schulnoten einigermaßen stimmen, wird eine Gymnasialempfehlung ausgesprochen. Aber auch wenn die Noten vielleicht nicht ganz in Ordnung sind und auch das soziale Umfeld nicht das beste ist, wird eher mal ein Auge zugedrückt. Ich habe in meiner Umgebung Kinder mit ihren Eltern gesehen, bei denen ich nicht glauben konnte, dass sie das Gymnasium besuchten. Da trug eine Elfjährige die Bierdosen ihrer Mutter nach Hause, die hinter ihr ging und gerade damit beschäftigt war, eine Zigarette zu rollen. Aber klar, dieses Mädchen wurde aufs Gymnasium geschickt. Hier gibt es weniger Bedenken, ob sich die Eltern für die Leistungen ihrer Kinder interessieren. Sie ist hier geboren, ihre Eltern sind Muttersprachler, beide kennen sich in diesem Land bestens aus – für die Lehrer ist es somit relativ unbedenklich, hier eine Gymnasialempfehlung auszustellen, einfach weil es erst mal offensichtlich keine gesellschaftlichen Reibungsflächen gibt.

Betrachtet man meinen weiteren Werdegang – Abitur, Zivildienst, Kunst- und Pädagogik-Studium mit Magisterabschluss und eben meine Arbeit als Musiker, Rapper, Produzent und Moderator – wirkt meine frühere felsenfeste Überzeugung, auf die Hauptschule zu gehen, schon etwas seltsam. Und hätte meine Mutter hier nicht eingehakt und dafür gesorgt, dass ich aufs Gymnasium komme (und mein Cousin mich nicht mit den Würstl überzeugt), wäre mein Leben sicher anders verlaufen. Nicht weil ich die Sachen, die ich danach gemacht habe, nicht auch auf Umwegen hätte durchziehen können, sondern weil ich vielleicht das Gefühl entwickelt hätte, nur ein weiteres Rädchen im Getriebe zu sein und mein Leben und meine Umwelt nicht aktiv selbst mitgestalten zu können. Ohne den Besuch des Kunst-Leistungskurses am Gymnasium und die Schauspiel-AG, die ich seit der sechsten Klasse belegt hatte, hätte ich wahrscheinlich diese in mir schlummernden Talente für die Kunst, zum Sprechgesang und für die Bühne nie entdeckt, die ich heute mit zu meinem Beruf gemacht habe und von denen ich meine Miete und meine Einkäufe bezahlen. Ein bisschen weniger Einfluss von meiner Mutter (und meinem Cousin), ein bisschen weniger energisches »Mei, der Jung kommt aufs Gymnasium«, und ich wäre heute sicherlich nicht der, der ich bin.

Es gab in meiner Grundschule keine Andeutungen, dass ich unbedingt aufs Gymnasium gehen sollte. Aber woher sollte dieser Impuls auch gekommen sein? Durch meinen Schulwechsel nach Altenerding kannten mich die Lehrer dort für zwei ganze Schuljahre. Wie soll es in dieser kurzen Zeitspanne überhaupt möglich sein zu entscheiden, welche Schulform für mich, den Typen, der eh schon irgendwie anders aussah als die anderen Kinder, am passendsten wäre? Dabei stellt der Übergang nach der Grundschule in weiterführende Schulformen immer noch die entscheidende Weiche für daraus resultierende ungleiche Bildungsabschlüsse und den späteren Berufsweg dar. Im Sinne von Leistungsgerechtigkeit sollte dieser Übergang unabhängig von Merkmalen der sozialen Herkunft erfolgen. Jedes Kind aus einer der Hochhaussiedlungen in Markt Schwaben sollte also theoretisch und unbedingt dieselbe Chance bekommen, aufs Gymnasium zu wechseln. Ich war faktisch aber das einzige Kind.

Dass dies kaum verwunderlich ist, lässt sich aus Befunden der sogenannten IGLU-Untersuchung (Internationale Grundschul-Lese-Untersuchung) aus dem Jahr 2016 herauslesen. Diese vom Bundesministerium für Bildung und Forschung initiierte Studie erfasst die Leistungsfähigkeit von Schülerinnen und Schülern am Ende der Grundschule mithilfe von zwei Tests. Einem, der Aufschluss über allgemeine »kognitive Fähigkeiten« gibt, und einem weiteren, der die Lesekompetenz bestimmt. Der Test prüft anschließend, in welchem Maße die Übergangsempfehlung für die weiterführende Schule von der gemessen Leistungsfähigkeit der Viertklässler abhing. Es zeigte sich: Bei gleichen kognitiven Fähigkeiten und Lesekompetenzen hatten Kinder aus der obersten Schicht (»obere Dienstklasse«) eine fast vier Mal höhere Chance als Kindern von Facharbeiten, eine Empfehlung fürs Gymnasium zu bekommen. Vier Mal höhere Chancen auf eine längere, intensivere und abwechslungsreichere Schulzeit. Mit zahlreichen Arbeitsgruppen, Sportangeboten und Leistungskursen. Ich war kein schulisches Genie, aber gerade die Freiheit, dass ich Schauspielern konnte und im Kunst-Leistungskurs brillierte, erweiterte meinen Horizont und ließ mich Kompetenzen erlernen, die ich an der Hauptschule sicherlich nie gelernt hätte.

HERKUNFTSBEDINGTE UNGLEICHHEITEN

Ich glaube, bei uns potenzierten sich mehrere Faktoren, die dazu führten, dass niemand von uns aufs Gymnasium kam. Wir Siedlungskinder merkten sehr früh, dass die Kinder aus den Reihenhaussiedlungen ein größeres Zimmer, spannendere Spielzeuge und coolere Klamotten trugen. Für Kinder sind solche Dinge ja wichtig. Wir waren also schon von Anfang an, bevor wir überhaupt an schulische Leistungen denken konnten oder uns irgendwie messen mussten, ungleich. Bei mir war das natürlich noch mal extremer, weil ich das einzige schwarze Kind war und sowieso etwas außerhalb stand. Diese Außenseiterrolle, die nicht von außen an uns herangetragen wurde, führte dazu, dass wir bewusst nur miteinander abhingen. Klar, ab und zu spielten wir auch mal mit den Kindern aus der Reihenhaussiedlung, aber abgesehen davon, dass die sowieso einen eigenen (und sehr viel gepflegteren) Spielplatz hatten, waren wir uns schon von Anfang an fremd. Waren wir in der Grundschule schlecht oder erbrachten nicht die erforderlichen Leistungen, kümmerten sich die Grundschullehrer auch nicht unbedingt mehr um uns – die ausländischen oder armen Kinder aus dem Dr.-Hartlaub-Ring. Es war ja nichts Ungewöhnliches, dass unsere schulischen Leistungen schwächelten. Schwächelte aber der blonde Johan aus der Reihenhaussiedlung, wurden seine Eltern informiert, und die nahmen sich dann seiner an. Wir bekamen die schlechteren Noten, hatten uns aber, genau wie die Lehrer, damit abgefunden. Außerdem waren die Berufe der Eltern meiner Freunde aus den Siedlungen kaum akademischer Natur, Bernards Vater war zum Beispiel Bademeister. Diese Eltern hatten zudem genug Probleme, um die sie sich kümmern mussten, meistens finanzieller Natur. Eigentlich hätte hier die Schule eingreifen und sich den Kindern, dessen Eltern überlegten, von welchem Geld sie ihren nächsten Einkauf bezahlten, annehmen müssen. Aber da passierte nichts. Wirklich gar nichts. Wir waren, wenn man so will, auf uns allein gestellt. Soziologische Erkenntnisse zum diesem Thema, vor allem hinsichtlich des Übergangs in weiterführende Schulen bestärken meine persönlichen Erfahrungen: Es findet eine Verzerrung zugunsten von Kindern oberer und mittlerer Schichten statt, was deutlich macht, dass die Schulkarriere eines Kindes in erheblichem Maße auch von sozialen Faktoren bestimmt wird.

Durch mein Abitur eröffneten sich mir ziemlich viele Möglichkeiten. Später studierte ich in München und liebäugele heute immer noch mit einer möglichen Promotion. Der Erste aus der Hochhaussiedlung mit einem Dr. vor dem Namen, das wäre schon ziemlich cool, auch weil es eigentlich gegen die Statistik spricht.

In der Diskussion um Chancengleichheit ist es auch wichtig, den Bezug auf die herkunftsbedingten Ungleichheiten im Blick zu behalten. Zwar ist es richtig, dass die Chancen für einen besseren Bildungsabschluss über die Zeit immer besser geworden sind. Durch den Ausbau von weiterführenden Schulen und Hochschulen, ihre bessere regionale Erreichbarkeit, die höhere Durchlässigkeit zwischen den Schularten, die Etablierung alternativer Wege zur Hochschulreife und vieles mehr, hat sich die Chance, das Abitur zu erwerben, in diesem Zeitraum verzehnfacht, was ja schon mal eine extrem gute Entwicklung ist. In Markt Schwaben wird dies besonders deutlich, da durch die gute S-Bahn-Anbindung auch viele Kinder aus anderen weit entfernteren Dörfern die Möglichkeit hatten, hier das Gymnasium zu besuchen. Die sogenannten »Fahrschüler« kamen aus den umliegenden Dörfern zu uns und besuchten das Gymnasium, eine Entwicklung, die zehn Jahre vor meiner Geburt undenkbar gewesen wäre.

Allerdings, und das muss an dieser Stelle auch ergänzt werden, um aussagekräftige Informationen über die Verteilung der Bildungschancen in der Gesellschaft treffen zu können, braucht man Angaben zum Bildungserfolg der verschiedenen sozialen Gruppen, denen der Einzelne oder die Einzelne angehört. Hier zeigt sich ein anderes Bild. Einige der schon vor Jahrzehnten als benachteiligt erkannten Kinder und Jugendlichen sind es heute immer noch. Geht es um Chancengleichheit, wird Bildung zumeist als Mittel zum Zweck verstanden, eine gute Bildung ermöglicht einen guten Job und ein höheres Einkommen. Auf Grundlage von Noten und Prüfungen werden die Grundschulkinder auf die verschiedenen Bildungsgänge verteilt, von wo aus sie in die ungleichen Berufe kanalisiert werden. Diese Art von Verteilung war immer schon eine wichtige Aufgabe des staatlichen Bildungssystems. Ist ja auch ziemlich nachvollziehbar. Verantwortungsvolle Berufe sollen eben von leistungsfähigen Personen mit nachgewiesener Qualifikation ausgeübt werden. Und auch heute ist es kaum vorstellbar, dass wir ohne diese Verteilungsfunktion auskommen. Wie sonst ließe sich entscheiden, wer Abitur machen darf, um beispielsweise Medizin zu studieren, um somit später Arzt zu werden? Der große Irrglaube, der hierbei aber entsteht, ist der Gedanke, dass unser Bildungssystem einzig und allein nur auf dieser Verteilungsfunktion besteht und nicht mehr. Das soll jetzt nicht eingebildet klingen, aber als ich die Grundschule verließ, war ich zehn Jahre alt, und meine Lehrer aus Altenerding hatten genau zwei Jahre lang Zeit gehabt, mich kennenzulernen und mir eine Empfehlung für mein weiteres Leben auszustellen. Wie genau soll das machbar sein, wenn man sich lediglich auf Noten beschränkt?

Im nationalen Informationsdossier »Das Bildungswesen in der Bundesrepublik Deutschland«, das von der Informationsstelle der Länder im Sekretariat der Kultusministerkonferenz erstellt wurde, heißt es bezogen auf die Grundschule: »Der Auftrag der Grundschule besteht den Empfehlungen zufolge darin, in einem für alle Kinder gemeinsamen Bildungsgang eine grundlegende schulische Bildung zu ermöglichen. Ziel ist der Erwerb und die Erweiterung grundlegender und anschlussfähiger Kompetenzen.«

Die Grund- und Sekundarschulausbildung hat also die Aufgabe, allen Schülern und Schülerinnen eine Grundbildung zu vermitteln. Heute spricht man häufig von »Basiskompetenzen«. Damit sind nach dem PISA-Konsortium Fähigkeiten gemeint, »die in modernen Gesellschaften für eine befriedigende Lebensführung in persönlicher und wirtschaftlicher Hinsicht sowie für eine aktive Teilnahme am gesellschaftlichen Leben notwendig sind«. Bildung soll also nicht nur Berufswege öffnen, sondern auch einer Teilhabe am gesellschaftlichen Leben dienen.

In meinen ersten beiden Grundschuljahren habe ich davon nicht viel gemerkt. Die Lehrer waren oft überfordert, und es war für sie immer am einfachsten, mich zur Verantwortung zu ziehen. Die Briefe, die nach Hause geschickt worden waren, waren vor allem anprangernd. Ich hatte Mist gebaut, ich war der Schuldige. Ein Gesprächsangebot erfolgte lediglich von meiner Mutter, die mich nach zwei Jahren resignierend von der ersten Schule nahm, weil sie hier keine Perspektive für mich sah. So what, Chancengleichheit? Zwischen den ersten Reihenhaussiedlungen und dem Dr.-Hartlaub-Ring liegen 200 Meter. 200 Meter, die einen Unterschied machen. Und selbst als meine Mutter mich aufs Gymnasium brachte, war ich immer noch der Außenseiter und fühlte mich in den ersten Jahren völlig fehl am Platz. Ich ließ meine Freunde aus der Siedlung hinter mir und ging in diese seltsame fremde Welt des Gymnasiums. Als einziger Schwarzer, ohne wirkliche Freunde und ein bisschen als derjenige, »der aus der Siedlung kommt«. Ein Außenseiter-Gefühl, das nicht statistisch messbar, aber gerade für Jugendliche umso belastender ist.

Und wie steht es heute mit der Chancengleichheit? Als ich zur Schule ging, gab es keine große Diskussion hierüber. In den letzten Jahren ist aber, zumindest den politischen Forderungen nach zu urteilen, einiges passiert. In der Diskussion um Chancengleichheit lassen sich vor allem zwei Lager erkennen. Zum einen wird auf der eher konservativen Seite des politischen Spektrums grundsätzlich daran gezweifelt, dass es eine wirkliche Gleichheit von Bildungschancen geben kann. Es wird davon ausgegangen, dass Kinder von Natur aus verschiedenen Begabungen haben. Hier wird ein weniger striktes Ziel von Bildungsgerechtigkeit anvisiert. Jedes Kind soll eben die seiner jeweiligen Begabung entsprechenden Lernmöglichkeiten erhalten. Aber noch einmal nachgefragt: Wie soll sich in insgesamt vier Jahren Grundschulunterricht eine Begabung feststellen lassen können? Und wie sollen hier spezifische Lernmöglichkeiten angeboten werden, wenn die Lehrer sowieso schon in der Unterzahl und überfordert sind? Gehen wir weg vom deutschen Bildungssystem lässt sich feststellen, dass es bisher keinem Land der Welt gelungen ist, Bildungserfolg und soziale Herkunft vollständig losgelöst voneinander zu betrachten. Im politisch eher linken Spektrum hat sich die

Erkenntnis durchgesetzt, wirkliche Chancengleichheit sei angesichts der tatsächlichen Herrschaftsverhältnisse ein Ziel, das nur Illusionen über den Weg zum Abbau sozialer Ungleichheit wecken kann. Die empirischen Ergebnisse zum beständigen Fortwirken der Vor- und Nachteile der sozialen Herkunft trotz gleicher Leistungsfähigkeiten würden zeigen, dass es falsch sei, von mehr »Leistungsgerechtigkeit« einen Abbau sozialer Ungleichheit zu erwarten. Mag diese Kritik auch überzogen sein, sie ist zumindest insofern berechtigt, als sie davor warnt, mit dem Ziel der Chancengleichheit in Bildung und Beruf Fragen der Vermögens- und Einkommensverteilung in der Gesellschaft aus dem Blick zu verlieren. Denn eine allzu einseitige Fokussierung auf den Abbau von sozialer Ungleichheit durch chancengleiche Bildung verkennt, dass die in unserer Gesellschaft vorherrschenden Ungleichheiten keineswegs allein über das Bildungssystem hergestellt und folglich auch nicht allein über das Bildungssystem aufgehoben werden können.

Bildung kann sicherlich ein Schlüssel zu Erfolg und zu einem erfüllten Leben sein, aber es ist eine Illusion, davon auszugehen, dass lediglich mit der Angleichung von Chancen alles getan ist. Ausgrenzung und Ablehnung erfuhr ich auch später auf dem Gymnasium, auf dem besten Bildungsweg quasi. Hier waren alle Schüler vielleicht etwas belesener als meine Freunde aus der Hochhaussiedlung, aber trotzdem wurde ich zum Teil nicht gut behandelt und bin rassistisch angegangen worden. Soziale Projekte für Jugendliche, Jugendzentren mit ausgebildeten Betreuern, die sich den Problemen der Kinder und Jugendlichen annehmen, Präventionsworkshops, all das sind Dinge, die neben dem großen Ziel »Chancengleichheit« wichtig sind. Und diese Sachen können im Kleinen angegangen werden. Als Jugendliche hätten wir uns in Markt Schwaben sehr über ein Jugendzentrum, über einen geschlossenen Ort für uns Kids, gefreut, aber der CSU-regierte Landkreis setzte dem Ganzen einen Riegel vor. Sei's drum. Nach der Zeit an der Grundschule wechselte ich dank meiner Mutter schließlich eine Ecke weiter – und ein ganz neues Kapitel öffnete sich.

GASTBEITRAG VON SHAHAK SHAPIRA, KÜNSTLER UND COMEDIAN

Rassismus. Schon schlimm. Wisst ihr, was richtig abgefuckt ist? Ich kann mir mein Leben ohne Rassismus nicht vorstellen. Keiner von uns kann das. Dabei bin ich so weiß, mein Gesicht könnte als Symbolbild für White Privileg herhalten. Ich habe keine Ahnung, wie es ist, aufgrund meines Aussehens diskriminiert zu werden, und trotzdem stimmen so viele meiner Erfahrungen in diesem Land mit denen von David überein. Die verkaufen dir das immer als Witz. »Entspann dich doch mal, du Bimbo. Du Judenschwein. Du Musel. Es ist nur Spaß.« Als wärst du der Humor-verdrossene, der einfach dieses Comedy Gold, was irgendein Gerhard nach dem dritten Hasseröder rausballert, nicht richtig wertzuschätzen weiß. Ich schäme mich für diese Leute. Ich schäme mich für eine Gesellschaft, die es lustig findet, wenn Schwarze mit Affen gleichgesetzt werden. Eine Gesellschaft, in der Bundestagsabgeordnete ihre Mitbürger als »Halbneger« auf Twitter beleidigen können, ohne sofort und in hohem Bogen aus ihrer Partei und aus dem Bundestag rausgeworfen zu werden. Eine Gesellschaft, die dir vorwirft, du würdest die ganze Hässlichkeit, die dir Menschen aufgrund deiner Herkunft gezeigt haben, irgendwie ausnutzen, damit kokettieren, um dich in den Mittelpunkt zu stellen. Als hätten wir alle damals in der fünften Klasse gerufen: »Hey, Fellow Kids, bitte schließt mich bis zum Abi gesellschaftlich aus, da wird später ein richtig geiles Buch draus!«

Ab und zu suchen die sich dann einen halbwegs präsentierbaren Kanaken aus der Minderheit raus, die gerade angesagt ist. Dann darfst du in ihren Talkshows antanzen und Deutschland »den Spiegel vorhalten«, damit die Steffis und Thorstens des Landes dich bemitleiden und sich gleichzeitig freuen können, nicht in deiner Haut zu stecken. Da ist meistens bisschen mehr Freude als Mitleid im Spiel, aber auch nur, wenn du sympathisch genug rüberkommst. Im besten Fall kannst du ein paar gute Jahre da rausholen, bevor du durch den nächsten Platzhalter für die Opferrolle von Ausländerfeindlichkeit ersetzt wirst. Was du sonst so machst und kannst, steht da nämlich immer an zweiter Stelle. Man interessiert sich nicht für deine Kunst oder Arbeit oder deine Meinung zu allen anderen Dingen als Rassismus.

Als Betroffener ist es plötzlich deine Lebensaufgabe, dich dem Kampf gegen Ausländerfeindlichkeit hinzugeben. Selbst wenn du eigentlich etwas ganz anderes mit deiner Existenz vorhattest. Es ist alles gut gemeint, keine Frage, aber letztendlich werden Migranten in Deutschland oft ausgerechnet von denjenigen wieder ins Fremdsein zurückgedrängt, die sie um jeden Preis inkludieren möchten.

Andererseits: Wer soll über Rassismus sprechen, wenn nicht diejenigen, die ihn erfahren? Die anderen können ja nicht einfach was erfinden. Außer sie sind bei einer rechtspopulistischen Partei, dann haben sie keine Probleme damit, sich als die größten Opfer unserer Zeit zu präsentieren.

Siehst du langsam, was ich meine? Kannst du dir eine Welt ohne Rassismus vorstellen? Ich nicht. Ich kann mir keine Welt ohne Rassismus vorstellen, aber ich kann auch keine Welt mit Rassismus akzeptieren.

EIN SCHWARZER
AUF DEM GYMNASIUM

Nachdem ich mich also für das Gymnasium entschieden hatte, beziehungsweise meine Mutter es für mich entschieden hatte, freute ich mich richtig drauf. Ich hatte auch ein ehrliches Interesse an Büchern und verschlang alles, was bei uns zu Hause herumstand. Vor meinem ersten Schultag gab es noch einen Besuchstag, so eine Art Tag der offenen Tür, und ich lief mit meiner Mutter den Weg aus unserer Siedlung zu dem Schulkomplex hinauf. Wir passierten meine ehemalige Grundschule, an der ich es nur zwei Jahre ausgehalten hatte, und ließen die marode Hauptschule hinter uns. Wir nahmen die ersten Treppen hoch zur Realschule und gingen schließlich weiter hinauf nach oben zum Gymnasium.

Der Schulkomplex in Markt Schwaben ist, wenn man es zynisch sagen will, »von unten nach oben« aufgebaut. Ganz unten beginnt die Hauptschule, also die heutige Mittelschule, und ganz oben, einer Himmelspforte gleich, öffnet sich die heile wunderbare Welt des Gymnasiums. Das ist schon irgendwie verrückt. Fast so ein bisschen wie bei einem Computerspiel, wo die Schwierigkeit bei jedem Level ansteigt, und das Gymnasium ist eben der Endgegner. Am Besuchstag ging ich Hand in Hand mit meiner Mutter die Treppe hinauf und staunte nicht schlecht über den Tumult, der sich hier abspielte. Der Pausenhof war gefüllt mit herumtollenden Kindern mit Eltern. Ein Oberstufenjahrgang sammelte Geld für den Abiball und verkaufte duftende Waffeln. Ich schlenderte mit meiner Mutter den Schulhof entlang, ließ all die Eindrücke auf mich wirken und sog sie auf wie ein kleiner Staubsauger. Wir schritten auf die Haupteingangspforte zu und nahmen die letzten

Treppenstufen hoch. Insgeheim dachte ich bereits darüber nach, ob es vielleicht schon heute Würstl für mich geben könnte, immerhin war ja Besuchstag, und genug andere Kinder waren auch schon da. Aus dem zweiten Stock öffnete sich ein Fenster, und ein Junge, den ich aus der Reihenaussiedlung kannte – er war damals vielleicht in der sechsten und siebten Klasse – rief von oben quer über das gesamte Gelände »Hey, Neger dürfen hier nicht hinein«, dann schloss er das Fenster, und mir sank das Herz in die Hose. Meine Mutter war außer sich und schrie irgendwas hoch, aber der Junge war verschwunden. Und da stand ich nun. Hand in Hand mit meiner Mutter an der Türschwelle zu meiner neuen Schule, und der Tag war für mich gelaufen. Ich hatte ja eigentlich nicht wirklich aufs Gymnasium gehen wollen. Wozu auch? Keiner meiner Freunde war hier, ich musste an allen anderen Schulen vorbeilaufen, mir im schlimmsten Fall noch irgendwelche Kommentare oder zumindest strenge Blicke antun, und jetzt am Besuchstag wurde mir schon wieder gesagt, dass ich unerwünscht sei. Ich hatte es satt. Es war schon wieder diese Ablehnung nur aufgrund meiner Hautfarbe, nicht, weil der Typ mich kannte. Mich beschlich eine existenzielle Angst. Kam ich aus diesem Zustand, aus diesem »Neger-Sein« jemals wieder raus? Oder war das jetzt einfach mein ganzes Leben lang so?

Wir gingen in das Gebäude, und meine Mutter unterhielt sich mit den Lehrern. Wir schauten uns eine Unterrichtsstunde Biologie an, und irgendwelche aufgedrehten Helikoptereltern stellten den Lehrern unnötige Fragen nach dem Lehrplan. Mir war das alles vollkommen gleichgültig, ich war für den Rest des Tages bedient.

Als ich abends in meinem Zimmer war, schloss ich kurz die Augen und sah vor mir wieder diesen Jungen, der aus dem Fenster von oben auf mich herabsah und mir sagte, ich dürfe hier nicht rein. Ich hatte ihm nichts entgegenzusetzen.

Nach meinen positiven Erlebnissen in Altenerding hatte ich eigentlich schon wirklich Lust gehabt, aufs Gymnasium zu gehen. Ich war neugierig gewesen auf mehr. Ich hatte mich nicht nur damit abgefunden, dass ich der Einzige aus meiner Siedlung war, der das Gymnasium besuchte, sondern ich sah es mittlerweile auch irgendwie als meine Mission an, als eine Aufgabe, der ich mich stellen wollte. Aber der Besuchstag hatte mir diese großen Vorsätze ordentlich verdorben. Es ging mir nicht darum, dass ich jetzt einmal beleidigt worden wäre. Im Gegenteil, zu diesem Zeitpunkt in meinem Leben hatte ich etwas Übergewicht und hätte mir zur Abwechslung mal gewünscht, aufgrund meines Gewichts beleidigt zu werden. So was wie »Ey, David, du fette Sau!!« von irgendeinem Kind auf dem Pausenhof. Das wäre zwar nicht nett gewesen, aber zumindest hätte ich mir denken können: »Na gut, ich kann auch abnehmen, und dann ist deine ätzende Beleidigung nichts mehr wert.« Doch stattdessen war ich wieder einmal auf meine Hautfarbe reduziert worden, etwas, wofür ich nichts konnte und wofür ich mich niemals rechtfertigen wollte. Das merkte ich vor allem während der kommenden Jahre in der Schule. Es ging selten um mich und um meine Persönlichkeit, sondern vor allem um meine Hautfarbe und mein Aussehen. Ständig wurde ich für einen Afrikaner gehalten, wobei ich einfach keine Vorstellung von Afrika und der wunderbaren kulturellen Vielfalt dort hatte. Bilder von aufgeblasenen Kinderbäuchen, die kannte ich aus dem Fernsehen. Was hatte ich damit zu tun? Es war ein bisschen so wie damals, als ich im Kindergarten »Neger« genannt wurde und mich erst mal umsehen musste, weil ich nicht wusste, wer damit eigentlich gemeint war. Das Ganze wurde mir aufgedrückt wie ein Stempel, ich musste – und konnte – da gar nichts tun. Meine Hautfarbe wurde zu einer Art Namensschild, zu einer Marke, die ich mit mir herumtrug und von der aus auf mich und meine Persönlichkeit geschlossen wurde.

Marke: *Afrika*

Name: *David Mayonga*

Mich überforderten die Frage nach meiner Herkunft. Zu meinem Vater hatte ich kaum Kontakt, und er hatte mir auch keine Informationen zu seiner Herkunft da gelassen, aus denen ich rezitieren oder mit denen ich die Mäuler all derer, die mich auf dem Pausenhof nach Informationen ausfragten, endlich stopfen konnte. Alles, was ich wusste, war, dass mein Vater aus dem Kongo kam, mehr nicht. Es kam mir vor, als läge ein Fluch über mir. Zu meiner Hautfarbe konnte ich keinen Bezug aufbauen, da ich nie jemanden traf, der so aussah wie ich selbst und der nichts von der kulturellen Identität seines Vaters wusste. War er überhaupt Afrikaner? Fühlte er sich so? Ich wusste es nicht. Irgendwann später, als sich die Fragen nach Afrika häuften, behauptete ich einfach, ich wäre Amerikaner. Wenn Jugendliche mich neu kennenlernten, bei Hip-Hop-Jams oder Partys und mich dann fragten: »Du bist doch bestimmt Ami, oder?«, nickte ich einfach nur, weil ich immer wollte, dass sich dieses leidige Thema meiner kulturellen Identität zumindest für heute erledigt hatte.

Die Würstl auf dem Gymnasium entpuppten sich im Übrigen auch ziemlich schnell als eine riesige Enttäuschung. Es gab zwar Würstl, allerdings kosteten sie Geld, und es gab sie erst in der großen Pause beim Kiosk, verkauft von dem lustlos und mürrisch dreinblickenden Hausmeister. Trotz der Tatsache, dass ich mal wieder auf meine Hautfarbe reduziert wurde, gefiel mir das Gymnasium. Hier hatte ich das erste Mal Englischunterricht und konnte die Platten, die meine Mutter von befreundeten DJs aus München mitbrachte, übersetzen. Ich hatte das Gefühl, gefordert und gefördert zu werden, klar hatte ich mit manchen Lehrern mehr zu tun als mit anderen, aber das ist ja ganz normal. Außerdem engagierte ich mich ab der sechsten Klasse in der Schauspielgruppe und spielte Basketball, lotete also meine künstlerischen und sportlichen Grenzen ziemlich aus. Vor allem das Schauspiel hatte es mir angetan. Hier waren viele ältere Jugendliche, bei denen ich mich sehr wohlfühlte, auch weil sie meinen identitären Struggle und die Sprüche, die ich gedrückt bekam, ernst nahmen und nicht einfach so taten, als sei dies eine Sache, die nun mal eben passierte, wenn man schwarz war. Ich hatte das Gefühl, die Schauspielgruppe war ein geschützter Raum, in dem ich mich kreativ entfalten und wir gemeinsam Stücke erarbeiten konnten. Das fing einfach an. Ich spielte kleine Rollen, Tabaluga oder auch mal einen Hund, aber ich merkte ziemlich schnell, dass die Bühne mein Ding war. Zum einen mochte ich es aufzutreten, einfach weil die Bühne geil war. Ich spürte aber auch, dass sich durch das Schauspiel meine Identität um eine Dimension oder mehrere erweiterte. Hier auf der Bühne war ich nicht einfach der schwarze Typ aus Markt Schwaben, der aufs Gymnasium ging und nebenbei auch noch schauspielerte. Ich konnte sein, wer ich sein wollte. Und auch als ich die Bühne verließ und nach Schulaufführungen mit Leuten von der Schule quatschte, spürte ich im Gespräch den Respekt vor meiner schauspielerischen Leistung, ich fühlte, dass ich ein Schauspieler war und auch so behandelt wurde. Im Basketball war ich stattdessen wirklich schlecht. Sehr schlecht.

Hier kam mir interessanterweise meine Hautfarbe das erste Mal zugute. Fuhren wir aber zu Auswärtsspielen, wurde ich immer direkt von drei Leuten geblockt. Die gegnerischen Teams sahen mich und dachten: Fuck, die Markt Schwabener haben da einen Schwarzen im Team, der MUSS gut sein! Wobei die anderen Spieler nach wenigen Spielzügen in der Regel Bescheid wussten, dass ich nicht viel draufhatte.

Sicher gab es in meinem schulischen Alltag auch ein paar unschöne Geschichten, beispielsweise diese »Neger putz mein Schuh«-Sprüche, die von irgendwelchen Leuten ziemlich regelmäßig kamen. Das Gute hierbei war allerdings, dass fast alle Schulkollegen denselben Weg nach Hause hatten, also vorbei an der Real- und Hauptschule bis zum Bahnhof, dem Knotenpunkt der Fahrschüler. Neben der Hauptschule in Markt Schwaben gibt es eine kleine Kapelle und daneben eine Bank. Ich ließ das Mobbing in der Pause über mich ergehen, lächelte und ging dann mit dem Typen, dessen Schuhe ich putzen sollte oder der mir irgendeinen anderen Spruch gedrückt hatte, denselben Weg zurück. An besagter Bank bei der Hauptschule saßen immer meine Freunde aus der Siedlung und wir klatschten uns mit einem ziemlich umständlichen Handshake ab. Lässig drehte ich mich dann um, zeigte auf den oder die Übeltäter und wartete, dass meine Jungs das für mich klärten. Never forget, where you come from!

DIE SACHE MIT MEINEN HAAREN

Eine Sache, die mich übrigens von der Grundschule bis zum Ende meiner Gymnasialzeit wirklich nervte, war, wie mit meinen Haaren umgegangen wurde. Wirklich. Das klingt banal, war es aber nicht. Ständig wurde mir in die Haare gefasst, weil ich bereits sehr früh ziemlich voluminöse krause Haare hatte. Das war, glaube ich, nie wirklich negativ gemeint, aber es nervte mich natürlich, weil meine Haare somit nicht nur mir, sondern auch gleichzeitig allen anderen gehörten. Ich habe gegen den ungefragten Griff in meine Haare selten etwas gesagt, aber das war auch nicht so einfach. Diejenigen die meine Haare, egal ob gefragt oder ungefragt, anfassten und mich wie ein Haustier streichelten, waren mir gegenüber nie verbal ausfallend. Meine Haare waren immer »voll toll«. Und das wurde mir immer wieder zum Verhängnis. Wenn mir jemand in die Haare fasste, fühlte ich mich immer unwohl, mir passierte also etwas Negatives, aber ich merkte, dass dieses Anfassen für mein Gegenüber etwas Positives war. Ich befand mich hier regelmäßig in einem Konflikt. Sollte ich mich jetzt anfassen lassen oder vielleicht auch einmal laut und deutlich sagen: »Alter, Bro …, kannst du vielleicht mal meine Haare in Ruhe lassen?« Ich habe mich in der Regel für Ersteres entschieden und meinen Unmut einfach hinuntergeschluckt. Ich wollte ein positives Bild von einem dunkelhäutigen Menschen abgeben, was ziemlich idiotisch klingt, aber ich hatte keinen Bedarf, in einen Konflikt mit jemanden zu gehen, der mir ja »eigentlich« wohlgesonnen war. Ich hatte auch selbst keinen Bezug zu meinen krausen Haaren. Glattes Haar war für mich immer mit »Weiß-Sein« verbunden, und da ich früher gern selbst weiß sein wollte, nervten mich meine eigenen krausen Haare. Ich hatte kein kulturelles Selbstverständnis. Dass mein Umfeld also etwas, das ich an mir selbst gar nicht so sehr mochte, so »toll« fand, machte die Sache natürlich noch komplizierter.

Erst durch die spätere Berührung mit Hip-Hop und Rap sah ich meine Haare in einem anderen Licht: Auf einmal war mein Afrostyle cool. Ein absoluter Filmtipp an dieser Stelle: »Good Hair« von 2009. Der Comedian Chris Rock macht sich auf die Suche nach einer Antwort, als seine Tochter ihn fragt, was »Good Hair« ist, und findet heraus, dass es bei dieser Frage eben wirklich um mehr als um »Haare« geht, nämlich dass damit auch immer eine kulturelle Identifikation einhergeht. Kein Wunder also, dass ich hin- und hergerissen war, wie ich meinen Mitmenschen mitteilen sollte, dass meine Haare nicht angefasst werden wollten. Später habe ich dann andere Dunkelhäutige kennengelernt, die ganz klar gesagt haben, dass ihr Kopf und ihre Haare tabu sind. Die waren schon einen Schritt weiter als ich und wussten, wie sie damit umgehen sollen. Ich hatte durch meine fehlende Vaterfigur niemanden, der mir dieses »Schwarz-Sein« vorleben konnte. Und ich glaube, genau das ist der Druck, den viele Menschen verspüren, die eben anders aussehen oder aus einem anderen Kulturkreis stammen. Man muss irgendwie versuchen, mit seiner Umwelt, die eben anders als man selbst aussieht und einem auch das Gefühl gibt, das man anders ist, klarzukommen. Gibt es direkte Vorbilder oder Identifikationsfiguren, die sich in der Vergangenheit bereits einer großen heterogenen Masse stellen mussten und an denen man sich orientieren kann, hat man eine grobe Vorstellung, wie man mit seinem »Anders-Sein« umgehen kann. Ich hatte das leider überhaupt nicht. Zwar war meine Mutter immer darauf bedacht, meine Hautfarbe und mein Anders-Sein als etwas Positives darzustellen, gleichzeitig konnte sie aber natürlich nicht verstehen, welche Dynamik in mir ablief, wenn ich anders behandelt wurde, und das konnte ich in diesem frühen Alter auch nicht so richtig ausdrücken. Vielmehr war es eben nur ein Gefühl, das durch das Außen in mir hochkam. Erst als ich erwachsen wurde, sprach ich mit meiner Mutter über meine vergangenen identitären Probleme. Sie hatte Angst, dass sie etwas falsch gemacht hatte, aber das hatte sie natürlich nicht. Im Gegenteil, sie war Vater und Mutter in einem und in beidem so viel besser, als ich mir je hätte ausmalen können. Nur diesen Struggle um meine Identität, den konnte sie mir nicht abnehmen, das musste ich schon selbst mit mir ausmachen, wie das eben jedes dunkelhäutige Kind, das in einem hellhäutigen Umfeld aufwächst, mit sich ausmachen muss.

Noch so eine Sache, die ich in meiner späteren Arbeit als Pädagoge gelernt habe. Die Identitätsfindung bei Jugendlichen, die aus einem migrantischen Umfeld war immer Thema. Zwanghaft suchten sie an sich etwas, das ihr Anders-Sein definierte und ihm einen Namen gab.

Oftmals nahmen die Kids dann einfach das Herkunftsland eines ihrer Elternteile als sinnstiftenden identitären Faktor. Sie kamen im Tür-kei-Trikot und beleidigten andere Kinder beispielsweise als »Scheiß-Araber«. Sie suchten eine kulturelle Identität und übernahmen, als sie keine fanden, einfach das Herkunftsland ihrer Eltern, um sich zu schmücken – einfach damit sie irgendetwas auf dem Schulhof reprä-sentieren konnten, denn deutsch konnten sie ja nicht sein, so wurde es zumindest von außen an sie herangetragen.

Als Heranwachsender und Jugendlicher kamen immer mehr Dinge hinzu, die ich im Nachhinein als rassistisch oder zumindest all-tagsrassistisch beurteilen würde. Zwar gab es in meinem erweiterten Freundeskreis jetzt keine Nazis oder so etwas, und gerade die Leute aus meiner Schauspielgruppe machten sich sehr stark für mich, wenn ich mal wieder erzählte, dass ich »Neger« genannt worden war. Das war nicht selbstverständlich, denn manchmal reagierten die Leute auch anders: »Ach komm, das gibt's doch gar nicht mehr.« Oder: »Ach, was hast du denn dem gesagt?«

Für viele aus meinem damaligen Umfeld war es einfach unvorstell-bar, dass jemand wie ich nur deshalb angefeindet wurde, weil ich eine andere Hautfarbe hatte. Für die Menschen, die mich damals erleb-ten, machte das überhaupt keinen Sinn und für mich natürlich auch nicht, schließlich war ich immer mehr als lediglich schwarz. Meine Freunde sahen mich nicht als »den Schwarzen« an, sondern erleb-ten mich natürlich auch mit all meinen Charaktereigenschaften, Stär-ken und Schwächen. Aber oft war es einfach die fehlende Empathie, die dem Ganzen noch die Krone aufsetzte und die dazu führte, dass ich mich nicht einmal von meinen eigenen Leuten für vollgenommen fühlte. Bildete ich mir dann etwa alles nur ein? Lag der Fehler viel-leicht doch bei mir? Hatte ich wirklich niemanden provoziert? Die Antwort war stets ein energisches Nein. Es gab einfach immer schon Menschen, denen mein Aussehen ein Dorn im Auge war und, um ehrlich zu sein: Die tun mir leid. Denn sie verpassen es, mir als voll-ständigem Menschen zu begegnen, einfach weil sie nur etwas sehen, das sie sehen wollen. Den Dunkelhäutigen. Den »Neger«.

GASTBEITRAG VON IMOAN KINSHASA, EIN ALIEN IN BAYERN

Die 25-jährige Imoan Kinshasa postete ihre rassistischen Erlebnisse als Dunkelhäutige im Dirndl auf einem Weinfest in Niederösterreich auf Facebook. Das Posting der Bayerin bekam viel Aufmerksamkeit, wurde aber aufgrund des N-Worts von der Plattform gelöscht. Das hier ist ihr Gastbeitrag:

Würden Sie mich jetzt in ein Flugzeug nach Kinshasa, in die Heimatstadt meines Vaters im Kongo, setzen, dann wäre ich dort genauso verloren wie Sie.

Wenn man mich fragt, wie und wo ich aufgewachsen bin, dann erwartet mein Gegenüber meist eine Geschichte über Dschungel, Wüsten und Lehmhütten. Ich kann nicht davon berichten, dass ich die Schule nicht besuchen durfte oder dass ich zwölf Kilometer zum nächsten Brunnen laufen musste, um Wasser zu holen.

Aufgewachsen bin ich in Bayern bei meiner Oma und meinem Opa. In einem kleinem Dorf auf dem Land. Abgesehen davon kann ich von meinen Jahren im Trachtenverein berichten oder davon, dass ich eifrige Ministrantin war, wie meine Mama, als sie so alt war wie ich. Polizistin wollte ich immer werden – wie mein Onkel. Am liebsten bei der berittenen Polizei. Geliebt habe ich es, wenn ich das Schild unseres Trachtenvereins auf Festumzügen tragen durfte. Jedem, der fragt, wo ich herkomme, erzähle ich stolz: I bin a Bayer!

Ich würde bis heute nicht merken, dass ich anders bin, wenn man es mir nicht so oft unter die Nase reiben würde. Angefangen hat das schon, als ich noch nicht mal da war. Vergast hätte man die N***rschlampe damals, hat jemand zu meiner Mutter gesagt, als sie schwanger mit meinem Vater spazieren war.

Später im Kindergarten wurde es dann »Du darfst nicht mitspielen!«. In der Volksschule durfte ich das Schneewittchen nicht spielen. Wegen der Hautfarbe würd's nicht passen, meinte meine damalige Lehrerin. In der Hauptschule riss ich dann mit den coolen Kids N***rwitze in den Pausen. Wir spielten »Wer hat Angst vorm schwarzen Mann« und sangen »10 kleine N***rlein«, als wär's wurscht. Verdammt, ich konnte sehr lange nicht mal erklären, warum ich so aussehe und wo ich herkomme. Wie sollte ich also den fragenden Kindern klarmachen, dass ich kein Alien bin? Ich wusste bei Gott nicht, wo schwarze Menschen herkommen. Hat man mich gefragt, wo ich oder mein Vater herkommen, ich habe vermutlich Amerika gesagt. Weil da, das weiß man ja aus dem Fernsehen, da gibt's schwarze Menschen. Für mein fünfjähriges Ich war das die plausibelste Erklärung, die ich finden konnte.

Bei meinem ersten Praktikum im örtlichen Gasthaus und überall sonst auch war ich anscheinend für den »exotischen« Flair zuständig gewesen – das hat zumindest der Stammtisch dort so befunden. Die ältere Dame aus der Spülküche hat selbst nach einer Woche nicht kapiert, dass ich sie problemlos verstehe. Beim Praktikum im Reisebüro von Bekannten verlangten die Kunden mit dem Finger auf mich gerichtet: »Ich will das, was SIE hatte ...« *Hihihihihi*. Eine Stammkundin befand, dass ich »Urlaubsfeeling« verbreite. Jemand wie ich müsste eigentlich das Dauerwerbegesicht der Urlaubsindustrie werden.

Ganz erfreut waren die Menschen immer über meine Deutschkenntnisse. »Du sprichst aber gut Deutsch«, habe ich so oft gehört. Für Bayern, ganz besonders Chiemgauer, ist es in der Tat eine Leistung, einen korrekten deutschen Satz zu bilden. Deutsch lernt man in Bayern schließlich nur in der Schule, die deutsche Sprache wird von den Bayern seit Jahrhunderten konsequent abgelehnt. Man bevorzugt den Dorfdialekt zur Kommunikation. Wenn ich dann aber auf Bayerisch spreche, dann sind die Menschen oft so perplex, dass sie nur Jiberish verstehen. Als wäre ich ein Alien.

Schön war, dass ich mich oft nicht vorstellen musste. In einem Radius von gut 50 Kilometern war ich eine der wenigen schwarzen Personen. Ich war somit für viele auch die erste und wahrscheinlich einzige schwarze Person, die diese Menschen je zu Gesicht bekommen haben. Bis heute werde ich nicht vergessen, wie es sich angefühlt hat, wenn ich angestarrt wurde. Wenn sich die Leute gewundert haben, was ich hier mache und warum ich überhaupt da bin. Wenn Kinder am Jackenärmel gezupft haben, um ihre Mütter vertrauensvoll zu sich herunterzulocken. Ich konnte ihr Unbehagen direkt fühlen. Für diese Kinder war ich ein Alien.

Als Kind war Rassismus eher ein Gefühl für mich. Ich wusste immer, dass das, was da passiert, nicht richtig ist, sondern grundlegend falsch und ein Verbrechen an der Menschheit. Es hat sich immer angefühlt, als hätte ich ein Loch, dort, wo mein Herz sein sollte. Ich konnte mir nicht erklären, warum Menschen mich anders behandelten oder plötzlich unfreundlich wurden. Rassismus war für mich etwas, das mich als Deutsche, geboren in Bayern, nicht betreffen kann. Rassismus gab es für mich nur gegenüber Ausländern, und das bin ich ja schließlich nicht. Ich bin mit dem Glauben aufgewachsen, genauso zu sein wie alle anderen. Niemand konnte mich darauf vorbereiten, dass die Welt das anders sieht.

Ich wurde immer wieder an meine äußerlichen Merkmale und deren Zuschreibungen erinnert. Ich wurde darauf aufmerksam gemacht, dass ich exotisch, fremd und rassig bin. Das beste Beispiel dafür ist das obligatorische »Wo kommst du her?« – bis heute.

Natürlich reicht es NIE, wenn ich sage, dass ich aus Bayern komme. Denn man sieht ja, dass ich »andere Wurzeln« habe. Ich muss also ausführlich erklären, welches meiner Elternteile nicht weiß ist, wo mein Vater herkommt, wo meine Mutter herkommt, ob sie getrennt sind und seit wann, wo beide jetzt leben, bei wem ich aufgewachsen bin. Dann wird natürlich noch gefragt, ob ich schon mal »dort« war. Diese Gespräche führe ich beim Arzt, im Zug, beim Gassi gehen oder in der Arbeit mit Kunden. Diese Fragen kommen oft von Menschen, mit denen ich zuvor gerade mal ein bis zwei Worte gewechselt habe.

Der nächste Schritt der »Unterhaltung« ist dann, dass mir mein Gegenüber von eigenen Erfahrungen berichtet. Sei es ein Kollege aus Ghana, der echt supergute Arbeit macht, tip top ohne Meckern. Oder die neue Freundin vom Enkel, deren Vater aus Nigeria stammt, mein Gott, kann das Mädchen gut singen, aber das liegt ja in den Genen. Oder ein älterer Herr erzählt von seinen Reisen nach Kenia. Da gibt's ja so wunderschöne Frauen. Dass er da nur zum preisgünstigen Ejakulieren hinreist, verschweigt er mir natürlich.

Ich weiß, nicht generalisieren und so, aber es kommt zu oft vor, dass ich eine Unterhaltung mit weißen Mitbürgern führe, die nahezu identisch nach einem Schema ablaufen. Ich fühle mich dabei, als würde ich durchleuchtet und abgeschätzt werden. Als würde ich mich dafür rechtfertigen müssen, dass ich in dieser Form existiere. Für mich sind das unglaublich unangenehme Momente.

Wir müssen darüber reden, was Rassismus wirklich ist. Es ist nicht rassistisch, einen Menschen zu fragen, wo er herkommt. Es wird aber kritisch, wenn man mit der Antwort nicht zufrieden ist, weil sie nicht ins Weltbild passt. Warum kann eine schwarze Frau partout nicht aus Bayern kommen?

Rassismus ist so normal in unserer Gesellschaft, dass er oft nicht einmal mehr wahrgenommen wird. Es ist nichts, was bewusst oder beabsichtigt ausgeübt werden muss. Selbst wenn man es gut meint, kann es beim Gegenüber falsch ankommen.

Am liebsten wär es mir, wenn ich über schöne Dinge schreiben könnte. Einen Liebesroman oder so. Ich möchte nicht mehr über Rassismus und das Schwarz-Sein sprechen, weil es unfassbar ermüdend und auslaugend ist. Mir ist aufgefallen, dass meine Gesprächspartner ungehalten werden, wenn ich aus ihrer Komfortzone ausbreche und nicht brav mitspiele und Fragen beantworte oder Mikroaggressionen über mich ergehen lasse.

Manchmal fühle ich mich, als wäre ich nur schwarz, und das ist einfach alles, was ich bin. Die Menschen sehen mich an und wissen eh schon, wer ich bin. Ich kann singen, ich kann tanzen, ich bin exotisch, ich spreche kein Deutsch, ich bin keine Deutsche. Manche Menschen können nicht mehr über die selbst errichtete Mauer aus Vorurteilen hinwegblicken. Selbst wenn sie es versuchen. Die Mauer der Vorurteile ist solide und von gutem Fundament. Einige können eventuell auf Zehenspitzen einen Blick über den Rand erhaschen. Wer aber neugierig ist und wissen möchte, was auf der anderen Seite der Vorurteilsmauer ist, der muss sich anstrengen, der wird sich die Knie aufschürfen und schwitzen.

Es ist schwierig, in einer Gesellschaft wie der unseren über Rassismus zu sprechen. Niemand will etwas damit zu tun haben, nicht mal die Nazis oder die rechten Parteien wie die »Alternative für Deppen« oder die »Freizeitliche Polonäse Österreich«. Wer Rassistisches öffentlich anprangern möchte, ist meist am Ende selbst der Depp. Es gilt als ungeschriebenes Gesetz, dass Rassismus nur von bösen und schlechten Menschen ausgeht. Wer ein guter Mensch ist, kann kein Rassist sein und niemals nie Rassistisches sagen oder tun. Auch wer schwarze FreundInnen/PartnerInnen/Kinder oder ArbeitskollegInnen hat und das explizit betonen muss, kann etwas Rassistisches von sich geben. Ja auch ich habe Vorurteile, die ich abbauen muss. Ich dachte als Kind zum Beispiel sehr lange, dass schwarze Babys abfärben, weil sie dreckig sind. Die Asylbewerber im Nachbardorf fand ich auch suspekt, schließlich klauen die ja den ganzen Tag nur Dinge wie Fahrräder.

Ich bin der beste Beweis dafür, dass Rassismus etwas ist, das anerzogen und antrainiert wird. Wir werden alle rassistisch sozialisiert. Ja, ich meine wirklich ausnahmslos ALLE. Wie sonst kann man einem schwarzen Kind, das in einem weißen Umfeld aufwächst, Vorurteile gegenüber POCs anerziehen? Wo sehen wir denn People of Color in der Gesellschaft? Haben Sie schwarze Vorgesetzte, und wenn nein, was empfinden Sie bei dem Gedanken daran? Was löst die Vorstellung einer schwarzen Bundeskanzlerin in Ihnen aus?

Ich helfe Ihnen bei Ihrem Weg über die Mauer. Lesen Sie »Deutschland Schwarz Weiß« von Noah Sow. Wenn Sie das Buch bis zu Ende lesen, dann garantiere ich Ihnen einen Blick auf die andere Seite der Mauer.

UND WO KOMMST DU JETZT HER? DIE SCHUBLADEN UND ICH

Obwohl ich in meinem kulturellen Selbstverständnis aufgrund meiner Sozialisation und meiner Erziehung (ich war ja wirklich ein ziemliches Dorfkind) immer zuerst ein Bayer war, wurde und werde ich oft in eine bestimmte kulturelle Schublade gedrückt, meistens in eine afrikanische. Die Leute sehen mich an und fragen sich, wo ich herkomme. Das ist wirklich die Frage schlechthin. Meine Standardantwort hierauf lautet immer und seit jeher: Markt Schwaben. Und hier fängt es an. Manche nicken und verstehen, dass ich Markt Schwabener bin. Und ich sage bewusst »Markt Schwaben« und nicht Deutschland, weil ich meinem Gegenüber das Gefühl geben will: Egal, worauf du hinauswillst: Ich komme dir entgegen und spezifiziere meine Herkunft so exakt, dass du einfach verstehen musst, dass ich nicht aus Afrika oder sonst woher komme, sondern aus dem schönsten Autodurchfahrtsort bei München: Markt Schwaben. Manche Mitmenschen lächeln mich nach meiner Antwort aber auch süffisant an und sagen dann so etwas wie »Neee, ich meinte eher so …«, gefolgt von einer kurzen Pause, »… wo du wirklich herkommst«, wobei sie das »Wirklich« unangenehm laut betonen. Ich wiederhole dann immer: »Markt Schwaben.« Das ist mein letztes Angebot. Viele nicken und schauen dann peinlich berührt weg. Und dann gibt es diejenigen, die immer noch nicht verstanden haben, was ich ihnen sagen wollte, und die fragen dann genauer nach (Grüße an die Wirtin vom AfD-Infostammtisch): »Ne, also deine Eltern und so …« Die Härtefälle ergänzen: »Irgendwo aus Afrika?« Da muss ich schon echt durchschnaufen und mit den Augen rollen. Fuck you man.

Geboren in München am Sendlinger Tor.

Großgeworden in Markt Schwaben.

Bayerischer wird's nimmer. Die Frage nach der Herkunft, aus welchen Gründen auch immer, interessiert meine Umgebung vielleicht. Aber der Zeitpunkt, an dem diese Frage gestellt wird, ist immer belastend, denn sie wird immer dann gestellt und ausformuliert, wenn ich jemandem zum ersten Mal begegne. Nicht meine Interessen, meine

Arbeit oder meine Hobbys stehen bei einem Erstkontakt im Vordergrund, sondern meine Herkunft. Klar, in Bayern ist das nicht unüblich, und wir haben auch oft (berechtigte!) Vorurteile gegen andere Nachbardörfer, die auch einen Fußballverein haben, aber bei meinen weißen Freunden wird nie direkt nachgebohrt. Die Leute checken ja vielleicht nicht, dass die Frage nach ein paar Jahrzehnten etwas nervig ist, und ich habe auch kein Problem damit, jemandem im Detail zu erzählen, woher mein Vater aus dem Kongo jetzt genau stammt, genauso gern erzähle ich auch die Geschichte von meinen vertriebenen Großeltern aus Schlesien, oder dass mein Opa bei der Wehrmacht war. Aber eigentlich interessiert das niemanden so wirklich. Meiner Erfahrung nach geht es einfach nur darum, mich in eine Schublade zu stecken, die, betrachtet aus dem Blickwinkel meines Gegenübers irgendwie Sinn macht.

Diese an mich herangetragene Vorstellung, dass ich ja »ganz bestimmt« Afrikaner bin, ist einfach eine rassistische Idee, weil ich auf meine äußeren Merkmale reduziert werde. Solche Ausgrenzungsmechanismen sind leider, auch in unserer aufgeklärten Gesellschaft, immer noch aktuell. Auch in München, meiner Geburtsstadt. In einem Artikel der Süddeutschen Zeitung vom 19. August 2018 berichtete eine Mitarbeiterin von der Beratungsstelle »Before«, die sich an Betroffene von rechter Gewalt wandte, über die Dringlichkeit und Notwendigkeit ihrer Arbeit. In Bayern gebe es zwar – im Vergleich zu den neuen Bundesländern – weniger »krasse« Gewaltvorfälle, dafür sei der Alltagsrassismus hier aber deutlich ausgeprägter. Es herrsche eine »Das wird man wohl noch sagen dürfen«-Mentalität, die ich nur bestätigen kann.

»Russn derf ma nimmer song, Neger derf ma nimma song« war die Baseline der AfD-Wirtin. Ihre Agenda. Das ist doch Wahnsinn. Warum sollte es denn auch bitte schön erlaubt sein, mit einem Begriff, um sich zu werfen, der ausschließlich negativ behaftet ist und der Sklaverei entspringt? Aber dazu in einem späteren Kapitel mehr.

Ich bin jetzt wirklich nicht der Ultrasensibelste, wenn es darum geht, dass manche Menschen die Straßenseite wechseln, wenn ich mit meinem Hund Biggie Gassi gehe oder ältere Damen in der U-Bahn ihre Handtaschen festhalten, wenn ich mich neben sie setze. Klar nervt das und ist seltsam, aber ich habe versucht, damit umzugehen und es zu akzeptieren. Ich versuche einfach immer, freundlich zu sein, auch wenn ich das Gefühl habe, ich muss immer eine Spur freundlicher sein, um meine dunkle Hautfarbe zu überwinden, die erst einmal dafür sorgt, dass mein Umfeld sich unwohl fühlt. Das mag vielleicht seltsam klingen, aber ich muss immer etwas mehr geben als eine weiße Person, um in einem größtenteils weißen Umfeld allen Anwesenden klarzumachen, dass ich cool bin und eben ein ganz normaler Typ, und das ist so weit schon in Ordnung für mich. Ich habe aber auch schwarze Freunde und Musikerkollegen, die von solchen passiven Aktionen anderer um einiges genervter sind als ich. Und ich kann das nachvollziehen, denn wenn allein die eigene Anwesenheit in einem Raum dafür sorgt, dass sich andere Menschen offenbar unwohl fühlen, wie soll man sich dabei denn selbst wohlfühlen?

Mein Musikerkollege Afrob ist viel unterwegs und hat sich deshalb eine Bahncard 100 gegönnt. Erster Klasse! Ziemlich nice. Erster Klasse ICE zu fahren ist mit Abstand die beste Art zu reisen. Man hat superviel Beinfreiheit, es gibt Kaffee und Zeitungen umsonst, und es ist einfach nie richtig voll. Als wir uns im vorherigen Jahr für die Aufzeichnung des »Samy Deluxe Unplugged Album« trafen, erzählte er mir, wie krass es für ihn immer wieder sei, mit der Bahn zu fahren, weil er immer der einzige Schwarze in der ersten Klasse sei und ihn manche deswegen schon mal schief anschauen. Und er spürt über die Blicke, die ihm zugeworfen werden, dass die anderen Bahnreisenden glauben, er sei hier falsch. Für diese Anzugträger, die an ihren Smartphones noch irgendwelche superwichtigen E-Mails schreiben, passt ein Schwarzer mit einem Afro einfach nicht in das wunderbar hell leuchtende Erster-Klasse-Abteil eines ICE, an dem man die F.A.Z. schmökert und von nett lächelnden Bahnmitarbeitern einen frischen Latte macchiato an den Platz geliefert bekommt. Kommt dann ein Kontrolleur, schauen die anderen Bahnreisenden ihn auch an, von wegen: Ah, jetzt wird die Wahrheit ans Licht kommen und

ihm wird mitgeteilt, dass er hier falsch ist, denn das ist er ja offensichtlich. Afrob rollt dann mit den Augen, zückt seine Bahncard 100 und
bleibt ruhig sitzen. Oft geht der Kontrolleur aber auch an ihm vorbei,
einfach weil der keine Lust auf eine Konfrontation hat. Er muss dann
diesen schwarzen Typen nach seinem Ticket fragen, und im Kopf des
Kontrolleurs beginnt direkt dieser Film: »Fuck, was mache ich jetzt,
wenn der kein Ticket hat?« Die Blicke der anderen Mitinsassen reichen Afrob oft aber schon aus, um sich genervt und bedrängt zu fühlen, und ich kann das komplett nachvollziehen. Denn Leute wie wir
bekommen so das Gefühl mitgegeben, wir müssen uns in irgendeiner Art und Weise dafür rechtfertigen, dass wir dort sitzen. Und dann
ist da wieder die Frage (von der ich nicht glaube, dass Afrob sie sich
noch stellt, die ich mir aber direkt nach dem Kindergarten gestellt
habe): Muss ich das jetzt tun? Muss ich mich rechtfertigen? Bin ich
vielleicht nicht doch falsch, hier in der ersten Klasse? Bin ich eher so
zweite Klasse? Oder vielleicht besser dritte, wenn's die gäbe? Und um
ganz ehrlich zu sein: Bei genügend Blicken, die hinter großen Zeitungen hervorlugten, während der ICE mich in die nächste Stadt bringt,
wo ich dann vor Tausenden Hip-Hop-Fans auftrete, fühle ich mich
manchmal genauso. Zweitklassig. Oder drittklassig. Rassismus im
Alltag wird von den meisten (weißen) Personen in meinem Umfeld
nicht wahrgenommen, aus einem nahe liegenden Grund: Sie sind
weiß. Punkt. Man kann versuchen, sich in die Lebensrealität einer
schwarzen Person reinzudenken, aber es ist schlichtweg nicht möglich, sich komplett hineinzufühlen. Ich kann mir ja auch nur ansatz-
weise vorstellen, wie es ist, eine junge, lebensfrohe Frau zu sein und
eine Nacht in einem überfüllten verschwitzen Klub am Ballermann zu
verbringen, aber erleben tue ich das selbstverständlich nicht. Ich sehe
zwar von außen irgendwelche Ballermann-Typen, die einen Deutschland-Sombrero tragen, wie er auf der Ablage in der Gaststätte des
AfD-Infotreffen liegt, und merke, wie sie sich total besoffen an die
Frau ranmachen, aber im Zweifel finde ich das eher lustig, weil ich
einfach näher an den Typen dran bin. Ich sehe nicht, wie diese Frau
sich innerlich stresst, aber das Ganze dann noch versucht, mit einem

Lächeln zu überspielen. Wie sie sich unwohl fühlt. Wie sie vielleicht Angst vor diesen besoffenen Typen hat und lieber nach Hause gehen will. Aber was soll sie machen? Also einfach gute Miene zum bösen Spiel und noch etwas weiterfeiern. Irgendwann werden sie damit aufhören. Zumindest für heute.

Und ich stehe daneben, habe die Party meines Lebens und kann nicht fühlen, was sie gerade fühlt. Ich fand das ziemlich interessant, als diese #MeToo-Debatte losging und Frauen über sexuelle Übergriffe berichteten. Spannend fand ich hier vor allem die Reaktion vieler Männer, die sich in zahlreichen Kommentarspalten an der Debatte beteiligten und anfingen, Frauen erklären zu wollen, ab wann ein sexueller Übergriff jetzt ein sexueller Übergriff ist und ab wann eben nicht. Völlig reflexartig positionierten sich unbeteiligte Männer an einer Diskussion, die von einer mutigen Frau losgetreten wurde, und nahmen sich das Recht heraus, einfach mal mitzureden. Es ist eine Debatte der Frauen, und das sollte sie auch bleiben, ich tue mich ja auch schwer damit, wenn mir irgendein weißer Typ, der nie rassistisch angegangen wurde, versucht zu erklären, was jetzt rassistisch ist und was nicht. Oder wenn sich zwei weiße Menschen in meinem Beisein darüber austauschen, dass »das ja ganz schlimm für eine schwarze Person sein muss«. Dabei ist mein persönliches Empfinden für Rassismus individuell und hat nichts mit dem meines schwarzen Mitbürgers zu tun. Nur weil wir beide eine dunkle Hautfarbe haben, haben wir trotzdem eine andere Sensibilisierung. Die Gefühlswelt »aller« Schwarzen über einen Kamm scheren zu wollen ist doch, wenn man mal darüber nachdenkt, genauso rassistisch – zumindest im Ansatz.

Und weil wir gerade dabei sind: Ich sehe einige Parallelen zwischen Sexismus und Rassismus. Es ist dasselbe Muster: Frauen wird von Sexisten vorgeworfen, sie seien ja »selbst schuld«, wenn sie sexuell angegangen werden, da sie sich einfach nicht angemessen und/ oder zu wenig bedeckt kleiden … In der Argumentationsstruktur von Rassisten ist ein Opfer, das rassistische Gewalt erlebt, selbst schuld, weil er oder sie sich »halt nicht richtig anpassen«. Benimmt sich ein Hellhäutiger in seinem Umfeld aber mal nicht regelkonform und wütet zum Beispiel an einem öffentlichen Platz, ist diese weiße Person einfach jemand, der randaliert. Handelt ein Schwarzer an derselben Stelle, rechtfertigt seine Tat und sein Auftreten wieder rassistische Reaktionen auf sein Tun. War ja klar, dass »so einer« das macht. Wenn ich in der Bahn sitze und meine Füße auf die vordere Bank gestützt habe, wird mir nicht gesagt »Guten Tag, nehmen Sie bitte Ihre Füße herunter«, stattdessen heißt es eher: »Das kannst du da machen, wo du herkommst.« Ich hatte es bereits an früherer Stelle geschrieben: Rassismus und die Wahrnehmung von Rassismus ist immer etwas Individuelles. Ich muss da nur in meinen eigenen Familienstammbaum schauen. Mein Vater hatte diesbezüglich einen sehr hohen Toleranzrahmen. Wenn ich Sachen höre, die ihm früher passiert sind, kann ich nur den Kopf schütteln. Für Rassismus, vor allem für den, der sich in unserem Alltag ausdrückt, gibt es keinen wirklichen Maßstab. Ist es rassistisch, wenn ein Fan mich nach einer Freestyle-Session auf Englisch anspricht? Oder wenn mir jemand in einem Copyshop einen Stapel zum Kopieren in die Hand drückt (so geschehen an der Uni München)? Sind das einfach nur schlechte Manieren, oder will mir jemand etwas Böses?

Für meine Buchrecherche bin ich auf einen Artikel des ZEIT Campus Redakteurs Hannes Schrader, vom 14. August 2018 gestoßen. Er beschreibt darin, wie er sein eigenes Onlinedating-Verhalten hinterfragte, weil ihm auffiel, dass er sich eigentlich nur mit weißen europäischen Frauen traf. Woher kommt das? Die Soziologin Julia Hahmann und der Sozialpsychologe Andreas Zick argumentieren gegenüber ZEIT Campus hier mit dem Prinzip der Ähnlichkeit. Wir haben ganz einfach Präferenzen für Personen, die einen ähnlichen Bildungshintergrund und einen ähnlichen biografischen Werdegang haben. Ähnlichkeit erzeugt ein Gefühl der Sicherheit. Das kann, wenn es ausgrenzend wirkt, ein Fehler sein, ist aber psychologisch nachvollziehbar. Zudem haben Gesellschaften mit kolonialer Vergangenheit (wie der Unsrigen) in der Vergangenheit sehr viel gegen die Beziehungen von Nichtweißen und Weißen unternommen. Und so lange ist die Zeit, als solche Beziehungen verboten waren und Schwarze als eine minderwertige Rasse und Kultur wahrgenommen wurden, auch nicht her.

In Wahrheit hat unsere Gesellschaft den Rassismus nicht überwunden, sondern er ist, wie bereits in den ersten Kapiteln angedeutet, verborgener und nicht mehr so klar erkennbar. Eine Form dieses modernen Rassismus ist der sogenannte aversive Rassismus. Aversive Rassisten plädieren zwar für die faire und gerechte Behandlung sämtlicher Gruppen einer Gesellschaft, haben aber negative Emotionen gegenüber Schwarzen und versuchen, den Kontakt mit ihnen zu meiden. Erleben sie aber einen Kontakt, was in einer globalisierten Welt ja durchaus eine realistische Option ist, reagieren sie gestresst und versuchen, die für sie unangenehme Situation so schnell wie möglich zu beenden. Und das ist eben genau dann nervig, wenn ich es in meinem Alltag so offensichtlich auf dem Silbertablett serviert bekomme, beispielsweise, wie eben angesprochen, im Zug, wenn jemand wie ich gemütlich in der ersten Klasse eines ICE sitzt und eine Zeitung liest und ganz genau checkt, dass jemand nichts lieber will, als dass ich gerade nicht da bin.

Ein nicht zu unterschätzender Fakt ist auch, das schwarze und weiße Menschen in Deutschland aufgrund ihrer kolonialen Vergangenheit einfach keine gesunde Beziehung zueinander aufbauen konnten und wir deshalb einander fremd sind, ohne dass wir uns kennen. Hinzu kommt der Mangel an ethnischer Diversität in unserem Alltag. People of Color werden kaum dargestellt und abgebildet. Sicher wird immer großflächig und medienwirksam damit geworben, wie vielfältig und divers unsere Gesellschaft ist, aber davon habe ich weder in meiner Kindheit noch Jugend etwas mitbekommen. Als ich mit meiner Mutter das erste Mal in Amerika war und dort mit ihr einen wunderbaren Urlaub verbrachte, sah ich das erste Mal als Teenager schwarze Menschen in Anzügen. Ich war begeistert. So etwas hatte ich vorher nie wahrgenommen. Ich sah in New York elegant angezogene schwarze Business-Men, die ziemlich wichtig aussahen und die auch nicht komisch angeschaut wurden. Sie waren einfach ganz normale Leute, die zur Arbeit gingen und einen Aktenkoffer unter dem Arm hatten. Und dann gab es noch andere Schwarze. Müllmänner, Polizisten, Supermarktkassierer. Einfach alles. Nicht nur schwarze Basketballspieler oder schwarze Rapper. Das mag jetzt vielleicht lapidar klingen, aber versuchen Sie, sich das nur kurz vorzustellen: So etwas kannte ich in Deutschland nicht. Weder aus Markt Schwaben noch aus der Werbung oder sonst woher. Und irgendwie gab mir das Mut, dass auch ich später jemand sein konnte, der superwichtig mit seinem Anzug durch die Straßen läuft und Geschäfte regelt, etwas, das ich mir viele Jahre nicht vorstellen konnte, weil diese Vorstellung einfach meinen geistigen Rahmen sprengte.

Meine Geschwister und ich haben im Übrigen komplett andere Herangehensweisen, mit Rassismus, der uns entgegenkommt, umzugehen. Mein Bruder ist beispielsweise IT-Berater in einem großen Unternehmen. Er hat also, im Gegensatz zu mir, der ja irgendwie alles Mögliche gleichzeitig macht, einen recht normalen und vor allem einen soliden Beruf. Er erzählte mir einmal, dass sich in seinem Büro zwei Kollegen in Hörweite darüber unterhalten hatten, ob man jetzt eigentlich »Neger« sagen dürfe oder nicht. Sie hatten so laut gesprochen, dass ihnen hätte klar sein müssen, dass mein Bruder sie verstand. So laut, dass er das Gefühl gehabt hatte, dass sie darauf abgezielt hatten, dass er sich an der Diskussion beteiligte, quasi als Experte, »der das ja wissen müsse«. Mein Bruder hatte jetzt mehre Optionen gehabt. Er hätte einerseits einsteigen können und mit zwei weißen Jungs im Office darüber diskutieren, ob man jemanden wie ihn jetzt »Neger« nennen dürfe oder nicht. Oder er hätte hingehen können und so etwas sagen können wie: »Ey Jungs, ich hör euch doch. Wenn ihr Fragen habt, schließt mich doch nicht einfach aus, sondern bindet mich ein. Das ist viel leichter. Wirklich.« Er hatte keines von beidem getan. Ein bisschen so, wie mein Vater reagiert hätte, nur dass mein Bruder diesen Vorgang im Nachhinein nicht so sehr ausblenden konnte wie mein Vater. Er wollte eben auch nicht dieser Typ sein, der Zoff machte.

Uns, wenn man es so sagen will, »Mischlingskindern«, verbindet alle dieselbe seltsame Zerrissenheit, weil wir uns natürlich nicht klar von »Deutschen« oder »Weißen« abgrenzen können, wie das zum Beispiel mein Vater konnte. Wir sitzen immer irgendwo zwischen den Stühlen, wissen im schlimmsten Fall nicht einmal, wo das Holz für die Stühle, zwischen denen wir uns bewegen, herkommt und müssen versuchen, damit umzugehen. Natürlich möchte ich auch gern zu so einer halb öffentlichen Diskussion hingehen und ganz ruhig erklären, warum ich das schwachsinnig und verletzend finde. Aber das geht nicht, weil ich dabei nicht ruhig bleiben kann. Ich finde nicht die richtigen Worte – ähnlich wie beim Info-Stammtisch der AfD, wo ich dachte, ich wäre unantastbar und dank meines gewonnenen Bavarian Brasilien Jiu-Jitsu-Titels eh der größte. Bis ich merkte: Fuck, ich kann nicht mit denen reden.

Meine Schwester geht wieder anders mit dieser Thematik um. Sie hätte, wäre sie in der Situation meines Bruders gewesen, so etwas gesagt wie: »Stopp. Das geht zu weit. Hört auf damit«, und ich würde ganz einfach ein paar wertende Kommentare droppen, ohne das Ganze ausdiskutieren zu wollen, vor allem nicht, wenn es Leute sind, mit denen ich jahrelang zusammenarbeiten muss.

Hierzu passt an dieser Stelle vielleicht noch eine andere Geschichte von mir. Eine ehemalige Arbeitskollegin (wo ich da gerade gearbeitet habe, ist nicht so wichtig, und wenn ich ehrlich bin, weiß ich auch nicht mehr genau, wann und wo das war) scrollte sich durch meinen ziemlich falschen Wikipedia-Artikel. Irgendwo stand da wohl, dass mein Berufswunsch, Polizist zu werden (???), mir aufgrund von Diskriminierungserfahrungen verwehrt wurde. Sie las diesen Absatz und murmelte so was wie »Das ist ja mal wieder typisch« und schloss den Browser-Tab. Damit meinte sie wohl, dass es mal wieder typisch sei, dass jemand, der eine dunkle Hautfarbe habe, sich über nichts anderes als Diskriminierung auslassen kann. Ich fand das ziemlich krass. Wie abwertend ist es denn bitte, wenn man zu dieser Aussage sagt, dass es eben »typisch sei?« Wer soll die Geschichte, dass einem ein Berufswunsch aufgrund einer diskriminierenden Erfahrung verwehrt wurde, denn sonst erzählen, außer ein dunkelhäutiger Mensch? Vielleicht ein blonder Typ, der in der Verwaltung arbeitet?

Ich saß also beobachtend daneben, während mir ganz offensichtlich das Recht abgesprochen wurde, mich diskriminiert zu fühlen. Die Frau, die »das ist ja typisch« sagte, machte in diesem Moment, wo sie diese Aussage tätigte, genau das, was das grundlegende Problem ist. Sie verdrängt durch das einfache Abtun eines Problems dieses aus ihrer Wahrnehmung – existent bleibt das Problem aber trotzdem noch.

GEJAGT UND ANGESPUCKT – JUGEND IN MARKT SCHWABEN

Um ganz ehrlich zu sein, mit gesellschaftlichen Prozessen und Vorgängen habe ich mich erst sehr viel später auseinandergesetzt. Trotzdem, und das muss an dieser Stelle auch erzählt werden, kam es in meiner Jugend zu einigen Übergriffen und Vorfällen, die sich so stark in meine Erinnerungen eingebrannt haben, dass ich manchmal, in einsamen melancholischen Momenten, daran zurückdenke und mich frage, wie das eigentlich passieren konnte. Es waren Erlebnisse, die mich und meinen Umgang mit anderen ziemlich geprägt haben.

In meiner Jugend lernte ich mit der Zeit, mit meinem »Schwarz-Sein« umzugehen. Ich war ja nicht nur schwarz, sondern vor allem ein bayerischer Junge aus Markt Schwaben und natürlich voll ins Dorfgeschehen eingebunden. Eine dieser urbayerischen Traditionen, die in meiner Jugend einen hohen Stellenwert hatte, war die sogenannte »Kramperljagd«, die jedes Jahr stattfand. Über Nikolaus, in der Nacht vom fünften auf den sechsten Dezember erscheint nach bayerischer Tradition der Krampus, eine Schreckgestalt in Begleitung des heiligen Nikolaus. Während der Nikolaus die braven Kinder beschenkt, werden die unartigen vom Krampus bestraft. In den berühmt-berüchtigten Kramperljagden jagen die älteren Jugendlichen immer die jüngeren und stellen alle mögliche Sachen mit ihnen an, meistens waren es so Dummejungenstreiche, wie eine Zwiebel zu essen oder Ähnliches. Das Ganze ist nicht wirklich ernst gemeint und erinnert eher an ein Ferienlager, in denen die älteren Kinder bei Nachtwanderungen die jüngeren erschrecken. Ganz easy. Ich erin-

nere mich allerdings an eine Kramperljagd, in der das Spielerische
verloren ging und ich wirklich Angst hatte.

Ich war damals zwölf Jahre alt und mit meinen Kumpels Flo und
Volkan unterwegs, die aus meiner Hochhaussiedlung kamen. Wir
zogen nachts durch Markt Schwaben. Die Stimmung war an diesem
Tag natürlich etwas aufgeheizt, und wir wussten, was uns bevorstand,
aber es war eben diese prickelnde Anspannung, dass irgendwelche
älteren Markt Schwabener Jungs, die wir wahrscheinlich aus der
Schule kannten, uns jagen würden. Ein nettes Katz-und-Maus-Spiel
eben. Wir waren unweit des Marktplatzes unterwegs, als kurz hinter uns ein Auto mit quietschenden Reifen hielt. Wir drehten uns um
und erwarteten, dass wir ein paar Jungs sehen würden, die irgendeinen Blödsinn mit uns anstellen wollten. Ich stellte mich schon auf
eine kleine Rauferei ein, aber da ich letztes Jahr schon eine Zwiebel
vertilgt hatte, wäre es auch nicht so schlimm, in diesem Jahr noch
eine zu essen. Aber weit gefehlt. Aus dem roten Volvo stiegen drei
waschechte glatzköpfige Neonazis mit Bomberjacke und Springerstiefeln aus und starrten uns an. Ich sah sie und wusste direkt, dass
das die Hohenlindner waren. Hohenlinden war damals, Mitte der
90er-Jahre, eine kleine Neonazi-Hochburg. Wann immer es in unserem Umfeld Stress mit Nazis gab, waren es die Hohenlindner. Und
jetzt hatten sie direkt mal zwei Jungs, Volkan und mich, die nicht
wirklich biodeutsch aussahen, vor sich. Die Typen stiegen mit abgebrochenen Autoantennen aus.

»Bleibt stehen, ihr Drecks-Kanacken.«

Die Stimme des Fahrers hallte durch die Nacht. Sie hatten nicht
einmal den Motor abgeschaltet, sondern waren einfach direkt aus
dem Wagen gestiegen. Das Auto dampfte. Volkan, Flo und ich blickten uns an. Dann rannten wir, so schnell wir konnten, los. Wir liefen
die Ebersberger Straße einige Hundert Meter entlang, bis wir zum
Wirtshaus Oberbräu kamen. Hier angekommen wurden wir von den
Bier trinkenden und Leberkas mümmelnden Gästen verdutzt angeschaut, doch das war uns jetzt ziemlich egal. In Panik verfallen stürm-
ten wir die Treppe hoch und versteckten uns im oberen Stockwerk,

in dem normalerweise Veranstaltungen stattfanden. Heute allerdings war es leer. Wir stierten aus dem Fenster und sahen auf der Straße die drei Typen mit ihren abgebrochenen Autoantennen vor dem Wirtshaus stehen und wild ihre nächsten Schritte diskutieren. Ich atmete tief ein und aus und fuhr mir durchs Haar. Wir waren fürs Erste in Sicherheit.

»Alles gut Jungs?!«, fragte Flo, und ich nickte.

Gerade noch einmal gut gegangen. Ich schaute nach links zu Volkan, der die Neonazis von oben beobachtete, die langsam, aber sicher von unserer Bildfläche verschwanden und zu ihrem Auto zurückgingen. Er schüttelte energisch den Kopf. »Das darf doch nicht wahr sein, dass wir hier einfach verschwinden. Mir reicht das jetzt.«

Er warf uns noch einen Blick zu, dann rannte er die Treppe wieder runter.

»Volkan?!« Flo und ich schauten ihm vollkommen baff hinterher, wie er unser Versteck verließ. War er größenwahnsinnig geworden? Wir blickten vom Fenster aus zu ihm hinab, wie er aus der Gaststätte kam, konnten ihn dann aber nicht mehr sehen. Lief er denen etwa hinterher? In diesem Moment dachte ich, Volkan würde sterben. Er war komplett wahnsinnig geworden. Flo und ich starrten uns an. Was sollten wir jetzt machen? Hilfe holen? Ihm hinterherrennen?

»Ey, der ist doch völlig durch«, sagte Flo, »diese drei Typen sind mindestens 18 oder 20 oder so, die hauen den mit ihren abgebrochenen Autoantennen zu Brei.«

»Wir müssen hinterher«, insistierte ich, obwohl ich natürlich auch keine große Lust verspürte, drei erwachsenen Neonazis hinterherzurennen. Aber es half ja nichts. Volkan war ein guter Freund, und wir konnten ihn auf gar keinen Fall im Stich lassen.

Wir liefen also die Treppe hinunter und wurden und von den Restaurantgästen immer noch wie Aliens angestarrt. Ich riss die Tür der Gaststätte auf und stellte mich schon auf eine waschechte Klopperei mit Neonazis ein, doch vor uns stand Volkan und grinste uns frech an: »Na Jungs, alles klar?«

»Volkan was ist passiert?«, fragte Flo.

»Na ja«, er breitete triumphierend die Arme aus, »was soll ich sagen. Die hatten sich schon auf den Weg zurück zum Auto gemacht, und ich bin dann hinterhergelaufen. Und einer von denen hat sich umgedreht und gerufen: ›Da ist ein Türke.‹ Und dann sind sie ins Auto gestiegen und weggefahren. Ich sehe wohl ziemlich gefährlich aus.« Volkan grinste breit. Er hatte als einziger von uns bereits Bartwuchs. Wirklich gefährlich sah er jedoch nicht aus. Aber der Move war schon extrem stark. Was für ein Typ! Heute ist Volkan im Übrigen ein erfolgreicher Business-Mann und genau mit dieser »Attacke«-Attitüde – immer vorwärts rein, nicht weglaufen, sondern auch einmal dagegenhalten – später beruflich so erfolgreich geworden. Er hat sich einfach von keinem was sagen lassen, nie.

In dieser Kramperlnacht war Volkan unser unbestrittener Held, und der Rest der Nacht verlief einigermaßen friedlich. Das war eigentlich mit das Wichtigste: Am nächsten Tag bekamen wir alle vom Nikolaus unsere Süßigkeiten.

Eine weitere Erfahrung, die mich ziemlich fertig gemacht hat, passierte ungefähr ein Jahr nach dieser Kramperlsache. Ich fuhr mit meinen Freunden vom Gymnasium zum Ostbahnhof nach München. Hier befand sich ein Game Zone. Das war für uns das Paradies schlechthin. Ich steckte mit meinen Freunden in einer ziemlichen Nerdphase, und ein Ausflug nach München war keine Seltenheit. Oft hingen wir aber auch einfach so rum, gingen zu McDonald's und genossen es einfach mal, nach München zu fahren. Wir verließen die Bahnstation am Ostbahnhof und latschten am helllichten Tag unserem persönlichen Glück, der Game Zone und dem neu erschienenem PC Spiel »Monkey Island 2«, entgegen, als ein Typ unseren Weg kreuzte, vielleicht 20 Jahre alt mit schwarzen kurzen Haaren und Jeansjacke. Er sah eigentlich ziemlich normal aus. Meine Kumpels gingen vor mir und unterhielten sich. Ich lief einige Meter hinter ihnen und war in Gedanken. Der Typ blieb kurz vor mir stehen. Dann schaute er mich von oben herab an. Und dann, ehe ich mich versah, spuckte er mich an. Mitten ins Gesicht. Einfach so. Dann ging er weiter. Fassungslos blieb ich stehen. Ich war in Schockstarre und konnte mich zuerst kaum rühren. Nach einigen Sekunden wischte ich mir seine gelbe Rotze vom Gesicht und folgte meinen Freunden, die von der Aktion nichts mitbekommen hatten. Und da stand ich nun auf dem Bürgersteig mit den Resten fremder Spucke in meinem Gesicht und war gedemütigt. Ich war nie jemand gewesen, der von sich aus zuschlug oder Stress suchte, aber ich konnte mich im Ernstfall schon immer zur Wehr setzen. Doch diesmal war das anders. Diese Aktion war aus dem puren Nichts entstanden. Ich konnte es kaum fassen. Meine Freunde hatten sich mittlerweile umgedreht, und wir unterhielten uns weiter über Videospiele, die wir heute anzocken wollten. Nur ich hielt mich jetzt etwas zurück, meine Gedanken blieben bei dem Jugendlichen mit der Jeansjacke. Und da war es wieder, das alte Mantra, dass meine Hautfarbe mich bremste und mir schadete. Ich war an diesem Tag einfach nur ein ganz normaler Jugendlicher auf dem Weg zu einem Computerspielladen, um mit seinen Freunden ein paar Zombies zu erschießen, doch die Rotze in meinem Gesicht, die von dem Jeansjackenträger völlig emotionslos aus seinem Mundraum abgefeuert worden war, zeigte mir mal wieder, dass ich nicht dazugehörte und es Menschen gab, die mich nicht nur nicht mochten, sondern sich aufgrund meiner bloßen Existenz so sehr gestört fühlten, dass sie es völlig in Ordnung fanden, mich anzuspucken. Für den Typ war es einfach nur Spucke gewesen. Für mich war es die größtmögliche Demütigung, die ich mir vorstellen konnte.

Im Nachhinein hätte ich mich wahrscheinlich wehren sollen. Ich hätte den Typen am Kragen packen und ihn fragen sollen, was der Scheiß denn sollte. Ich hätte meine Emotionen mit meinen Freunden teilen müssen, den Übeltäter auf offener Straße bloßstellen und ihm zeigen müssen, dass er so nicht mit mir und auch keinem anderen Menschen umgehen konnte. Aber in dem Moment der Tat war ich einfach viel zu perplex und zu verstört gewesen, um irgendwie zu reagieren.

Ich ließ mir den ganzen Tag nichts anmerken und später, als ich mit meinen Freunden fröhlich Zombies abschoss, verlief von außen betrachtet alles wie immer. Aber in mir war innerlich etwas zerbrochen, was ich mir nach meinen ersten frühen Erfahrungen im Kindergarten und in der Schule mühselig wieder zusammengebastelt hatte – nämlich die Idee, dass ich einfach ein ganz normaler Jugendlicher unter vielen war. Es wäre schön, wenn ich an dieser Stelle noch einhaken und erzählen könnte, dass sich solche Übergriffe auf mich in Grenzen hielten, vor allem weil die Polizei hervorragend arbeitete und eine Minderheit, wie ich sie repräsentierte, besonders in Schutz nahm. Tatsächlich kam es in meiner Jugend aber anders und zu meinen Teenagerzeiten, als ich pubertierte, mir die ersten Haare im Gesicht wuchsen, meine Stimme kräftiger wurde und ich quasi über Nacht gefühlte anderthalb Meter wuchs, trat nun auch noch die Exekutive in mein Leben – und zwar anders, als ich es mir vorgestellt hatte.

Ich, noch gut gelaunt, an meinem ersten Schultag.
Markt Schwaben, 1987

Doch nicht mehr so gut gelaunt am Ende des ersten
Schultags. Markt Schwaben, 1987

Mein ganz persönliches Paradies in Niederbayern.
Heißprechting, ca. 1989

Die besten Erinnerungen habe ich an die Urlaube mit Mama. Badewannenstopp im ehemaligen Jugoslawien. Pfingstferien, 1988

Kindergarten Markt Schwaben, 1984. »Ein Neger darf nicht neben mir sitzen.« Und da sitze ich.

Collage in der SVE, ca. 1986. Die Aufgabe war, die eigene Familie darzustellen: Mama, Papa, ich. Alle weiß. Und ein Golden Retriever.

Hochzeitsfoto von Opa
und Oma, um 1943

Aufstieg in die Bezirksliga 1978/1979

Davids Vater in der Zeitung

In der Saison 1978/1979
hatten die Falken gleich
mehrfach Grund zur
Freude: Die erste Mann-
schaft stieg in die Be-
zirksliga auf, das 1B-
Team, wie die zweite
Mannschaft damals noch
hieß, wurde Meister. Und
nach einem 4:0-Erfolg
über den TSV Poing
wurde die Mannschaft
von Trainer Walter Tar-
nowski auch noch Kreis-
pokalsieger.

„München hatte bisher viel Glück"

Ausländerbeirat fordert Ombudsmann

Nicht überrascht, aber bestürzt reagiert Paul Mayonga, Vorsitzender des Ausschusses für Ausländerpolitik, Diskriminierungs- und Flüchtlingsfragen im Münchner Ausländerbeirat, auf den Skinhead-Angriff in der Zenettistraße. Mayonga ist kongolesischer Abstammung und Deutscher Staatsbürger. Seit 1974 lebt er in München, hat hier studiert und arbeitet in der Automobilbranche. Im Februar 1998 wurde er in den Ausländerbeirat gewählt und übernahm den Vorsitz des Ausschusses vier. Darüber, wie der Beirat den Vorfall beurteilt und welche Konsequenzen er daraus zieht, sprach er mit unserem Redakteur Wolfgang Hauskrecht.

Paul Mayonga.   Foto: hrs

DAS INTERVIEW

Waren Sie überrascht, dass so etwas in München passiert?

Mayonga: München war bisher beispielhaft, aber wir waren immer darauf gefasst, dass sich auch hier so etwas ereignet. Auf der Vollversammlung des Ausländerbeirats am 17. Dezember hat ein Vertreter des Verfassungsschutzes Bericht erstattet. Ergebnis: Das Münchner Umland ist eine Brutstätte, in Starnberg sind Teile der intellektuellen Führung der NPD ansässig. Zwischen dem Umland und der Stadt fließen rege Ströme. Dass München ein solcher Vorfall bisher erspart geblieben ist, ist eine Mischung aus Glück und dem Geschick der Polizei.

Jetzt ist es passiert. Wie wird der Ausländerbeirat darauf reagieren?

Mayonga: Wir haben bereits Kontakt mit der Staatsanwaltschaft, der Polizei und der Stadt aufgenommen. Zuerst werden wir uns über den genauen Hergang informieren, mit den Opfern und den Eltern sprechen. Dann werden wir uns mit dem Kreisverwaltungsreferat und dem Polizeipräsidium zusammensetzen, um geeignete Maßnahmen abzuleiten.

Welche Maßnahmen könnten das sein?

Mayonga: Da gibt es zwei Ebenen. Zum einen ist der Vorfall ein Aufruf an alle ausländischen Europäer in München, sich im Prozess der europäischen Integration zusammen mit den Münchnern den. Zum anderen sind die Verantwortlichen von Stadt und Land gefordert, noch wacher zu sein und hart zu handeln.

Welche Forderungen haben Sie konkret an die Politik?

Mayonga: Zwei strukturelle Dinge sind besonders wichtig: Wir brauchen endlich ein Antidiskriminierungsgesetz. Und was die Stadt betrifft, haben wir eine jederzeit erreichbare, möglichst unabhängige Beschwerdestelle gefordert, eine Art Ombudsmann. Er soll ein Bindeglied zwischen Polizei, Kreisverwaltungsreferat und Ausländerbeirat sein. Gerade nichteuropäische Ausländer – Afrikaner, Asiaten oder Lateinamerikaner – haben Angst, zur Polizei zu gehen.

Die Stadt hat da bisher aber nicht mitgezogen?

Mayonga: Nein, der Antrag ist bereits einmal abgelehnt worden mit der Begründung, es gebe ja schon den Ausländerbeirat.

Sind die Chancen jetzt wieder gestiegen?

Mayonga: Wir werden jetzt noch stärker auf eine solche Beschwerdestelle drängen.

Wie beurteilen sie die Zusammenarbeit zwischen Ausländerbeirat und Stadt?

Mayonga: Die Bürgermeister Ude und Monatzeder sind ein Glücksfall für diese Stadt. Aber auch mit großen Teilen der CSU-Fraktion ist die Zusammenarbeit sehr gut. Auch Sozialministerin Stamm und Innenminister Beckstein haben den Ausländerbeirat als wichtiges Instrument bezeichnet. Ich glaube, wir sind durchaus eine Lobby.

Das klingt ja sehr harmonisch.

Mayonga: Die Stadt tut sehr viel, und wir arbeiten in großem gegenseitigem Respekt zusammen. Aber deshalb sind wir noch lange nicht auf

ROGER REKLESS
Hardcore-Studentenrap

Kaum volljährig, veröffentlichte DJ und Rapper Roger Rekless 1999 sein erstes Mixtape.

Nach unzähligen Aktivitäten mit Main Concept, Denyo, Blumentopf, Raptile, der Hardcore-Band 089 und seiner Rap-Crew Vier Zu Eins kommt nun sein persönlichstes Werk in die Läden. Denn für 'Von Zuhause Aus' (58 Beats/Groove Attack) ist der Münchner wieder allein verantwortlich - und das Ergebnis kann sich absolut hören lassen.

Rekless punktet stilistisch durch Variabilität - mal verträumt mit 'Bis Ans Ende Der Welt' oder Club-kompatibel bei 'Leg Ab', dann im Reggae-Sound von 'Sie Rennt Weg' oder sozialkritisch bei 'OK'. Er hat aber auch kein Problem damit, die Konkurrenz wortgewaltig in die Schranken zu verweisen. Kein Wunder also, dass er sich in 'Ich Tu Es' als „der beste Studentenrapper Deutschlands" feiert. *„Das ist mit einem Augenzwinkern zu sehen, da der Kontext, eher so Dicke-Hose-Natur ist. Ich finde einfach dieses HipHop Schubladendenken völlig* überflüssig. Es ist nämlich nicht wie im Metal, wo die Genre-Unterscheidungen einen Sinn machen, sondern tatsächlich nur eine Bezeichnung des einen Lagers, was es am anderen Lager schlecht findet."

Dass er sich bei dieser Analyse auf Metal bezieht, kommt übrigens nicht von ungefähr. Bei 'Wo Sind Meine Jungs?' erklärt er, dass er „Gitarren in den Rap" bringt. Als Einflüsse nennt er zudem Pantera und Slayer. Und bis vor kurzem spielte er noch Bass bei 089. *Die Band hat sich jetzt leider getrennt. Dabei war das für mich tatsächlich ein wichtiges Ventil. Vielleicht mache ich noch ein '089 R.I.P.'-Stück. Aber keinen Crossover-Scheiß, sondern Rap- und Thrash-Parts ineinander geschachtelt. Ich vermisse das schon jetzt - das Bass-Spielen, Abgehen, Mitschreien und Grölen!"*

Ich, der 18-jährige Hardcore-Studentenrapper, 1999

Ich, als Bürgermeister um 1995, in einer Aufführung der Schauspielgruppe. Ein schwarzer Bürgermeister. Ja, so was gab es nur bei uns in der Theatergruppe. Deshalb habe ich mich da auch so wohlgefühlt.

Seite 2 / Süddeutsche Zeitung Nr. 114   ERD   DIE SEITE ZWEI   Dienstag, 19. Mai 1998

Punk, Britpop und eine kalte Dusche für die Zuhörer

Jugendkulturtage in Taufkirchen: Vier Bands beteiligen sich am Nachwuchswettbewerb – aber leider fanden nur wenige Besucher den Weg in das Zelt

MILLHOUSE eröffnete das Nachwuchsfestival in Taufkirchen. Die Band machte keinen schlechten Eindruck, für den Sieg reichte es jedoch nicht.

Neue Heimat auf hoher See

DJing in der Punkband Millhouse, ca. 1997 in Dorfen.
Punk and Rap! Yeah, that's where my heart's at.

Als Rapper auf der Ausgehetzt-Demo 2018 in München.
Diesmal ein paar mehr Zuschauer!

NUR WEIL ICH SCHWARZ BIN – ODER ETWA NICHT?

Bei meiner ersten Begegnung mit der Polizei war ich ungefähr 13 Jahre alt. Es ist jetzt nicht so, dass ich aus einem sehr politischen Haushalt komme. Meine Eltern waren eher liberal, meine Mutter war ziemlich cool und unkompliziert, und mein Vater engagierte sich im Ausländerbeirat in München. In Markt Schwaben und Bayern ist natürlich die CSU die große Partei, und es gehörte fast schon mit zur bayerischen Identität, der CSU nahezustehen – auch damals. Ich habe das später bei meiner Arbeit für den Bayerischen Rundfunk gemerkt, als ich die Wahlpartys verschiedener Parteien besucht habe. Bei der CSU war eine wahnsinnige Stimmung, und das Ganze war zwar natürlich als politische Veranstaltung gekennzeichnet gewesen, aber, um ehrlich zu sein, fühlte es sich mehr wie eine große erweiterte Familienfeier mit Freibier an.

Was ich sagen will: Ich bin nicht im Schanzenviertel in Hamburg großgeworden. Meine Eltern waren keine Punks oder Systemgegner, und auch mein Vater war nicht aus politischen Motiven aus dem Kongo geflohen. Mir war Politik einigermaßen egal, ich fing an, mich für Hip-Hop zu interessieren, spielte Theater und malte in meinem Kinderzimmer die ersten Graffiti-Tags. Alles ganz normal. Es gab jetzt nicht unbedingt einen Grund für die Polizei, mich irgendwie besonders zu kontrollieren oder die Aufmerksamkeit auf mich im Speziellen zu richten. Dachte ich zumindest. Bis ich an einem Nachmittag im Herbst meine erste Begegnung mit der Polizei hatte.

Ich kam gerade von meiner Physiknachhilfe und wollte zu Hause das machen, was ich in den letzten Wochen und Monaten für mich entdeckt hatte und in das ich mich zusammen mit meinem Freund Bowdee regelrecht verliebt hatte: Platten aneinander scratchen und aufnehmen. Plötzlich hielt ein schwarzer Audi neben mir, und zwei erwachsene Männer in Zivil stiegen aus. Ich hörte sie ziemlich spät, da ich Kopfhörer trug. Auf einmal spürte ich, wie ich am Arm gefasst wurde, und drehte mich um. Polizisten – der größere und ältere von beiden trug einen Schnauzer und hatte ein zerfurchtes, ernstes Gesicht. Seine Miene verfinsterte sich, und er sprach einen urbayerischen Dialekt, als er so nah an mich herantrat, dass ich seine Spucke abbekam, während er mit mir redete.

Er zeigte mir in einer schnellen Handbewegung seinen Dienstausweis. »Schönen guten Tag, die Polizei. Ich hätte dann gern einmal Ihren Personalausweis gesehen.« Bitte was? Ich war völlig perplex. Ich war 13 Jahre alt. Ich hatte also nicht mal einen Kinderausweis oder irgendetwas bei mir, allerhöchstens meinen Schülerausweis, wie ich den Zivilbeamten dann auch erklärte. Meine Erklärung wurde mit einem mürrischen Nicken abgewunken. Ich musste mich an den Wagen stellen und meine Hände auf die Motorhaube legen. Der kleinere Polizist durchsuchte meinen Rucksack und klapperte meine Hosenbeine ab. Im Hintergrund gingen Nachbarn vorbei und beobachteten die Szenerie argwöhnisch. Manche blieben stehen und starrten mich an, wie ich mit beiden Händen auf der Motorhaube breitbeinig von zwei Beamten in Zivil durchsucht wurde. Es war helllichter Tag, und ich kam mir vor wie ein Schwerverbrecher. Ich hatte so viel sagen wollen, blieb aber stumm. Nach gefühlten zwei Stunden waren die Polizisten endlich durch mit ihrer Untersuchung. Gefunden hatten sie natürlich nichts, aber dafür meinen Zirkel abgebrochen, den ich eigentlich für die Mathehausaufgaben brauchte. Die Polizisten stiegen ins Auto und fuhren davon. Sie wünschten mir noch »Einen schönen Tag!«, aber hier war nichts mehr schön. Verdattert stand ich an der Straße. Und ziemlich durcheinander torkelte ich in unsere Wohnung, wo ich meiner Mutter unter Tränen erzählte, was passiert war. Die Beamten hatten zwischendurch erzählt, sie würden diese Untersuchung wegen »Drogen und Waffen« machen. Ich sah natürlich etwas älter aus, war aber immer noch 13 Jahre alt und gerade auf dem Weg von der Schule nach Hause gewesen. Meine Mutter war außer sich, tröstete mich und wollte zur Polizei gehen, um irgendetwas zu machen, denn auch sie fand das Ganze natürlich schrecklich und sah auch, dass es für einen pubertierenden Jungen, der eh schon Probleme wegen seiner Hautfarbe hatte, kaum etwas Ungesünderes gab als zwei Zivilpolizisten, die ihm in einer beschaulichen ruhigen Ortschaft das Gefühl gaben, dass sie das Recht hatten, einen jungen Mann mit dunkler Hautfarbe ohne Vorwand zu kontrollieren. Immer und überall. Jederzeit. Ich sagte meiner Mutter, dass das alles doch nichts bringe, es sei ja eh nur eine einmalige Sache gewesen. Wir tranken heißen Tee, ich ging in mein Zimmer und hörte ein bisschen Musik, um mich abzulenken. Das war halt eine Ausnahme. Dachte ich zumindest.

Zwei Wochen später kam ich wieder von der Nachhilfe. Diesmal Französisch. Ich hatte die achte Klasse wiederholen müssen, und meine Mutter wollte unter allen Umständen dafür sorgen, dass es nur bei einer Wiederholung blieb. Fröhlich hüpfte ich den Weg entlang in Richtung meines Zuhauses. Ich überquerte eine Brücke nahe dem Bahnhof in Markt Schwaben, blieb kurz stehen und schaute hinunter auf die darunterliegende Autobahn und die Autos, die vorbeirasten. Dann hörte ich ein Geräusch, das ich bereits kannte: quietschende Autoreifen. Ich drehte mich um. Der Wagen hielt. Ein Freisinger Kennzeichen. Einen der zwei Zivilbeamten, die ausstiegen, kannte ich bereits von der letzten Kontrolle. Das durfte doch nicht wahr sein. Diesmal sollte ich meine Hände auf das Brückengeländer legen, was ich umgehend tat. Der Schnauzer-Polizist durchsuchte meine Tasche, während der andere mich fixierte. Mittlerweile war es November und ziemlich kalt, also wollte ich meine Hände, die ich aufs kalte Geländer legen musste, etwas aufwärmen und steckte sie kurz in meine Hosentasche.

»Hände aufs Geländer!«, sagte der Polizist in strengem Tonfall und hielt mich weiter fest. Mein Atem gefror in der kalten Luft. Von hinten hörte ich, wie mein Rucksack ohne Rücksicht auf Verluste durchsucht wurde. Der Inhalt wurde einfach ausgeschüttet. Meine Schnellhefter und mein Collegeblock wurden auf den nasskalten Fußgängerweg geschmissen. Ich drehte mich um und versuchte, den Schnauzer-Polizisten zu erreichen, zumindest sollte er nicht meine Sachen auf den Boden werfen. Als er sah, dass ich mich umgedreht hatte und meine Hände vom Geländer nahm, blickte er von meinem Rucksack auf und schrie mich an: »Leg deine Hände gefälligst aufs Geländer!!« Dann schlug er mit seiner Maglite auf meine Hand. Tränen schossen mir in die Augen. Zuerst wegen der Schmerzen und dann wegen der Demütigung. Ich hatte zu diesem Zeitpunkt auch noch nichts mit der Polizei zu tun gehabt. Ich sprühte kein Graffiti und tat nichts Verbotenes, ich zeichnete zu Hause coole Raptags mit Filzstift in einen Collegeblock. Mehr nicht. Ich spielte im Theater den Tabaluga. Bei der ersten Kontrolle konnte ich das ja schon irgendwie nachvollziehen, dass die Polizisten prüfen wollten, ob ich ein Verbrecher war. Aber jetzt, zwei Wochen später? Die kannten mich doch schon. Was sollte das alles? Mich beschlich das Gefühl, dass, obwohl ich kein Verbrecher war, die Polizei davon ausging, dass ich irgendwann einer sein würde und mich deshalb jetzt schon präventiv untersuchten. Das war die Message, die ich mit 13 Jahren mitbekam: Selbst wenn du jetzt noch nicht straffällig geworden bist, du wirst es eh bald werden. Die Polizisten ließen von mir ab und fuhren wie vor zwei Wochen davon. Wie an meinem ersten Tag am Gymnasium, wo ich vom Fenster aus als »Neger« nicht hereingelassen wurde, beschlich mich das dumpfe Gefühl, das würde jetzt ewig so weitergehen. Ich dachte an die Grundschule und die Situation mit der Brille, für die ich von Frau Janka und dem Schuldirektor angebrüllt worden war, während Martin die ganze Zeit geschrien hatte: »Der David hat nichts gemacht. Der David hat nichts gemacht.« Aber nichts tun reichte nicht. Ich stand unter Generalverdacht. Eine Grundschuld lastete auf mir. Ich stand am helllichten Tag mitten in Markt Schwaben mit einem Schulranzen auf dem Rücken und war innerhalb von zwei Wochen das zweite Mal ohne irgendeinen Grund durchsucht worden.

Ich trottete müde und entkräftet nach Hause. Dort angekommen war meine Mutter außer sich, als ich ihr von meiner erneuten Begegnung mit der Polizei erzählte, und sie schrieb einen energischen Brief an den Polizeipräsidenten, der allerdings nie beantwortet wurde. Den Move fand ich im Nachhinein aber ziemlich gut und sehr wichtig. Es zeigte mir, dass meine Mutter hinter mir stand und sie ebenfalls der Meinung war, dass diese Behandlung der Polizei mir gegenüber in keiner Weise gerechtfertigt war. Das klingt natürlich erst einmal plausibel, schließlich war sie ja meine Mutter. Aber um ehrlich zu sein: Ich hatte ja sonst hatte keine Lobby, und mein Umfeld gab mir das Gefühl, dass ich doch irgendetwas verbrochen haben musste, denn warum sollte ich sonst kontrolliert werden?

Diese Polizei-Sache war wirklich schlimm für mich. Es war ja bereits so, dass ich seit meinem ersten Tag im Kindergarten das Gefühl hatte, nicht dazuzugehören. Jetzt, wo ich ein pubertierender Teenager war, erkannte ich, dass die exekutive Gewalt in Markt Schwaben mich schon direkt als Straftäter abgestempelt hatte. Das konnte doch nur ein Witz sein. Wie war es möglich, dass ein 13-jähriger Junge innerhalb von zwei Wochen von ein und demselben Polizisten in Zivil angehalten und durchsucht wurde? Kamen die sich nicht blöd vor? Und vor allem: Merkten sie nicht, was sie da taten? Dass das etwas in mir auslöste? Wie sollte ich denn in der Polizei einen Freund und Helfer sehen, wenn meine ersten und bis hierhin einzige Erfahrungen mit der Polizei die waren, dass mir mit einer Maglite auf den Fingerknöcheln gehauen wurde, als ich meine kalten Hände aufwärmen wollte? Schlimm war auch, dass ich niemanden in meinem Umfeld hatte, der verstand, was es für mich bedeutete, aufgrund meines Aussehens vorverurteilt zu werden, dass also die Motive aus meiner Kindheit nahtlos in meine Jugend übergingen.

Ein Jahr nach diesen Polizeikontrollen flog ich mit meiner Mutter nach Jamaica in den Urlaub. Wir hatten nie viel Geld, aber schöne Urlaube mit mir, das war ihr einfach wichtig. Wir landeten in Frankfurt. Ich lief einige Meter vor ihr, auch weil ich in dem Alter war, in dem man jetzt nicht überall direkt mit seiner Mutter gesehen werden wollte, als zwei Polizisten mich recht grob am Arm packten. Mitten am Flughafen. Meine Mutter schritt sofort ein und sagte ihnen natürlich, sie sollen doch bitte ihr Kind in Ruhe lassen. Die Reaktion der Polizisten war ziemlich ernüchternd. Der eine sagte einfach: »Ach so, das wollten wir nur wissen«, und der andere zuckte mit den Achseln. Dann gingen beide weiter. Und wieder hatte ich diese diffusen Schuldgefühle. Es war egal, dass ich sofort losgelassen worden war. Am Flughafenterminal wurde ich also unter Generalverdacht gestellt, einfach so, weil ich einige Meter vor meiner Mutter lief und schwarz war. Einen anderen Grund gab es nicht. Wie bei den Polizeikontrollen in Markt Schwaben. Die Einzigen, die mich damals so richtig verstanden, sprachen durch meine Kopfhörer zu mir. Ich pumpte »Fuck The Police« von N.W.A in meinem Kinderzimmer und dachte mir: Ja, Mann, Fuck The Police!! Die Rapper aus den Straßen Comptoons verstanden mich. Ich war nicht Ice Cube, aber ich glaubte zu verstehen, was die da für einen Struggle hatten. Einen Struggle, der auch mich noch lange verfolgen würde.

Später häuften sich vor allem die Polizeikontrollen. Besonders dann, wenn ich Auto fuhr. Mit meinen Crew-Leuten, mit denen ich später Musik machte und auflegte, fuhr ich viel auf Hip-Hop-Jams. Hier trafen sich die Szene-Nerds dieser neuen Subkultur, die aus Amerika über München zu uns nach Markt Schwaben herüberschwappte. Wir waren die Vorreiter einer neuen, spannenden Jugendkultur und waren uns nicht zu schade dafür, umsonst bei irgendwelchen Jams aufzulegen. Wir waren 16 oder 17 Jahre alt, packten unser hart erarbeitetes DJ-Equipment in die Rostlaube meines Kumpels Philipp und fuhren durch die Gegend. Ich wollte neue Leute kennenlernen, die dieselbe Musik und dieselben Styles feierten, auf Partys herumhängen und den Hip-Hop leben. Das alles faszinierte mich. Ich mochte die Graffiti-Künstler, Breakdancer, das DJ-ing und die Raps. Hip-Hop wurde meine Szene, und ich fuhr dem Hip-Hop mit dem Wagen quer durch die Bundesrepublik und Europa hinterher, so, wie man einer Frau folgte, die man über alles liebte, und wo es einem egal war, ob man jetzt zwei oder zwanzig Stunden in einem Auto ohne funktionierende Klimaanlage mit kaputten Scheibenwischern saß. Doch genau in dieser Zeit, in der ich quasi voller Liebe und Endorphine für diese Hip-Hop-Sache war, die mich so sehr ausfüllte und die mir so viel zurückgab, häuften sich die Polizeikontrollen – und zwar in einem Maß, wie ich es mir nie hätte vorstellen können.

Ende der 90er-Jahre fuhren wir beispielsweise mal nach Österreich auf eine Hip-Hop-Jam. Der Wiener DJ Zuzee legte auf der Party auf, ein paar meiner Jungs tanzten Breakdance, aber da ich das nicht so gut konnte, hielt ich mich eher zurück und genoss einfach die Party. Damals hatte ich noch keinen Führerschein und kein Auto, also fuhr mein Kumpel Philipp. Mit dabei war noch ein Bekannter, der aus Philipps Ortschaft, Poing, kam. Auf der Rückfahrt erreichten wir die Grenze und wurden direkt rausgewunken. War ja klar.

Die Grenzbeamten durchsuchten den ganzen Wagen. Also wirklich den ganzen. Es war ungefähr 23 Uhr. Wir standen draußen in der Kälte und sahen zu, wie zwei Grenzbeamte den Wagen durchleuchteten und unser Eigentum komplett auseinandernahmen. Wir froren, hüpften auf und ab, um uns aufzuwärmen, und durften dabei zusehen. Einer der beiden Grenzbeamten fand schließlich ein altes Autoradio, das unter dem Beifahrersitz lag. Es gehörte Philipp. Der Grenzbeamte kramte das Autoradio hervor und hielt es Philipp im Schein seiner Taschenlampe unter die Nase. Triumphierend holte er aus: »Na, was haben wir denn da?« Wir merkten direkt, dass es ihm nur darum ging, irgendetwas zu finden. Nichts anderes war entscheidend. Und jetzt hatte er etwas gefunden. »Ja«, sagte Philipp. »Das ist mein altes Autoradio.« Die Beamten überprüften die Seriennummer, die natürlich einwandfrei war.

Nach zwei Stunden in der Kälte durften wir schließlich weiterfahren. Dieses Erlebnis auf der Rückfahrt der Party, bei der keiner von uns in irgendeiner Weise Drogen oder sonst etwas genommen hatte, war wie ein Impuls für eine Menge weiterer Kontrollen, die folgen sollte. Im Lauf der Jahre stellte ich mich regelrecht darauf ein. Ich wusste, dass ich, wenn ich Auto fuhr und Mitfahrer hatte, immer erst einmal durch den Wagen fragen musste, ob jemand irgendetwas dabei hatte. Egal, ob Marihuana oder einfache Graffiti-Skizzen.

Bei einer späteren Begegnung mit der Polizei befanden wir uns auf der Rückfahrt von einer Party in der Muffathalle in München. Ich hatte einen Graffiti-Kumpel und zwei andere Jungs aus Oldenburg dabei, die zu Besuch waren. Drei weiße Jungs aus dem Norden und ein Schwarzer am Steuer. Auf der kurzen Strecke wurden wir herausgewunken und kontrolliert, vermutlich, weil ich am Steuer saß. Das Ganze ereignete sich noch vor dieser Schnelltest-Zeit. Wir wurden herausgezogen und mussten alle möglichen Sachen über uns ergehen lassen. Auf einem Bein stehen, an die Nase greifen, das übliche Prozedere eben. Irgendwann meinte ich dann zu den Polizisten: »Ganz ehrlich, ich bin nüchtern. Ich fahre diesen Wagen. Ich bin mit meinen drei weißen Kumpels unterwegs, und ich habe keinen Bock mehr. Wenn es irgendetwas gibt, was ich machen kann, dann mache ich das, aber ich habe jetzt keine Lust mehr, hier rumzustehen.« Ich war ein bisschen über mich selbst erstaunt, aber ich hatte es genau so gemeint, wie ich es gesagt hatte. Ich war es einfach leid. Immer wenn ich am Wochenende von Bayern aus weg oder nach Bayern hineinfuhr, wurde ich rausgezogen. Ich hatte schon überlegt eine Strichliste einzuführen, einfach um das Ganze mal zu protokollieren. Die Polizisten waren zu meiner Verwunderung allerdings recht kooperativ. Ich hatte damit gerechnet, dass sie wütend werden und mir irgendetwas androhen, aber vielleicht hatte mein bayerischer Akzent sie überrascht, und sie merkten, dass ich, auch wenn ich in ihren Augen vielleicht nicht so aussah, anscheinend aus dieser Gegend kommen musste. Schließlich durften wir aufhören, diese albernen Trunkenheitsspielchen zu spielen, und weiterfahren. Meine Freunde aus Oldenburg waren ziemlich geschockt, es war für sie ja eine absolute neue Erfahrung, prinzipiell verdächtig zu sein. Mein Kumpel Senzke trank außerdem keinen Alkohol, kiffte nicht und aß nicht mal Fleisch. Er war der bravste der Braven, der nicht mal Graffiti malte, sondern nur ab und zu taggte. Er wurde aber kurz vor unserer Weiterfahrt von der Polizei noch einmal gesondert befragt: »Sie kiffen doch sicher?« – »Nein, ich kiffe nicht« – »Sie sehen aber so aus.« – »Wie bitte?« – »Sie können ruhig sagen, wenn Sie kiffen«.

Nach diesem Frage-Antwort-Spielchen durften wir weiterfahren. Die Jungs waren völlig durch den Wind, als ich bei der Weiterfahrt erzählte, dass das bei mir immer so ablief. Während meine Mitinsassen nach und nach auf der Rückbank einschliefen, ärgerte ich mich. Sicher war es so, dass diese Polizisten ein gewisses Schema hatten, nach dem sie die Autos durchscannten. Wenn man in der Polizeiarbeit aber nur oder zumindest verstärkt Leute aus dem Verkehr zieht, die gefährlich aussehen, hat das ja eher den gegenteiligen Effekt, wie ich bei Senzke feststellte. Bei ihm hatte es gereicht, dass er einfach sagte, er kiffe nicht. Bei mir wäre das anders gewesen. Wenn man eben nur Schwarze kontrolliert, kann es natürlich sein, dass man etwas findet. Hinzu kommt, dass es aus der Sicht der Polizei viel einfacher ist, jemanden mit Migrationshintergrund oder eine schwarze Person oder sonst jemanden, der nicht »tadellos weiß« ist, zu kontrollieren. Einfach weil diese Menschen in der Regel keine Lobby haben, die sich für sie einsetzt. Ich glaube, das Kontrollieren von Randgruppen und/ oder Minderheiten ist deshalb auch so beliebt, weil es die einfachste Form der Polizeiarbeit ist. Das ist nicht so stressig und kalkulierbar, auch weil die Leute hier in Bayern nicht wirklich gefährlich sind. Ich glaube, in Berlin ist es etwas schwieriger, nach diesem Schema zu arbeiten, mit dieser Attitüde aufzutreten und bewusst vermehrt Dunkelhäutige zu kontrollieren.

Als ich im Jahr 2008 dann einmal mit meinem Vater in eine Polizeikontrolle geriet, merkte ich, wie unterschiedlich wir beide darauf reagierten. Ich fuhr mit meinem Vater und meinem Kumpel Khalil. Wir hatten uns in München das Konzert vom senegalesischen Musiker Youssou N'Dour angeschaut, und weil mein Vater getrunken hatte, fuhr ich seinen Wagen, einen neuen 5er BMW. Er war hinten auf der Rückbank, mein Kumpel Khalil saß auf dem Beifahrersitz. Mitten in München auf der Rosenheimer Straße. Wir waren ungefähr seit fünf Minuten unterwegs, da hielt ein Polizeiauto vor uns an der Ampel. Ich drehte mich nach hinten und fragte meinen Vater belanglos, ob er angeschnallt sei, wir würden gleich kontrolliert werden. Er reagierte etwas ungehalten: »Wie kannst du das wissen? Warum werden wir angehalten?« Er war betrunken und gestikulierte. Vor uns ging das Blaulicht an. Mein Vater konnte nicht glauben, dass ich recht gehabt hatte. Der junge Polizist trat ans Autofenster und bat mich, es herunterzukurbeln. Dann fragte er, ob wir getrunken oder Drogen dabei hätten. Ich verneinte, und Khalil schaute weg. Er wollte mit der Situation einfach nichts zu tun haben. Von hinten hörte ich die lallende Stimme meines Vaters: »Ich habe getrunken.« Mein Vater lehnte sich nach vorn, er war sichtlich irritiert: »Warum fragen Sie das?« Der Polizist entgegnete ruhig und sachlich: »Das ist eine ganz normale Frage.«

Mein Vater verstand die Welt nicht mehr. Das übliche Prozedere lief ab, und nach dieser Kontrolle, deren Vorgänge ich mittlerweile schon in und auswendig kannte, durften wir weiterfahren. Mein Vater war außer sich. »Woher konntet ihr wissen, dass wir kontrolliert werden?«

Ich erklärte ihm, dass die Tatsache, dass ein Araber und ein Schwarzer in einem neuem BMW saßen und durch München fuhren, eigentlich ausreichte. Hätten die Polizisten bereits vorher gesehen, dass hinten ebenfalls ein schwarzer älterer Mann, noch dazu im Anzug, saß – wir wären erst recht dran gewesen. Mein Vater war irritiert. »Wie kann das denn sein? Das macht doch überhaupt keinen Sinn! Wenn ihr wisst, dass ihr kontrolliert werdet, dann ist das einfach nur schlechte Polizeiarbeit. Das kann doch nicht im Sinne der Polizei sein.«

Meinen Vater ließ dieser Gedanke nicht mehr los. Am nächsten Tag veranstaltete die Antidiskriminierungsstelle für Menschen mit Migrationshintergrund sowie die Stelle für interkulturelle Arbeit und dem Ausländerbeirat der Landeshauptstadt München eine Podiumsdiskussion zum Thema »Racial Profiling« im Rathaus. Mein Vater war als Mitglied des Afrika-Zentrums in München eingeladen. Er nahm die Diskussion zum Anlass, seine Erfahrungen der vergangenen Nacht zu schildern, und beharrte darauf, dass es nicht im Sinne der Polizei sein könne, wenn zwei junge ausländische Männer bereits vorher wüssten, dass sie kontrolliert werden würden – unabhängig von dem Bild, das damit verbreitet wird. Potenzielle »Gefährder« oder »Verdächtige« könnten sich so bestens darauf einstellen.

Nach der Podiumsdiskussion sprach der damalige Polizeipräsident mit meinem Vater und sagte ihm, er könne sich, sollte so etwas noch mal passieren, gern bei ihm melden. »Na ja«, entgegnete mein Vater, »dazu muss ja aber jeder die Chance haben. Jeder und nicht nur ich, der zufällig gerade hier ist und die Möglichkeit hat, in dieser Podiumsdiskussion zu sprechen.«

Mein Bild von der Polizei wurde größtenteils aus den Erfahrungen in meiner Jugend und als junger Erwachsener gespeist. Die zahlreichen Erlebnisse hatten mich in einer Art und Weise geprägt, dass ich irgendwann an dem Punkt angekommen war, bei dem ich keine Lust mehr auf die Polizei hatte.

Vor Kurzem wurde mir in München mein Fahrrad gestohlen, und ich musste zur Polizei, einfach, damit die Versicherung bezahlte. Ich hatte wirklich keine Lust drauf. Die wollten natürlich auch gern eine Rechnung sehen, und ich sagte den Beamten, ich würde diese nachliefern. Nach einigen Tagen stand mein Fahrrad dann aber mit einem neuen Schloss angekettet mitten auf der Straße, weiß der Teufel, wieso. Ich rief also die örtliche Behörde an, und nach drei Stunden kam endlich eine Streife, die mich erst einmal nach der Rechnung fragte und meinen Ausweis kontrollierte. Die Beamten hielten Rücksprache mit der Polizeistation, bei der ich meinen Diebstahl drei Tage zuvor gemeldet hatte. Dazu muss man sagen, dass ich zwei Beamte von der Station kannte. Die beiden wurden von einem Trainingspartner von mir in polizeilicher Selbstverteidigung ausgebildet. Ich stehe also draußen herum, und das Ganze Prozedere verschiebt sich ziemlich elendig nach hinten, bis ich quasi die Erlaubnis erteilt kriege, mein Fahrrad von dem mir unbekannten Schloss abzumachen. Glücklicherweise hatte ich einen Freund, der mit seiner Eisensäge vorbeikommen wollte. Die Beamten wollten sich schon mit den Worten: »Gut, dann machen Sie das, wir gehen hier mal wieder«, verabschieden. Ich sah dem Beamten daraufhin in die Augen und musste lachen. »Ich kann hier nicht mitten im Dunkeln ein Fahrrad mit einer Eisensäge vom Schloss trennen,

ihr wisst doch, wie das aussieht«. Die Beamten stimmten mir zu und
warteten, bis mein Freund mit seiner Eisensäge vorbeikam und wir zu
zweit das Fahrrad vom Schloss trennten.

Einige Tage später rief mich die Polizei an und fragte, ob ich denn
die Rechnung nachreichen könnte. Auch hier musste ich wieder
lachen. Glaubte die Polizei wirklich, dass ich mir ausgedacht hätte,
mein Rad wäre gestohlen, nur um es woanders dann anzuketten und
mir die Erlaubnis zu holen, es aufzubrechen?

Im Lauf der Jahre änderte ich allerdings meine jugendliche Einstellung von »Fuck The Police« hin zu »Educate The Police«. Mir fiel
auf, dass ich immer, wenn ich kein Hochdeutsch sprach, sondern ins
Bayerische verfiel, eine ganz andere Beziehung zu den Polizisten aufbauen konnte. Und natürlich sind Polizisten auch Privatpersonen, aber
im Dienst eben auch Menschen mit einer exekutiven Kraft, die mich
nicht anders behandeln dürfen, nur weil ich ziemlich gutes Bayerisch
spreche. In der offenen Kinder- und Jugendarbeit des Kreisjugend-
rings München Stadt habe ich später junge Beamten mit Jugendlichen
zusammengebracht. Einfach damit die Beamten den Kids erzählen konnten, wie es ist, Leute zu kontrollieren. Auf der anderen Seite
haben die Jugendlichen dann erzählt, wie es für sie ist, durchsucht zu
werden. Neben dieser physischen Belastung kommt ja auch eine psy-
chische hinzu. Ich glaube, solch ein Austausch ist enorm wichtig, und
die Polizisten erzählten auch einigermaßen freimütig, dass sie eben
leichter an Informationen kommen, wenn sie bewusst eine Span-
nungssituation erzeugen. Nur kann das eben auch nach hinten losgehen, wenn man es, wie ich, zu oft erleben muss. Die Polizei hat da
meines Erachtens einen kleinen Denkfehler. Wie bereits beschrieben:
In meinem Gym trainierten auch viele Polizisten und Polizeiausbil-
der, die selbst andere Polizisten ausbildeten. In Gesprächen zwischen
Trainingseinheiten erzählten sie mir immer wieder, die einfachste Art
und Weise, um Fälle zu lösen, sei es eben, sich an der Kriminalstatistik zu orientieren.

Bei einer großen Debatte, die im Ausländerbeirat München stattfand, ging es um diese polizeiliche Kriminalstatistik. Das Problem

hierbei: Wenn im Englischen Garten in München eine nordafrika-
nischstämmige Person Gras verkauft und mitgenommen wird, steht
diese Person am nächsten Tag meistens wieder an derselben Stelle
und verkauft weiter Gras. Eine Woche später wird sie wieder kontrolliert und mit zur Wache genommen. Die entsprechende Person zählt nicht als eine, sondern als zwei Personen. Der Punkt des
Ausländerbeirats in München war damals: So, wie die Statistik jetzt
berechnet wird, müssten in fünf Jahren Menschen mit Migrationshintergrund, die in und um München leben, komplett in diese Statistik fallen, weil sie, wenn sie mehrfach straffällig werden, immer
wieder als neue Person gezählt werden. Ein ziemlich brisantes
Thema, was in der Öffentlichkeit aber kaum diskutiert wurde und
von dem ich nur erfuhr, weil mein Vater eben zu diesem Zeitpunkt
im Ausländerbeirat saß.

GASTBEITRAG VON KALED IBRAHIM, MUSIKER UND SONGWRITER

Ich kann mich noch ganz genau erinnern. Es war einer dieser Tage in München, an dem einfach alles stimmte, die Cafés voll waren, die Sonne lachte und der Frühling sich wie Sommer anfühlte. Voller Stolz und Euphorie habe ich meine Mama nach dem Autoschlüssel ihres weinroten VW Derby gefragt, da ich nun mit 18 und einem gültigen Führerschein reif für den Asphalt war. Zuvor hatte ich mir noch zwei Kassetten mit den aktuellsten Hip-Hop-Tracks aus dem Radio mitgeschnitten. Die Tour begann zögerlich und sehr aufgeregt in meinem Wohnort im Münchener Norden. Ja, ich wollte bewusst ohne Spezl und Familie meine erste Runde drehen, einfach das Gefühl von Freiheit allein genießen – und natürlich hatte ich Schiss, eventuell einen Unfall zu machen.

Eineinhalb Stunden und eine Kassette später fuhr ich in Richtung Schwabing, wo auch schon eine Polizeistreife auf mich warten sollte. Mitten am Odeonsplatz, quasi gegenüber vom Tambosi, hielten sie mich auf.

Ich war sehr aufregt (lag aber nicht am Publikum im Café) und hatte fast schon ein schlechtes Gewissen, warum auch immer ... Vor lauter Aufregung stieg ich aus dem Fahrzeug und begann bereits, meine Papiere auszuhändigen, parallel dazu fragte ich vorsichtig den Polizisten, ob ich etwas falsch gemacht hätte, und informierte ihn zeitgleich darüber, dass das heute mein erster Tag mit Auto sei. Der sehr groß gewachsene Beamte wollte in einem etwas süffisanten Ton wissen, wo ich denn herkommen würde. Sofort antwortete ich, dass ich über Moosach, Neuhausen, Maxvorstadt hierhergelangt war und jetzt wieder nach Hause fahren wollte. Er sah mich stirnrunzelnd, aber zeitgleich lächelnd an und fragte nun bestimmend, aus welchem Land ich käme. Auf diese Frage war ich von einem Beamten, der meinen deutschen Perso bereits in der Hand hielt, nicht vorbereitet. Ich

entgegnete trotzdem in Schallgeschwindigkeit, dass ich Deutscher sei, (Mama deutsch – Papa ägyptisch), aber Kaled Nour El Din Ali Mohamed Ibrahim war ihm trotz des Persos wohl nicht deutsch genug. Er antwortete frech:»Nur weil Ihre Mutter Deutsche ist, heißt es nicht, dass Sie Deutscher sind«, drehte sich um und stieg in seinen Wagen, um meine Personalien zu kontrollieren. Im ersten Moment war ich sehr wütend und verletzt und zeitgleich zwischen Schockstarre und einem Mach-jetzt-bloß-keinen-Schmarrn-Gefühl gefangen.
Nach mehr als zehn Minuten kam er zurück und sagte lapidar:»Fahr weiter!«, übergab mir meine Papiere, stieg in seinen Streifenwagen und fuhr los. Ich brachte meiner Mutter ohne Schäden und Mängel ihr Auto zurück und erzählte weder ihr, aber auch sonst niemandem von meinem besonderen Tag. Diverse Male zuvor hatte ich bereits rassistische Bemerkungen – Augenblicke – erlebt, aber nicht von jemandem in Uniform, vielleicht hatte ich auch nur Glück, denn ein paar Jungs von der Schule berichteten immer wieder von gezielten Personenkontrollen und »netten« Sprüchen.

RACIAL PROFILING UND SEINE FOLGEN

Die Polizeikontrollen und die regelrechten Schikanen, die vor allem in meiner Jugend eine große Sache gewesen waren, waren keine Einzelfälle. Ich bin nun eben schwarz und falle somit in ein gewisses Raster. Ich weiche vom deutschen Durchschnitt ab. Racial Profiling beschreibt, ganz allgemein gesagt, das Handeln von Polizeibeamten (und anderen), die auf äußerliche Merkmale und Stereotype zurückgreifen und eine Person anhand von Kriterien wie ethnischer Herkunft, Religion oder Nationalität als verdächtig einschätzen – und eben nicht aufgrund eines konkreten Verdachtsmoments. Ein schwarzer und ein Araber in einem 5er-BMW mit einem anderen schwarzen älteren Mann im Anzug auf der Rückbank? Das ist schon ziemlich verdächtig. Im Folgendem möchte ich mich also mit der Begrifflichkeit »Racial Profiling« befassen.

Der Begriff stammt aus den USA, wo vor allem Afroamerikaner sowie Personen lateinamerikanischer Abstammung von überdurchschnittlich vielen polizeilichen Personenkontrollen betroffen sind. In diesem Zusammenhang wird auch gern einmal von »Ethnic Profiling« gesprochen. In Europa sind neben schwarzen Menschen meistens Personen aus arabischen Ländern oder dem Balkan betroffen, die sich ungerechtfertigten Kontrollen unterwerfen müssen. Dem Wortlaut nach beschreibt Racial Profiling das zielgerichtete Kategorisieren von Menschen. Das einzelne Individuum wird einer bestimmten Gruppe zugeordnet, die ein spezifisches Merkmal trägt. Das kann so etwas wie Geschlecht, Alter, eine soziale Schicht oder eben eine Ethnie sein. Um das nur kurz einzuordnen: Kategorisierungen kommen ja auch in unserem Alltag vor. Zwar habe ich im Buch verstärkt davon erzählt, wie ich mich dabei fühle, wenn ich in meiner Vergangenheit aufgrund meiner Hautfarbe einer bestimmten Gruppe zugeordnet wurde, aber, um ehrlich zu sein, ordne ich bei Erstbegegnungen Menschen auch manchmal bestimmten Gruppen zu. Niemand ist komplett frei von Vorurteilen, und in einem gewissen Rahmen ist das, glaube ich, auch in Ordnung. Profiling, ohne das ziemlich behaftete »Racial« ist darüber hinaus eine Methodik, die auch in der Marktforschung angewandt wird, um eine Zielgruppe näher zu bestimmen.

Für die Polizei ist Profiling in erster Linie eine Arbeitsmethode. Beispielsweise bei Ermittlungen. Aufgrund von Zeugenaussagen und Beweisen wird ein Täterprofil erstellt, das eine soziale Kategorisierung enthält. Mann oder Frau? Alter? Ethnischer Hintergrund? Personen, die diesem Täterprofil entsprechen, sind somit generell verdächtig und werden genauer überprüft. Einfach weil sie auf das Profil passen. Wenn es um eine akute Straftat geht, wird ein Täterprofil erstellt. Solange das Täterprofil mit einem akuten und realen Fall in Verbindung steht, sehe ich nämlich auch überhaupt kein Problem. Wenn aber das Profil entkoppelt wird und generelle Aussagen über potenzielle Täter des gleichen Profils gemacht werden sollen, dann muss dies ein speziell ausgebildeter Profiler oder Fallanalytiker tun. Es wird aber problematisch, wenn ein gewisses Profil, ohne direkte Verbindung zu einer akuten Straftat, genutzt wird, um Menschen zu diskriminieren, und zwar geschieht das eben nicht durch Fallanalytiker, sondern durch Beamte, die so eine Ausbildung nicht haben.

Der tatsächlich als Vorwurf formulierte Begriff des Racial Profilings wird vor allem dann erhoben, wenn das Verhalten der kontrollierten Person erst einmal keinen Anlass für eine Kontrolle gibt und die Person aufgrund ihres Erscheinungsbildes und der damit verbundenen gruppenbezogenen Zuschreibung ein Motiv für eine Überprüfung gibt. Wenn aber die ethnische oder die religiöse Zuschreibung ein sachlich begründetes Element ist, also zum Beispiel bei einer Fahndung, liegt zwar ethnisches beziehungsweise religiöses Profiling vor, aber ohne einen diskriminierenden Charakter.

Offiziell verbietet die Bundesregierung Racial Profiling. Eine Kontrolle aufgrund eines Merkmals wie dunkler Hautfarbe verstößt gegen Artikel 3, Absatz 3 des Grundgesetzes: »Niemand darf wegen seines Geschlechtes, seiner Abstammung, seiner Rasse, seiner Sprache, seiner Heimat, seiner Herkunft, seines Glaubens, seiner religiösen oder politischen Anschauungen benachteiligt oder bevorzugt werden.«

Vor dem Gesetz sind wir nun mal alle gleich – zumindest theoretisch. Meine persönliche Erfahrung aus diversen Polizeikontrollen sieht etwas anders aus. Und auch die im Jahr 2013 vom Deutschen Institut für Menschenrechte durchgeführte Studie »Racial Profiling« – Menschenrechtswidrige Personenkontrollen nach § 22 Abs. 1 ad« formuliert in einer abschließenden These die Dringlichkeit, mit der sich die Politik in Bund und Ländern dieser Thematik annehmen sollte. Racial Profiling wird hierzulande noch relativ wenig thematisiert. Seitens der Politik fehlt es hierzulande an den richtigen, konsequenten Schritten, dieser Praxis entgegenzuwirken.

Der UN-Ausschuss für bürgerliche und politische Rechte und der UN-Antirassismus-Ausschuss sowie die Europäische Kommission gegen Rassismus und Intoleranz wie auch die Agentur der Europäischen Union für Grundrechte verklausulieren Racial Profiling ganz klar als menschenrechtlich unzulässig. Auf internationaler Ebene wird gegen Racial Profiling also um einiges rabiater und dringlicher vorgegangen als auf nationaler Ebene. Schon ziemlich verrückt. Dabei kommt die zitierte Studie zu dem Ergebnis, dass es in den vergangenen Jahren, also seit 2013, verstärkt zu rassistisch motivierten Kontrollen kommt. Die Grundlage hierfür bildet nach der Studie weniger das falsche Handeln einzelner Beamter, sondern der in Paragraf 22 formulierte Absatz 1a im Bundespolizeigesetz. Dieser erlaubt es unter anderem der Polizei, Papiere zu kontrollieren, um unerlaubtes Einreisen zu verhindern. Nach dem Autor der Studie, Hendrik Cremer, liegt hier eine faktische Diskriminierung vor. Die Anwendung des Gesetzes begründet somit eine rassistische Vorgehensweise. Der Vorwurf rassistischen Handelns kann von der Polizei aber leicht zurückgewiesen werden, da ja schließlich im Sinne des Gesetzes gehandelt wird. Das Gesetz stützt also diejenigen Polizisten, die Typen wie mich, die nicht nach Bayer aussehen, unrechtmäßig kontrollieren. Und sie müssen sich hierfür auch nicht weiter verantworten. Benannter Absatz erlaubt es der Polizei also, im öffentlichen Raum jede Person zu kontrollieren, um herauszufinden, ob sich jemand unrechtmäßig in Deutschland aufhält. Kontrolliert wird hierbei stichprobenartig und verdachtslos. Was bleibt da noch übrig, außer nach äußeren Merkmalen zu gehen? Warum sollte man als Polizist also nicht verstärkt Menschen mit dunkler Hautfarbe kontrollieren? Das Gesetz stützt dies schließlich.

Die Studie kommt zu dem Ergebnis, dass bei der Polizei Diskriminierung wesentlich stärker kontrolliert werden muss. Erforderlich hierfür ist allerdings nicht nur eine Herausstellung der Grundrechte, sondern eben auch die Betonung zwischenmenschlicher Empathie.

Denn aus Racial Profiling, also der Tatsache heraus, dass manche Menschengruppen verstärkt kontrolliert werden, entsteht eine Sache, die in keiner Polizeiakte und in kaum einer Studie steht, die aber einen viel größeren und nicht messbaren Effekt hat: einen Erfahrungswert mit der Polizei, der verinnerlicht wird. Klar kannst du jetzt über die letzten Seiten geblättert und dir gedacht haben: »Mein Gott, Junge, dann wirst du halt ein paarmal öfter als ich kontrolliert, stell dich nicht so an.« Aber glaub mir, so einfach ist das nicht. Diese ständigen Kontrollen, diese ständige Bereitschaft, das Zucken bei dem Auftauchen von Blaulicht im Rückspiegel, all das macht etwas mit einem. Ich verknüpfe heute noch meine Französisch-Nachhilfe mit dem Tag, an dem ich an einem Brückengeländer in Markt Schwaben stand und eine Maglite auf meine Fingerkuppe geschlagen wurde. Wenn ich heute zu Konzerten fahre und mit dem Auto unterwegs bin, zieht es in meiner Magengegend, wenn mir ein Polizeiwagen entgegenkommt. Ich habe das Gefühl, schuldig zu sein, und das habe ich mir ehrlich gesagt nicht so ausgedacht, denn hierin besteht die große Gefahr beim Racial Profiling: Ganze Bevölkerungsgruppen werden unter einen Generalverdacht gestellt und als Kriminelle abgestempelt, was natürlich zu dem Gefühl einer Nicht-Zugehörigkeit und einer Erniedrigung führen kann – und hieraus kann schnell eine Ablehnung gegenüber der Exekutiven entstehen. Aber eigentlich wollen wir doch alle in diesem Land friedlich miteinander auskommen. Ich hatte nicht wirklich einen tiefen Groll gegen die Polizei, muss aber schon sagen, dass dieses »Fuck The Police«, was mir die Rapcrew N.W.A aus meinem Plattenspieler zurief, genau das benannte, was ich dachte, was ich fühlte: »Ja, Mann. Fuck You! Fuck The Police!«

RAPPER T-SER UND DIE ÖSTERREICHISCHE POLIZEI: #NICHTMITUNS

Dass Racial Profiling aber nicht nur etwas ist, das sich Mitte der 90er-Jahre im Münchener Umkreis abspielte, zeigt ein Fall aus Wien vom Herbst 2018. Der Wiener Rapper T-Ser saß mit einigen Freunden, allesamt dunkelhäutig, im Johann-Strauß-Park im siebten Wiener Gemeindebezirk. Sie hielten ein Business-Meeting ab, hatten Notizblock und Laptop dabei. Polizisten erschienen und führten eine sogenannte Amtshandlung durch – Ausweiskontrolle. Die Jungs waren

genervt, hielten die Polizeikontrolle auf Instagram fest und veröf-
fentlichten das Ganze unter dem Hashtag #nichtmituns, weil sie das
Gefühl hatten, Opfer von Racial Profiling zu sein. Anschließend wurden sie gebeten, den Park zu verlassen, Verstärkung wurde geordert,
es kam zu einigen kleinen Handgreiflichkeiten, auf einem der Videos
ist zu sehen, wie ein Polizist den Rapper an seiner Jacke festhält und
er darum bittet, losgelassen zu werden. Die Instagram-Videos gingen ziemlich schnell viral, und mehrere österreichische und deutsche
Nachrichtenagenturen berichteten über den Vorfall. Allein die Tatsache, dass eine Gruppe Schwarzer ein Gefahrenpotenzial darstellt,
ist absolut falsch. Gegenüber dem deutschen Newsportal Bento sagte
T-Ser: »Ich bin mir hundertprozentig sicher, dass es Racial Profiling
war. Es war ein warmer Sonntag, wir hatten Laptops und Notizbücher
auf den Tischen und uns sogar mit den Eltern der spielenden Kinder
unterhalten.« Und weiter: »Ich habe solche Kontrollen bereits an die
30-Mal erlebt. Meine weißen Freunde fast noch nie.«

Und wenn ich in meine eigene Biografie und an meine Erfahrungen denke, deckt sich das mit dem, was T-Ser passiert ist. Er und
seine Leute waren einfach zum falschen Zeitpunkt am falschen Platz
und sahen, anders kann man es nicht sagen, in diesem Moment auch
für die Polizei falsch aus. Es kann ja auch sein, dass T-Ser und seine
Freunde sich lautstark über die Amtshandlung beschwert haben, aber
auch das kann ich komplett nachvollziehen. Als Dunkelhäutiger wirst
du einfach immer häufiger kontrolliert, und es fängt irgendwann
an, dich zu nerven, weil du genau weißt, dass du wieder dran bist.
In Österreich spricht die Statistik im Übrigen eine deutliche Sprache. Die Studie »Lebenssituation von Schwarzen in urbanen Zentren
Österreichs« vom Europäischen Trainings- und Forschungszentrum
für Menschenrechte und Demokratie aus dem Jahr 2013 zeigt, dass
mehr Menschen mit schwarzer Hautfarbe von der Polizei kontrolliert
werden. So gaben 53 Prozent der 717 Befragten an, dass sie in den
letzten zwölf Monaten mindestens einmal von der Polizei aufgefor-
dert wurden, sich auszuweisen. Davon waren nach eigenen Angaben
51 Prozent der Ansicht, dass die Amtshandlung nicht korrekt ver-

laufen sei. Schwarze Österreicher unter Generalverdacht. Aber diese Geschichte hat noch einen weiteren unangenehmen Nachgeschmack. Wiens Vizebürgermeister Dominik Nepp, Mitglied der rechtspopulistischen FPÖ, zeichnete einen Monat später elf der involvierten PolizistInnen mit dem »Goldenen Wienerherz« aus. Eine Auszeichnung für die Polizisten, da diese im Zuge der Medienberichterstattung ungerechtfertigt in die Kritik geraten seien, wie Nepp erklärte. Kein Witz. Mögliche rassistische Motive, die vielleicht erst zu der Amtshandlung geführt hatten, wurden ignoriert. Ziemlich irre. Aber gibt es vielleicht empirische Gründe, warum die Polizei vermehrt Schwarze und Dunkelhäutige kontrolliert? Werden verstärkt junge Flüchtlinge an Bahnhöfen von der Polizei angehalten, weil sie zu einer Gefährder-Gruppe gehören?

Eine Statistik, die zur Beantwortung solcher Fragen immer wieder herangezogen wird, vor allem für die AfD zur Untermauerung ihrer kruden Thesen, dass wir unbedingt unsere Grenzen dicht machen und uns vor kriminellen Einwanderern schützen müssen, ist die polizeiliche Kriminalstatistik, kurz PSK. Doch wie eindeutig ist diese Statistik eigentlich, und was sagt sie aus? Eine kurze Analyse.

DIE SACHE MIT DER KRIMINALSTATISTIK

Um die Kriminalstatistik wird, ganz salopp gesagt, immer eine ziemliche Welle gemacht. Die polizeiliche Kriminalstatistik zählt die bundesweit von der Polizei registrierten Straftaten und erhält daher ziemlich viel Aufmerksamkeit. Wir leben in einem Land, in dem die Angst vor Ausländern wirklich und tatsächlich existent ist. Auch das habe ich beim AfD-Infotreffen gelernt. Die Kriminalstatistik ist somit auch für die AfD ein wichtiger Gradmesser für die vermeintliche öffentliche Sicherheit und dient dazu, unser Land »sicherer« machen zu wollen. Gegen Flüchtlinge, für eine »Mut zu Deutschland«-Einstellung und für eine kontrollierte Zuwanderung. Aber leben wir eigentlich so gefährlich? Der Statistik nach ist die registrierte Kriminalität im Jahr 2018 insgesamt gesunken. Bundesweit wurden 9,6 Prozent weniger Straftaten als im Vorjahr erfasst, darunter 2,4 Prozent weniger Gewaltkriminalität. Im Jahr zuvor war die Zahl noch gestiegen. Gibt es hier überhaupt eine Tendenz? Betrachten wir die letzten zehn Jahre, führen also eine Langzeitbeobachtung durch, lässt sich mitunter feststellen: Die Kriminalität ist über die Jahre hinweg gesunken.

Aber wie aussagekräftig ist die polizeiliche Kriminalstatistik überhaupt im Ganzen? Was erfasst sie und was eigentlich nicht? Zunächst einmal misst die polizeiliche Kriminalstatistik auch vieles, was nicht direkt mit Sicherheit zu tun hat. So wurde Frankfurt am Main 2017 die Großstadt mit den meisten registrierten Straftaten pro Einwohner, was aber auch mit am Flughafen liegt. In die Statistik schlagen nämlich auch alle Delikte aller Reisenden, die von der Bundespolizei und dem Zoll registriert werden. Das sind in Frankfurt, inklusive dem Flughafen, jährlich um die 65 Millionen gezählte Kriminaldelikte. Diese Zahl hat aber relativ wenig mit der Sicherheitslage in Frankfurt zu tun. Wenn jemand unverzollte Ware durch den Flughafen in Frankfurt schleust, damit aber nicht durchkommt und dieses von Zollbeamten als »Fall« festgehalten wird, landet er in der Kriminalstatistik. Die Statistik erfasst somit auch viele Delikte, die nichts mit der Sicherheit der einzelnen Bürger zu tun haben. Auch jeder Bürger, der mit Marihuana erwischt wird, schon ab geringen Mengen, macht sich strafbar und landet in der Statistik. In diesem Fall ist es eben auch möglich, dass eine Einzelperson nicht nur als einzelner Fall dort landet, sondern in der Statistik eben zwei Fälle auftauchen, einfach weil die Person an zwei verschiedenen Tagen kontrolliert wurde und als neuer Fall in der Statistik landet.

Außerdem, und das ist ebenfalls wichtig, um sich der Aussagekraft der Polizeistatistik gewahr zu werden: Die Statistik misst nur Fälle, mit denen die Polizei tatsächlich zu tun hat. Es ist einfach ein Irrglaube, dass Kriminalität offen zutage tritt. Die Statistik ist zumeist nur ein Arbeitszeugnis über die Strafverfolgungsorgane. Der Konstanzer Strafrechts-Forscher Wolfgang Heinz schreibt im »Berichtsstand Kriminalität und Kriminalitätskontrolle 2015 in Deutschland«

hierzu, dass lediglich 80 Prozent der Vorfälle an die Polizei gelangen. 20 Prozent aller anderen Straftaten finden somit im Verborgenem statt, im sogenannten Dunkelfeld. Bei Straftaten wie sexuelle Belästigung oder Kindesmissbrauch gilt ein solches großes Dunkelfeld als ziemlich wahrscheinlich, aus Scham der Opfer oder aufgrund von Abhängigkeitsverhältnissen werden solche Taten erst gar nicht protokolliert und in die Statistik einbezogen.

Obwohl diese Dunkelfelder bekannt sind, wird ihnen oft nicht nachgegangen. Niedersachsen ist eines der wenigen Bundesländer, das überhaupt solche Dunkelfeldstudien durchführt. Nach Expertensicht wäre es nötig, die Polizeistatistik um Sichtweisen zu ergänzen, für die die polizeiliche Statistik schlicht blind ist. Oliver Malchow von der Gewerkschaft der Polizei sagt hierzu, dass es Zeit wird, die polizeiliche Kriminalstatistik von einer reinen Arbeitsstatistik hin zu einer fundierten Basis polizeilicher Präventions- und gesellschaftspolitischer Integrationsarbeit zu wandeln. Ähnlich sieht das auch Sebastian Fiedler vom Bund deutscher Kriminalbeamter, wie er in einem Interview mit dem Deutschlandfunk 2016 berichtet. Er ergänzt im Interview zudem, dass Kriminalität immer wandelbarer wird, auch durch eine fortschreitende Digitalisierung. Wird also vor allem in Bezug auf eine Rechtfertigung für Racial Profiling auf die Kriminalstatistik hingewiesen, muss dringend festgehalten werden, dass die Kriminalstatistik eben keine Studie oder Statistik ist, die man einfach ungefiltert übertragen sollte. Vor allem, wenn klar ist, dass manche einfachen Delikte, die mehrfach auftreten, zweifach dort landen können, wie im Beispiel eines Jugendlichen, der im Park Marihuana verkauft.

DIE KRIMINELLEN FLÜCHTLINGE

»Ausgerechnet an meinem 69. Geburtstag. Das war von mir so nicht bestellt« – mit diesen Worten schob Innenminister Horst Seehofer 2017 69 Menschen nach Afghanistan ab. Ein ziemlich zynischer Kommentar zu einem sehr heiklen und in Deutschland viel besprochenen Thema. Ich war wie so viele andere Menschen in Deutschland ziemlich wütend, als ich das im Fernsehen sah. Denn die Debatte darüber, ob kriminelle Ausländer krimineller sind als wir braven Deutschen, wir also hinterrücks von gefährlichen, kriminellen Migranten unterwandert werden, hat Zündstoff. In jedem politischen Lager und bei jedem Stammtisch ist dieser Punkt ein großes Thema. Hier hat jeder eine Meinung und zieht gern jede Statistik heran, die gerade so passt.

Aber sind »Ausländer« wirklich krimineller als deutsche Staatsbürger? Hier müssen wir zuerst einmal einordnen, um welche Bevölkerungsgruppe es eigentlich geht: Laut Statistischem Bundesamt waren Ende 2017 rund 10,6 Millionen Personen mit ausländischer Staatsbürgerschaft erfasst. Damit liegt der Anteil der Ausländer in Deutschland bei knapp elf Prozent. Eine überschaubare Zahl. Vor allem im Osten Deutschlands, wo Pegida und AfD viele Erfolge feiern, gibt es ziemlich wenig ausländische Mitbürger, gegen die protestiert wird – aber das nur am Rande.

Im Jahr 2017 kam es zu 2379 Tötungsdelikten. Das schließt Straftaten, durch die ein Mensch zu Tode gekommen ist, mit ein. In rund 42 Prozent der Fälle handelte es sich hierbei um einen nichtdeutschen Tatverdächtigen. Es ist durchaus naheliegend und irgendwie auch nachvollziehbar, diesen hohen prozentualen Anteil der Gewaltdelikte auf die Migration und auf Flüchtlinge zu schieben. Aber ganz so einfach ist das Ganze, nur aufgrund dieser Zahlen, dann doch nicht. Und das hat mehrere Gründe:

Wie bereits oben beschrieben werden in der Kriminalitätsstatistik nicht alle Personen erfasst. Durchreisende, Angehörige international organisierter Banden und Menschen, die nicht dauerhaft in Deutschland leben, werden nicht erfasst. »Nichtdeutsche Tatverdächtige« umfasst längst nicht nur, wie die AfD vielleicht gern annimmt, Flüchtlinge, sondern eben alle Menschen, die sich in Deutschland mit einem nichtdeutschen Pass aufhalten – und das sind natürlich nicht immer irgendwelche Flüchtlinge, vor denen wir warnen müssen. Und auch ein anderer Faktor spielt eine gar nicht so unwichtige Rolle, wird aber in der öffentlichen Wahrnehmung kaum diskutiert, weil das Thema, seien wir so ehrlich, nicht gerade populär ist. Nach der 2017 verfassten Studie »Zur Entwicklung der Gewalt in Deutschland« werden Gewaltdelikte von Geflüchteten nach den Autoren der Studie, den Kriminologen Christian Pfeiffer, Dirk Baier und Sören Kliem, mindestens doppelt so oft angezeigt. Ganz offensichtlich sei dies bei Vergewaltigungsdelikten festzustellen. Pfeiffer sagte gegenüber der Deutschen Welle, dass die Anzeigequote bei 44 Prozent liegt, wenn der Tatverdächtige Ausländer ist, beziehungsweise ausländisch aussieht. Ist der Tatverdächtige und das Opfer aber ein Deutscher, reduziert sich die Anzeigequote und fällt auf 18 Prozent.

Nach Expertensicht sollen Medien und Politik unbedingt auf diesen Verzerrungsfaktor hinweisen, wenn von einer Gewaltkriminalität durch Geflüchteten die Rede ist. Meiner selektiven Wahrnehmung nach passiert das allerdings recht wenig, und wann immer ein Nachrichtenmagazin über eine Vergewaltigung, die von einem Geflüchteten ausgeht, berichtet, häufen sich die Facebook-Kommentare. Purer Hass lässt sich herauslesen. Dabei könnte man auch einfach durchatmen, daran denken, dass viele von »Deutschen« verübte Delikte gar nicht erst zur Anzeige kommen und die Tastatur beiseitelegen. Oder vielleicht auch einmal über die Opfer so einer Tat reden, die aber nie eine Rolle spielen, sondern deren Fälle immer wieder instrumentalisiert werden. Ich will hier nichts beschönigen. Solch eine Straftat, von wem immer auch begangen, ist immer schrecklich. Doch lassen wir uns oft von unseren niederen Instinkten dazu verleiten, hier wahllos Zusammenhänge zu erstellen. Wir sehen eine Tatsache und verknüpfen sie mit einer These, die wir uns im Kopf zusammengebastelt haben, die aber nicht faktenbasiert ist, sondern auf Vorurteilen beruht. Die Tausende von Likes auf »War ja klar, die Flüchtlinge mal wieder. Alle abschieben«-Posts sorgen dafür, dass wir dem Gefühl erliegen, recht zu haben und nicht allein mit unserer Meinung zu sein. Unser Umfeld bestätigt es uns. Wenn ich jetzt mit meinem Hund Biggie spazieren gehe, und ich neben einem anderen Mann vorbeilaufe, ist das erst mal nichts Besonderes. Werde ich aber angegriffen und muss mich in

einer Auseinandersetzung verteidigen, die ich aufgrund meiner körperlichen Überlegenheit (Brasilian Jiu-Jiutsu – lila Gurt!) gewinne,
dies in einer lokalen Zeitung vermerkt wird und ich vielleicht noch
als »dunkelhäutiger großer Mann« beschrieben werde, ist es erst einmal egal, wie viel geile Musik und Beats ich in meinem Leben schon
erschaffen und dass ich jahrzehntelang als Pädagoge gearbeitet habe.
In diesem Moment bin ich für die »Tastaturhelden«, wie einer dieser
Redner beim AfD-Infotisch diejenigen nannte, die eben viel zu Hause
am PC hängen und Parteiarbeit machen, ein gefundenes Fressen. Der
Flüchtling war's. Der Ausländer. Ich bin keiner davon, werde aber so
wahrgenommen. Und selbst wenn im Nachgang herauskommt, dass
die Situation etwas anders war und ich »jetzt eben auch« der Rekless, der Rapper aus München, bin, hat diese Nachbereitung niemals
die mediale große Sprengkraft wie die erste Meldung. Das Kind ist –
wenn man so will – schon in den Brunnen gefallen, und kommt da
auch nicht mehr raus.

Ich möchte die Studie über die Gewalt in Deutschland noch etwas
weiter zitieren. Zwar beschränkt sie sich auf Niedersachsen, ist aber
nach den Autoren auf die gesamte Republik übertragbar – vor allem
weil Niedersachsen im Hinblick auf die sozialen Faktoren ziemlich
deutscher Durchschnitt ist. Und soziale Faktoren sind es eben, die für
die Kriminalität relevant sind. Es wird festgestellt, das nach jahrzehn-
telangem Rückgang die Gewalttaten im Zeitraum von 2015 bis 2016
insgesamt um zehn Prozent anstiegen. Diese Zunahme der Gewaltkriminalität sei maßgeblich Geflüchteten zuzurechnen. Also sind doch
die Flüchtlinge an allem schuld? Hat die AfD doch recht, und wir
müssen unser Heimatland verteidigen? Mitnichten – wenn man sich
die Umstände ansieht, die hierzu geführt habe. Erst einmal hat sich
die Zahl der registrierten Geflüchteten zwischen 2014 und 2016 mehr
als verdoppelt. Mehr Einwohner, unabhängig woher sie jetzt kommen, bedeutet in der Regel auch mehr Gewalttaten. Aber ich will jetzt
an dieser Stelle nichts beschönigen. Anerkannte Geflüchtete sind laut
der polizeilichen Kriminalstatistik meist krimineller als Deutsche:
Während diese 2016 nur zwei Prozent der Gesamtbevölkerung aus-

machten, gingen 8,6 Prozent aller Strafanzeigen gegen sie. Hier müssen allerdings auch andere Faktoren hinzugezogen werden, die für die kriminologische Forschung wichtig sind, beispielsweise der hohe Anteil an jungen Männern bei Gewalt- und vor allem bei Sexualdelikten. Unabhängig von Deutschland gilt es in jedem Land der Welt, dass Gewalttaten vor allem von jungen Männern zwischen 14 und 30 Jahren verübt werden. Kommen diesen jungen Männer dann noch aus prekären Lebenssituationen oder schwierigen Wohnverhältnissen, also beispielsweise strukturschwachen Gebieten in Ostdeutschland oder – das Paradebeispiel schlechthin – aus Flüchtlingsunterkünften erhöht sich die Gefahr einer Straffälligkeit. Auch weitere Faktoren fließen mit ein: Geflüchtete stammen überwiegend aus muslimischen Ländern, die von männlicher Dominanz geprägt sind. Repräsentativbefragungen des Kriminologischen Forschungsinstitut Niedersachsen kommen zu dem Ergebnis, das junge männliche Zuwanderer aus solchen Kulturen sogenannte Gewalt legitimierende Männlichkeitsnormen mehr verinnerlicht haben als gleichaltrige Deutsche oder in Deutschland geborene Jugendliche. Dazu kommt die unterschiedliche Anerkennungsperspektive: Je geringer die Wahrscheinlichkeit eines positiven Asylbescheids ist (und das gilt besonders bei Nordafrikanern), desto höher ist die Anfälligkeit für Kriminalität. Die Studie kommt zu dem Ergebnis, dass die Gewalt von Geflüchteten sich vor allem gegen Geflüchtete selbst oder sonstige Ausländer richtet: Mutmaßliche Opfer von gewalttätigen Geflüchteten sind hiernach zu einem Drittel Deutsche. Es gibt also durchaus Gründe für eine erhöhte Kriminalitätsrate bei Flüchtlingen, die ruhig benannt werden können. Kennen wir die Gründe für die erhöhte Kriminalitätsrate kann man in einem weiteren Schritt versuchen, hier Abhilfe zu schaffen. Die Studie nennt weitere Faktoren, die den überproportionalen Anteil von Geflüchteten an Gewaltdelikten und Straftaten insgesamt relativieren: So sind unter den Flüchtlingen mehr junge Männer als in der Gesamtbevölkerung. Diese Gruppe ist die, die, egal, in welchem Land, die meisten Straftaten verübt. Auch fehlende Zukunftsperspektiven spielen laut den Autoren eine entscheidende Rolle dabei, ob Geflüchtete kriminell werden – dies erkläre, dass vor allem Flüchtlinge aus Nordafrika auffällig würden. Aufgrund all dieser Faktoren, die die Statistiken verfälschen können, ist es natürlich sehr einfach zu sagen, dass Flüchtlinge krimineller als Deutsche seien – und komplett falsch ist es vielleicht auch nicht. Aber es ist eben wichtig, dass alle Faktoren, die hier eine Rolle spielen, in eine kritische Urteilsfindung hineinfließen, und dass diese Statistiken und Zahlen gesondert betrachten werden müssen. Eine Partei wie die AfD nützt hier aber den einfachsten kriminologisch festgestellten Sachverhalt, ohne Zusammenhänge zu erkennen. Interessant wird es ja vor allem auch, wenn es um die Ursachen von Migration geht. Warum flüchten überhaupt Menschen nach Deutschland? Warum besteht diese Notwendigkeit? Das sind Fragen, die die AfD sich nicht stellt: Sie sieht lediglich die Flüchtlingskrise in Europa ab 2015, zitiert die Polizeistatistik und zieht hieraus ihre Schlüsse, um besorgte Bürger zu akquirieren und Wählerstimmen zu sammeln, ohne genauer nachzuforschen. Entweder weil sie es nicht können, oder die wahrscheinlichere Option: weil sie es nicht wollen.

DIE AFD UND DIE KRIMINALSTATISTIK – ZWEI BEISPIELE, DIE ANGST SCHÜREN SOLLEN

Gerade für die AfD ist die Kriminalstatistik, vor allem in jüngster Vergangenheit, ein wichtiger Gradmesser, um darauf aufmerksam zu machen, dass eine angebliche Bedrohung von Migranten oder Flüchtlingen droht, wir also von innen unterwandert werden. Tatsächliche Fälle von radikalisierten Zuwanderern, wie beispielsweise dem tunesischen Attentäter Anis Amri, der 2016 mit einem Lkw auf den Berliner Weihnachtsmarkt fuhr und dabei insgesamt elf Menschen umbrachte und 55 schwer verletzte, spielen ihnen hierbei in die Hände und bieten einen Rechtfertigungsgrund. Auch wenn solche Fälle eben Einzelfälle einzelner, bereits vorher straffälliger und bekannt gewordener radikalisierter Terroristen sind. Dadurch, dass sich die AfD mittels der Kriminalstatistik auf eine unabhängige Statistik beruft, setzt sich das

Gefühl einer tatsächlichen faktenbasierten Legitimation des Angst-schürens fest. Im Folgenden möchte ich zwei exemplarische Beispiele von AfD-Politikern aufzeigen, die Statistiken so lesen oder so umdeu-ten, dass es in ihr Parteiprogramm und in ihre Agenda passt.

Herr Hess und das ausgedachte Balkendiagramm

So geschah es, dass am 11. Juni 2018 Martin Hess, Mitglied des Bun-destags sowie stellvertretender innenpolitischer Sprecher der AfD im Bundestag, Folgendes twitterte: »Doch, Frau Roth, Flüchtlinge sind krimineller als Deutsche! Besonders bei Delikten, die die innere Sicherheit beeinträchtigen! Wer dies immer noch leugnet, der hat ent-weder keine Ahnung oder lügt bewusst die deutsche Bevölkerung an. Schluss mit Schönrederei und Augenwäscherei!«

Er bezog sich damit auf eine Aussage der stellvertretenden Bun-destagspräsidentin Claudia Roth, die gegenüber einer Tageszeitung sagte, »man solle nicht so tun, als seien Geflüchtete per se kriminel-ler als Deutsche«. Für den AfD-Mann eine klare Aufforderung, um einen polemischen Tweet zu teilen, den er zugleich mit einer Grafik untermauerte. In dem Diagramm wurden zwei Balken miteinander verglichen. Ein gelber Balken für die Deutschen und ein roter Balken für die Flüchtlinge. Gerechnet wurde in »Tatverdächtige pro 100.000 Personen«. Er erstellte hierzu folgende vier Balken: Straftaten gegen das Leben, sexuelle Nötigung/Gewalt, gefährliche schwere Körper-verletzung und Gewaltkriminalität. Als Datengrundlage bezeichnet er die polizeiliche Kriminalstatistik. Neben der Grafik photoshoppte er noch ein Foto von sich im Anzug und Krawatte. Das alles sieht sehr professionell und korrekt aus, allerdings ist die Statistik von Hess falsch – also komplett falsch, wie Justus Bender von der F.A.Z. erklärte. Zunächst einmal wirken die Balken ziemlich beeindruckend und klar. Bei dem Punkt »Nötigung/Vergewaltigung« steht es 8 gegen 87, zu Ungunsten der Flüchtlinge. Bei »Gefährliche/schwere Körper-verletzung« 125 gegen 1304 und im Bereich »Gewaltkriminalität«

153 gegen 1583. Das schindet mächtig Eindruck und lässt einen nicht nur nachdenklich, sondern vor allem auch ängstlich zurück. Aber die Zahlen stimmten schlicht nicht. Eine Sprecherin des Bundeskriminalamts sagte gegenüber der F.A.Z., dass diese Zahlen nicht aus der bundesweiten PKS hervorgehen würden. Ein Vergleich von Tatverdächtigen unter »Deutschen« und »Flüchtlingen« pro 100.000 Personen sei gar nicht möglich. Das hat einen ziemlich einfachen Grund, der aber gern überlesen wird, wenn man von diesem Wort »Flüchtling« bereits angetriggert ist und sofort zum nächsten AfD-Infotreffen rennen will, um dort seine Sorgen und Ängste in einer heruntergekommenen Wirtschaft preiszugeben. In der Kriminalstatistik existiert der Wert »Flüchtling« überhaupt nicht, lediglich der Begriff »Zuwanderer« mit den Aufenthaltsstatus-Bezeichnungen »Asylbewerber«, »Schutzberechtigte und Asylberechtigte«, »Duldung«, »Kontingentflüchtling« oder »unerlaubter Aufenthalt«. Das ist der erste Fehler, der aber ja vielleicht noch verzeihbar ist. Herr Hess hat wahrscheinlich all diese unterschiedlichen Gruppen zu dem Begriff »Flüchtling« geformt. Das ist nicht korrekt und vereinfacht ziemlich vieles.

Für eine Berechnung der Tatverdächtigen pro 100.000 Personen und einen Vergleich mit den Deutschen müsste man die errechnete Summe aber mit einer Gesamtzahl ins Verhältnis setzen. Das Problem hierbei: Eine solche Gesamtzahl gibt es nicht und wird nicht berechnet. Die »Zahl der in Deutschland aufhältigen Zuwanderer im Sinne der PKS-Definition« kann nicht bestimmt werden. Aber die entworfene Statistik wirkt glaubwürdig und aussagekräftig und verkauft vor allem das Bild, das die AfD ihren Wählern und Interessierten verkaufen will: dass wir aufgrund einer Statistik, also etwas, was wissenschaftlich von Experten nachgewiesen wurde, Angst haben müssen und Flüchtlinge für die meisten Straftaten hierzulande verantwortlich sind. Durch diese Methodik holt die AfD natürlich auch Leute außerhalb ihrer eigenen Parteiriegen ab, eben solche, die mit einer diffusen Angst vor Ausländern, Flüchtlingen und Überbevölkerung leben. Diese potenziellen Wähler können die Statistik natürlich nicht überprüfen und nehmen dankend eine unwahre Statistik an, wenn diese in ihr Weltbild passt. Die AfD weiß das zu nutzen. Vernachlässigt werden mit der Schätzung in der Grafik natürlich auch andere Faktoren wie Alter und Geschlecht, die in der Statistik eine große Rolle spielen. Unabhängig vom Alter ist die Kriminalitätsbelastung deutscher Männer etwa dreimal so hoch wie bei Frauen, wie das Bundeskriminalamt der F.A.Z. mitteilte. Im Übrigen, noch so eine Sache, die gern vergessen wird: Ein Tatverdächtiger ist noch kein Verurteilter. Einen Verdächtigen direkt in den Status eines Verurteilten zu erheben ist ein ziemlich weiter Schritt, denn ein Verdächtiger ist erst einmal verdächtigt – mehr aber auch nicht. Ein wenig mehr Gelassenheit und ein kleiner Faktencheck kann Wunder wirken oder zumindest dafür sorgen, dass wir nicht das Gefühl haben, Deutschland würde von kriminellen Flüchtlingen unterwandert.

Beatrix von Storch und die Fahrraddiebstähle

Und auch genannte Dame zeigt, dass sie die Kriminalstatistik entweder nicht richtig lesen kann oder sie bewusst umdeutet. Es gibt ein spannendes BBC-Interview der stellvertretenden AfD-Funktionärin vom Juni 2018. Mit der britischen Journalistin Emily Maitlis spricht sie über die Einwanderungspolitik ihrer Partei. Im Wortlaut sagt sie, die von der Journalistin getätigten Aussage, die Kriminalitätsrate in Deutschland sei gesunken, sei falsch. Sie spricht von Fake News: »Of course, the thefts of bicylces have been going down dramaticaly, so the total number is going down, but murders and rapes and crime against the health of people is going way up, so this is just Fake News.« Emily Maitlis bezog sich hierbei auf die polizeiliche Kriminalstatistik von 2017. Das Internetportal correctiv.org untersuchte ihre Aussage in einem Faktencheck, das Ergebnis ist ziemlich eindeutig. Laut der Kriminalstatistik nahm die Gewaltkriminalität im Jahr 2017 im Vergleich zum Vorjahr um rund 2,4 Prozent ab. Insgesamt wurden in diesem Jahr 188.946 Fälle registriert. Zu Gewaltkriminalität zählen neben Mord, Totschlag und Vergewaltigung auch sexuelle Nötigung,

Raub und Körperverletzung. Die für den Langzeitvergleich veröffentlichte Zeitreihe zeichnet die Häufigkeit einzelner Straftaten auf. Über einen längeren Zeitraum wird dort die Häufigkeit einzelner Straftaten verglichen – seit 1987 bis heute. Im Jahr 2017, das Jahr, auf das sich Beatrix von Storch im BBC-Interview bezieht, war mit 5.761.984 erfassten Straftaten das Jahr mit den wenigsten verübten Straftaten seit 1992. Für Beatrix von Storch allerdings kein Argument, denn sie betont, dass die allgemeine Zahl zurückgegangen sei, weil es eben weniger Fahrrad- und andere Diebstähle gegeben habe. Im selben Atemzug sagt sie aber die Dinge, die den AfD-Wähler – oder zumindest Sympathisanten – hellhörig werden lassen: Die Zahl der verübten Morde, Vergewaltigungen und allgemeinen Gewaltverbrechen sei insgesamt angestiegen. Aber ist dem wirklich so?

Die Zahl der registrierten Fälle für Morde bewegt sich seit 1987 bis heute zwischen 630 und 1299. 2017 lag die Zahl bei 785 Fällen, davon waren 443 versuchte Morde. Zwischen 1993 und 1996 lag sie durchweg deutlich höher – zwischen über 1000 bis 1299. Zwar ist seit 2015 die Zahl der Morde und versuchten Morde gestiegen, liegt aber noch immer deutlich unter den Höchstwerten von 1993 bis 1996. Also kein Grund zur Panik, sagt auch die Statistik. Ein Sonderfall sind registrierte Vergewaltigungen. Hier stieg die Zahl im Jahr 2017 auf 11.282 Fälle, den höchsten Wert seit 1987. Auch für diesen Anstieg gibt es einen einfachen, nachvollziehbaren Grund, der nichts mit vergewaltigten Flüchtlingen zu tun hat, sondern um einiges unspektakulärer ist: 2016 beschloss der Deutsche Bundestag eine Verschärfung des Sexualstrafrechts. Seit Herbst 2016 gilt eine sogenannte »Nein-heißt-Nein«-Regelung. Es wird seither bestraft, wer gegen den »erkennbaren Willen« einer Person handelt. Dieser erkennbare Wille muss verbal oder per Körpersprache ausgedrückt werden. Vor dieser Regelung hätte der Täter entweder Gewalt anwenden oder zumindest konkret androhen müssen, damit es zu einer Verurteilung aufgrund eines Sexualdeliktes gekommen wäre. Diese Gesetzesänderung führt nun infolge dazu, dass Verhaltensweisen kriminalisiert werden, die es früher nicht waren, und sorgt eben für die erhöhten Fallzahlen in der

Kriminalstatistik. Es gibt also nicht »mehr« Vergewaltigungsdelikte, vielmehr hat sich die Definition, was eine Vergewaltigung ist und was eben nicht, durch eine Gesetzesänderung verändert und sorgt so für einen ganz natürlich Anstieg in der Statistik.

Du siehst also, die AfD spielt mit unseren Ängsten und bedient sich der Kriminalstatistik, um ihre Thesen zu untermauern. Ein einfacher Faktencheck bei polemischen Aussagen reicht, um Argumente zu entkräften, die aber gut in ein vorgefertigtes, aus Vorurteilen bestehendes Weltbild hineinpassen. Aber unsere Welt ist zu komplex, um sie mit einfachen Parolen oder Schlagwörtern zu erklären. Natürlich sind Verallgemeinerungen praktisch, aber ganz so einfach ist es eben in der Regel nicht. Wir dürfen nicht auf die plumpe Meinungsmache von AfD-Politikern hereinfallen. Es muss unser aller Aufgabe sein, öffentlich getätigte Aussagen, die auf »Fakten« beruhen sollen, auf ihre Hieb- und Stichfestigkeit zu prüfen.

Seit Anfang diesen Jahres ist im Übrigen klar: Die AfD wird vom Bundesamt für Verfassungsschutz als Prüffall wahrgenommen und behandelt. Das ist eine Premiere. Eine derartige Einstufung gab es zuvor für keine andere im Bundestag vertretene Partei, heißt es aus dem Bundesamt. Die Verfassungsschützer wollen also die weitere Entwicklung der Partei beobachten und öffentlich zugängliche Beiträge auswerten. Auch die AfD-Jugendorganisation Junge Alternative (JA) und die ultrarechte Strömung »Der Flügel« wurden zu Verdachtsfällen erklärt, da sie extremistisch agierten. Die AfD. Eine ganz normale Partei also? Mitnichten.

Puh, ein ziemlich langer Exkurs, oder? Im folgenden Kapitel »Scratchen im Kinderzimmer – musikalische Anfänge« geht es um etwas, was mir persönlich sehr viel bedeutet, auch im Hinblick auf die Verarbeitung dessen, was ich so erlebt habe: die Musik.

GASTBEITRAG: INTERVIEW MIT FRANZISKA SCHREIBER, EHEMALIGES VORSTANDSMITGLIED DER JA (JUGENDORGANISATION DER AFD)

Franziska Schreiber, 1990 in Dresden geboren, wuchs in einem linken Elternhaus auf und machte 2008 Abitur. Nach einem Studium der Rechtswissenschaften trat sie 2013 in die AfD ein und machte eine steile Karriere: Innerhalb eines Jahres wird sie Vorsitzende der Jungen Alternativen in Sachsen und stellvertretende Pressesprecherin, 2017 ist sie im Bundesvorstand angekommen. Kurz vor der Bundestagswahl trat sie aus der Partei aus und arbeitet seitdem als Abteilungsleiterin in einem Unternehmen in Dresden.

In ihrem Buch »Inside AfD«, erschienen im Europaverlag, rechnet sie mit der Partei ab.

2015 waren Sie noch Mitglied der JA und dort auch Pressesprecherin auf Bundesebene. Wann haben Sie gemerkt, dass die Partei vermehrt radikalere Menschen anzieht?

2015 war ich Pressesprecherin und Vorsitzende der JA in Sachsen. Es war das Jahr, in dem die Erfurter Resolution verabschiedet wurde. Dort habe ich erstmals gesehen, dass die Rechtsradikalen in der AfD ein starkes Lager geworden sind.

Wie wichtig ist die Arbeit der JA für die AFD?

Die AfD braucht die JA vor allem als Eisbrecher. Wir sollten die heißen Eisen anfassen, besonders provokant und radikal auftreten, damit die AfD mit ihren Positionen danach moderater wirkte. Wenn sie dann auf diese Aussagen angesprochen wurde, konnte sie immer als Entschuldigung anbringen, dass die Parteijugend eben immer etwas forscher auftritt als die Mutterpartei. Außerdem sollten wir die jungen Parteimitglieder durch provokante Aktionen und gemeinsame Erlebnisse an die Partei binden.

Was war Ihre ursprüngliche Intention beim Eintritt in die Junge Alternative und die AFD?

Ich wollte eine politische Erneuerung in Deutschland, weil ich das Gefühl hatte, dass die Berufspolitiker den Kontakt zu den Bürgern verloren hatten und die Probleme ganz normaler Menschen nicht mehr verstehen konnten. Mir fehlte bei den anderen Parteien die Bereitschaft, sich mit den grundlegenden Bedürfnissen der Menschen zu befassen.

Ist Alltagsrassismus für Sie ein Thema in Deutschland, oder sind wir zu sensibel für dieses Thema? Wird vieles überbewertet?

Alltagsrassismus ist in Deutschland, gerade in Ostdeutschland, ein echtes Problem. Vielen, gerade älteren Bürgern oder Menschen aus ländlicher Umgebung, fehlt einfach der Kontakt zu Menschen mit anderer Hautfarbe. Sie verstehen nicht, was in so jemandem vorgeht, wenn er aufgrund dieses Merkmals anders behandelt wird als alle anderen.

Sie sind ja aus der AFD ausgetreten, weil Sie eine Übernahme durch Rechtsradikale beobachtet haben. Sie haben auf einer Kundgebung erzählt, Sie hätten versucht, diese Übernahme zu unterbinden. Wie sind Sie vorgegangen?

Ich habe zunächst versucht, innerhalb der AfD möglichst viele Gleichgesinnte zu finden und mich mit ihnen zu vernetzen. Zusammen wollten wir Mehrheiten gegen die Radikalen auf Parteitagen oder JA-Kongressen organisieren, indem wir mit

Unentschlossenen geredet oder möglichst viele Gemäßigte mobilisiert haben.

Haben Sie in diesen zwei Jahren zwischen 2015 und 2017 Ihre eigene Motivation für den Parteieintritt infrage gestellt?

Die Frage nach einem Austritt kam immer wieder auf. Allerdings wusste ich, dass ein viel radikaleres Mitglied meine Posten übernehmen würde. Auch habe ich mich lange von der Hoffnung blenden lassen, die Entwicklungen in der AfD vielleicht doch noch umkehren zu können. Dieses Dilemma habe ich gelöst, indem ich mir selbst eine rote Linie gesetzt habe. Ich habe mir fest vorgenommen, die Partei zu verlassen, wenn sich der Zukunftsantrag in Köln nicht durchsetzen sollte, der festlegte, dass die Partei sich klar vom Rechtsradikalismus abgrenzte. Das habe ich auch nach außen kommuniziert und es schließlich durchgezogen.

Die Migrationspolitik der AfD, wie sie 2014 im Parteiprogramm steht, haben Sie damals unterstützt, oder? Mich würde interessieren, ob sich in dieser Hinsicht bei Ihnen der Standpunkt geändert hat.

Die Migrationspolitik war keines meiner persönlichen Kernthemen im AfD-Programm. Ich habe als vergleichsweise liberales Mitglied nie verstanden, dass einige in der Partei so besessen davon waren. Im Lauf der Zeit habe ich allerdings einige Vorurteile so oft in meinem Umfeld gehört, dass auch ich anfing, mir Sorgen über den großen Zuzug zu machen. Seit ich mich wieder in einem vielseitigeren Umfeld bewege, hat sich das aber gelegt. Viele der Glaubenssätze von damals habe ich nachrecherchiert und argumentiere heute für eine humane Asylpolitik und ein faires Einwanderungsrecht.

Ich bin deshalb so interessiert an diesen persönlichen Eindrücken, da ich der Meinung bin, dass eine Radikalisierung immer auf fruchtbaren Boden fallen muss, um sich zu verbreiten. Warum, glauben Sie, sind Sie nicht selbst radikaler geworden?

Zum einen hat geholfen, dass ich eine Frau bin. Männer lassen sich meiner Beobachtung nach viel stärker von ihrer Peergroup beeinflussen – bis hin zur kompletten Persönlichkeitsveränderung. Außerdem wurde ich zum Selbstdenken, kritischen Hinterfragen und zum Einstehen für meine eigenen Überzeugungen erzogen. Dieses Glück hat nicht jeder, aber man kann das üben. Am Anfang kann man bei kleinen Sachen ausdrücken, dass man etwas anders sieht. Dann fällt es einem später viel leichter, rassistisches oder unangebrachtes Verhalten zu kritisieren.

Der wichtigste Punkt bei mir war aber, dass die Entwicklung der Partei meinem eigenen Wesen entgegenging. Für mich sind Menschen wertvoll, ganz egal, woher sie kommen oder welche Hautfarbe sie haben. Diese Einstellung galt in der AfD immer mehr als gefühlsduselig, naiv und schwach. Ich hingegen habe mein Umfeld in der Partei immer häufiger als abgestumpft, gefühlskalt und grob wahrgenommen und mich entsprechend unwohl gefühlt.

Ihr Buch »Inside AfD« erschien im August 2018 im Europaverlag.

SCRATCHEN IM KINDERZIMMER – MUSIKALISCHE ANFÄNGE

Diese Polizei-Sache war in meiner Jugend wirklich ein ziemlich großes Thema für mich. Aber zum Glück fand ich, als dieser ganze Kontrollmist so richtig losging, etwas, was mich ablenkte und worin ich meine ganze Wut und mein Abgefucke über die Welt loswerden konnte: den Hip-Hop.

Ich fing schon früh an, mich für Musik zu interessieren, und war natürlich musikalisch vielgleisig unterwegs. Ich fuhr Skateboard und hörte Punk, aber eben auch Rapmusik. Meine Mutter kannte viele DJs aus München und brachte mir ab und zu ein paar Platten mit. Sie war einfach immer schon ziemlich cool. Ich hatte mit 13 mal einen Raptext auf Englisch geschrieben und bei dem großen Bruder eines Schulfreundes, der eine Tontechnikerschule besuchte, in Vilshofen aufgenommen. Das Ergebnis klang so, wie man sich das vorstellt, wenn man für eine Aufnahme nach Vilshofen fährt: eher mittelprächtig. Ich rappte auf Englisch und verstand das meiste nicht einmal selbst. Bei World of Music in München kaufte ich mir nach meinen ganz »netten« Versuchen zu rappen die Paris-Platte »Sleeping with the Enemy«. Ich legte die Nadel auf das Vinyl in meinem Kinderzimmer und war hin und weg. Ich starrte das drehende Vinyl an und fühlte, wie sich der Sound im Raum ausbreitete. Mich riss die Schärfe mit. Schnelle Beats, superpolitische Texte und sogar noch heftiger gegen das Establishment gerichtet, als die Texte von Public Enemy. Wow. Ich war verliebt und nickte zum Beat. Ich glaube, ich hörte an diesem Abend die Platte bis nachts um drei immer wieder und kam auf diese Scratches nicht klar. Scratches, um das vielleicht kurz zu erklären, sind Töne, die ein

DJ einer Schallplatte entlocken kann, wenn er sie vor und rückwärts bewegt. Ich hatte davor schon viele gehört, aber bei diesen schnellen Beats so exakt und tight zu scratchen, sodass es sich dem Rap und dem Beat perfekt anpasste, das war einfach unglaublich. Als ich schlafen ging, war ich tierisch aufgeregt. Ich erzählte meinem Kumpel Sebastian, genannt Bowdee, am nächsten Tag von der Platte und den Scratches, und er war genauso begeistert wie ich. Paris brachte mich zum Rappen. Wir nerdeten den ganzen Tag in der Schule ziemlich ab, und als ich wieder nach Hause kam, warf ich meinen Schulranzen in die Ecke meines Kinderzimmers und hatte eine Idee. Ich wusste, dass wir im Keller noch einen alten Technics-Plattenspieler hatten, und meine Mutter besaß eine hochwertige Fischer-Anlage. Ich schleppte den alten Plattenspieler nach oben und bediente mich an alten Paulchen-Panther- und Pumuckl-Platten, die in einer Kiste in meinem Zimmer lagerten. Das waren meine ersten Scratching-Versuche. Remixe von Paulchen Panther und Pumuckl. Ich besaß kein Mischpult, sondern nur zwei Plattenspieler, und der Scratching-Effekt war relativ ereignislos. Ich fragte mich, wie DJ Magic Mike so schnell scratchen konnte, und leider konnte ich auch niemanden aus meiner Umgebung fragen. Zu der Zeit kannte ich keine DJs, und damals gab es kein Google. Einige Tage später war ich mal wieder bei Bowdee, und wir sahen den Film »Juice« von 1992, in dem auch Tupac mitspielt. Einer der Darsteller beatbox, der andere ist DJ, und der große Traum des DJs ist es, bei einem DJ-Battle mitzumachen, worauf er sich vorbereitet. Also arbeitet er an seinem Tape, und die Scratches im Film klingen original wie die Scratches von DJ Magic Mike. Sein Geheimnis: ein Mischpult. Ich sprang also von der Couch auf, zeigte auf den Fernseher und rief zu Bowdee: »Alter! Ich brauch dieses Mischpult! Das ist es! Dann kann ich besser scratchen!«

In den nächsten Tagen fuhr ich wieder nach München zum Conrad, einen Elektroladen, den es heute da immer noch gibt. Dort sah ich ihn, einen Zweikanalmischer für relativ wenig Geld. 100 Mark kostete der Gemini-Scratchmaster, und dieses Teil zu besitzen war der größte Traum, den ich mit 13 Jahren hatte. Ich saß in meinem Zimmer, zertrümmerte mein Sparschwein und arbeitete im Sommer mit Bowdee

auf dem Bauhof. Wenn mir meine Mutter etwas Geld für ein Pausen-
brot (oder eben Würstl) mitgab, stand ich mit knurrendem Magen auf
dem Pausenhof und fütterte mich mit der Hoffnung, bald den Gemi-
nini-Scratchmaster zu besitzen.

Als ich das Ding endlich mein Eigen nannte, war ich zunächst enttäuscht, weil die Scratches immer noch nicht schnell genug waren.
Jemand riet mir, den Crossfader zu ölen, also nahm ich Walnussöl aus
der Küche und bekleckerte mein halbes Kinderzimmer damit. Aber
immerhin liefen die Scratches jetzt flüssiger und schneller. Ich baute mir
aus einem Plastikteil noch ein Fader-Deckelchen, um die Übergänge
noch schneller hinzukriegen. Dann trat ich aus meinem Zimmer heraus
und betrachtete mein kleines Scratching-Studio. Ich hatte es geschafft.
Von diesem Tag an war jeder Tag – zumindest von außen betrachtet –
relativ gleich. Ich kam nach Hause, setzte meine Kopfhörer auf und
scratchte. Meine Paulchen-Panther- und Pumuckl-Scratches nahm ich
auf meinem Discman auf und schlug mir so die Nächte um die Ohren.
Ich glaube, meine Mutter fand das nicht so prickelnd, aber immerhin
war ich zu Hause und vergnügte mich mit »BUM BUM BUM« wie sie
das nannte, und lungerte (noch!) nicht auf der Straße herum. Irgendwann kaufte ich mir Slip Mats, mit denen die Platten besser rutschten
und die Scratches noch schneller klangen.

Meinen ersten Auftritt ergatterte ich, als ich 16 war. Bei uns am Ostbahnhof, der damals Kunstpark Ost hieß, gab es günstige Quartiere
für junge Kreative. Steve und Vince waren zwei ältere Jungs aus München, die dort einen Laden aufgemacht hatten, in dem ein paar Dosen
zum Sprühen herumstanden und eben ein paar Plattenkisten. Außerdem waren die Jungs Teil der ABC-Crew in München und nahmen,
genau wie Bowdee und ich, dieses Hip-Hop-Ding sehr ernst. Für viele
andere aus meinem Umfeld war das eher so eine Spaß-Geschichte, aber
wir haben das wirklich ernsthaft abgefeiert. Ich spürte schon bei meinem ersten Scratchen mit Paulchen-Panther-Vinylplatten, das hier eine
große Liebe zu reifen begann. Das klingt vielleicht pathetisch, aber bis
dahin hatte ich nicht so wirklich viel gehabt, was mich ausmachte. Ich
war ein kleiner Sonderling und konnte mich mit Rap identifizieren.

Das ging auch über dieses Scratchen hinaus. Ich hörte die Songs und spürte: Das ist meine Geschichte. Das sind meine Themen. Beispielsweise bei Public Enemy. Das war einfach krass, dieses Black-Power-Ding: »Fight the Power.« Und da dachte ich mir: Ja, Mann! Genau das! Durch Rap begriff ich: Schwarz zu sein ist ein Struggle, das ist ein Kämpfen um Anerkennung. In der Zeit, in der ich großgeworden bin, gab es dieses Movement von KRS-One, Paris und eben Public Enemy. KRS-One beispielsweise ist die Abkürzung für »Knowledge Reigns Supreme Over Nearly Everyone«. Im übertragenem Sinne: Über Wissen kannst du fast alles erreichen und kannst dich nicht im negativen Sinne über andere stellen. Das Wissen ist wichtiger als jeder Mensch. Das war sehr hilfreich und hat mir wieder einmal gezeigt, dass Lernen auch etwas Positives sein kann. Ich betrat jedenfalls den Laden der Jungs und sah mich nach neuen Platten um. Die beiden kannten mich, und ich kannte sie, die Szene von Leuten, die damals scratchten, breakten, rappten oder sprayten, also irgendetwas taten, was mit Hip-Hop zu tun hatte, war relativ überschaubar. Außerdem behandelten uns die beiden nicht wie irgendwelche Dorfkinder, sondern nahmen uns und unsere Skills ernst. Ich stand also in diesem Laden herum und wühlte mich nichtsahnend durch die Kiste, als Steve auf mich zukam und mir die Hand gab. »Yo, David, wir haben da demnächst so eine Ausstellung mit unserer Crew in München.« Ich spürte meinen Herzschlag ansteigen, umständlich fuhr ich mir durch die Dreads, um meine Nervosität irgendwo abzulegen. Wenn ich mich recht entsinne, war ich an diesem Tag etwas bekifft, versuchte aber, ganz nüchtern rüberzukommen. Bloß nicht desinteressiert wirken, aber auch keine Luftsprünge machen. »Ach echt ... cool, cool ...«, sagte ich und sah ihn an. »Ja, schon. Willst du vielleicht auflegen, so warm-up-mäßig?«, fragte Steve. Meine Augen glühten. Ich konnte mein Glück kaum fassen und sagte etwas zu schnell und zu begeistert »Klar, Mann!! Voll gern.« – »Cool. Dann sehen wir uns dann da ne?«

Steve verschwand, und ich wühlte noch einige Minuten durch die Plattenkisten, ohne sie weiter zu beachten. Ich konnte mein Glück kaum fassen.

Vor dem Auftritt steigerten Bowdee und ich uns noch mehr rein. Es war wirklich eine ziemlich nerdige Zeit. Ich hatte einen Plattenspieler, mit dem man einigermaßen gut scratchen konnte, und er hatte einen ziemlich miesen Riemenantrieb-Plattenspieler. Aber, und das war schon etwas Besonderes, er konnte damit die Beats aneinander anpassen und Übergänge machen. Bowdee mischte also immer Tapes mit Übergängen, und meine Tapes waren voller Scratches. Wir trafen uns morgens immer etwas früher am Bahnhof, weil er ja aus Kirchheim kam, und wir verbrachten den kompletten Schulweg damit, gegenseitig unsere Tapes anzuhören und uns dafür abzufeiern. Das muss von außen schon ziemlich lustig ausgesehen haben. Ein schwarzer Junge mit Dreads und Hip-Hop-Klamotten und ein weißer recht anständiger aussehender Junge, die sich abwechselnd ihre Discmen hin- und herreichen und wie die Wahnsinnigen mit dem Kopf wackeln.

Der Auftritt war ein absolutes Highlight. Ich war 16 Jahre alt und stand mitten in München vor bestimmt 40 Zuschauern und scratchte. Vor mir standen zwei Plattenspieler, und ich hatte noch nie einen Übergang gemacht, das war ja Bowdees Ding. Allerdings waren meine Scratches so gut oder ich nahm in meinem jugendlichen Eifer an, dass sie so gut waren, dass das keinem Zuschauer so richtig auffiel. Zumindest ging ich davon aus und war stolz wie nie zuvor, als ich von meinem DJ-Pult sah, wie die Leute sich bewegten und ihre Köpfe nickten – dass ich nicht mal auf dem Flyer für die Veranstaltung stand, war halb so wild und mir zu dem Zeitpunkt, in dem ich spürte, dass meine Scratches etwas in den Menschen auslösten, nicht mehr so wichtig.

Ich kaufte mir einen zweiten Plattenspieler und war viel mit Bowdee unterwegs. Wir fuhren durch halb Bayern auf Hip-Hop-Jams, einfach nur, um umsonst aufzulegen. Wir wurden ein regelrechtes Tag-Team.

Irgendwann waren wir in Kirchheim bei einer Jugendzentrumsparty. Dort lernten wir Boris kennen, von dem wir schon einiges gehört hatten. Zu der Zeit kursierte ein Mixtape von ihm, in dem er eine komplette Stunde lang Songs vom Wu-Tang Clan durchmixte. Das war eine unvorstellbare Dimension für uns und damals schon legendär. Wir konnten uns einfach nicht vorstellen, wie er das angestellt hatte. Irgendwann begann die Jamsession, wo jeder, der Lust hatte, sein Equipment auspackte und zeigen konnte, was er draufhatte. Bowdee holte seine besten Übergänge raus, und ich versuchte, mit meinen Scratches zu brillieren. Als Boris dann dran war, merkten wir, wie weit er uns voraus war. Er hatte Platten von Gerhard Polt mit Stickern abgeklebt, damit die Nadel beim Abspielen zurückfuhr und die einzelnen Teile sich wiederholten. Er hatte also einen künstlichen Plattenkratzer an der Stelle erzeugt, wo er es wollte, und auf der linken Platte einen Sample im Loop laufen lassen – und auf der rechten Platte einen Beat reingecuttet. Bowdee und ich sahen uns an und verstanden die Welt nicht mehr. Im Hintergrund tanzten auch ein paar süße Mädels, aber das war uns alles egal. Wir starrten Boris an und waren echt überfordert. Etwas später standen wir dann mit ihm draußen, als er aus dem Nichts zu uns sagte: »Hey, Jungs, ihr seid echt gut. Wir sollten eine DJ-Crew machen.«

WIR WERDEN JETZT STARS – BMG-MAJOR-DEAL VOR DEM ABITUR

Retroperspektivisch gesehen war das der Startpunkt. Ich machte weiter mit dem Rappen, aber dieses DJ-Crew-Ding war wirklich etwas, was ich ernst nahm und wofür ich natürlich auch die Schule vernachlässigte. Glücklicherweise zog Bowdee von Kirchheim nach Neufinsing, was näher an Markt Schwaben ist – optimal für einen Teenager, der einfach nichts anderes machen wollten als Musik. Wir trafen uns bei ihm im Keller, kifften und ließen uns in der Musik und in unserer DJ-Crew fallen. Boris war ein bisschen älter als wir und erfüllte so die Vater-Funktion in unserer Crew. Er spielte zwar kein Instrument, hatte aber ein unfassbares Verständnis für Musik. Dadurch, dass wir wirklich nächtelang in diesem Keller in Neufinsing abhingen und unsere Außenwelt komplett vergaßen, wurden wir wirklich richtig gut. Auf einmal ging alles ziemlich schnell. Da es damals ja weder YouTube noch SoundCloud oder Spotify gab, wir also wirklich keine Möglichkeiten hatten, unsere Musik digital zu veröffentlichen, fuhren wir wie die Wahnsinnigen auf Jams und hatten auf einmal mehr mit den Münchener Leuten zu tun. Dort gab es einen DJ, den ich ziemlich hart abfeierte: DJ Explizit von der Rap-Crew Main Concept aus München.

Nebenan im Eckhaus wohnte Daniel, der die FOS am Ostbahnhof besuchte. Irgendwann, als Daniel mitkriegte, dass wir dieses Rap-Ding wirklich ernsthaft betreiben wollten, erzählte er mir, dass es bei ihm »auch so einen Rapper« in der Klasse gebe. »Irgendwie Explizit oder so.« Ich konnte es nicht glauben. »Ne, Mann, DJ Explizit ist niemals bei dir in der Klasse!« War er aber. Daniel gab mir das Mixtape »Plan 58« von Main Concept mit, und ich feierte es ziemlich ab.

Auf einer Jam traf ich Explizit dann auch persönlich, der von seiner Crew, einem gewissen Raptile und einem David Pe, erzählte und der fragte, ob ich nicht für Raptile auflegen könnte, der würde eh gerade einen DJ suchen. Das war im Jahr 2000, also kurz vor dem Abi, und es war der Wahnsinn. Ich fuhr dann zu einer Studiosession und wollte Raptile eigentlich nur kennenlernen, aber als wir aufeinandertrafen, nahmen wir direkt unsere erste Maxi-CD auf mit Scratches und allem Drum und Dran. Von da an waren wir zu dritt. Markus aka Glammerlicious, der Beat-Produzent von Main Concept, Addis aka Raptile und ich, der sich den Namen Roger Rekless gab. Mit unserer Maxi sprach Addis bei BMG vor, und wir bekamen quasi über Nacht einen Majordeal bei BMG, während ich noch in der Schule war.

Das krempelte mein Leben kurzzeitig um. Es fing an mit einfachen Sachen. Ich brauchte jetzt ein Handy, um erreichbar zu sein. Das klingt jetzt erst mal nicht nach einer unlösbaren und lebensverändernden Maßnahme, aber im Jahr 2000 war ein Handy schon eine riesige Sache. Ich trug also in der Schule eine kleine Telefonzelle mit mir rum, ich glaube, es war ein Nokia 3210, eines dieser grauen Handys, auf denen immerhin Snake lief. Die anderen Oberstufenschüler verarschten mich natürlich und stellten mich als Mr. Oberwichtig dar. Ich machte ihnen aber klar, dass ich dieses Handy wirklich brauchte, ich musste für meine Band einfach erreichbar sein. Was natürlich ganz schön nach Mr. Oberwichtig klang. Fühlte sich aber trotzdem ziemlich cool an, auf dem Pausenhof sagen zu können. »Ich brauche das Handy, falls BMG irgendwas von uns will.«

Im selben Jahr startete dann auch unsere erste Tour, kurz vor dem Abi. Ich wusste nicht genau, wie ich das jetzt lösen sollte, Raptile meinte zu mir sinngemäß: »Vergiss mal die Schule, du bist jetzt Musiker, wir werden Rap-Stars!« Aber ich hatte da keine Lust drauf. Ich hatte mich jetzt acht Jahre durch die Schule gequält, die ganzen Demütigungen und nervigen kleinen Sticheleien ertragen, das wollte ich nicht alles so kurz vor dem Ende hinschmeißen nur für einen Traum, von dem ich nicht mal genau wusste, wie dieser eigentlich ausgehen würde. Ich wählte den direktesten Weg und klopfte einfach kurz vor der Tour an die Tür unseres damaligen Direktors. Der kam mir natürlich erst einmal mit diesen klassischen Lehrer-Argumenten, alles andere wäre ja aber auch irgendwie seltsam gewesen. Er sagte, dass das natürlich auf gar keinen Fall gehe, und warf mir alle Argumente entgegen, warum man während einer wichtigen Prüfungsphase auf keinen Fall fehlen sollte. Ich saß ihm gegenüber und tat mich schwer damit, nicht die Augen zu verdrehen. Der Mann hatte ja recht, aber vor ihm saß ein 19-jähriger Typ, der jahrelang mit sich und Markt Schwaben gestruggelt und jetzt einfach mal eine Tour am Start hatte. Als DJ! Genau im richtigen Moment, als ich schon dachte, der Direktor würde mir tatsächlich, obwohl ich so offen und ehrlich direkt zu ihm gekommen war, die Tour absprechen, wendete sich das Blatt und er gestand: »Aber natürlich möchte ich den kreativen Ergüssen meiner Schüler nicht im Weg stehen.«

Ich lächelte ihn breit an und war kurz davor, ihm ein High-Five zu geben. Ich glaube, noch nie in der Geschichte dieser Schule ist ein Schüler glücklicher aus dem Büro des Direktors gekommen als an diesem Tag. Ich durfte mit auf Tour.

Das einzige Manko an der Sache war, dass ich zu jeder Klausur da sein musste. Es gab also ein paar Termine, wo ich kurz heimfahren und dann wieder los musste. Das waren die wildesten drei Wochen, die ich damals erlebt habe. Wir spielten in der Columbia Halle in Berlin bei einer riesigen Veranstaltung, und nach der Show musste ich den Nachtzug nach München und weiter den Regionalexpress nach Markt Schwaben nehmen, um pünktlich um acht Uhr morgens zu meiner Abi-Geschichtsklausur zu erscheinen. Vollkommen irre. Und dann stehst du da, nachdem du vor 5000 Leuten aufgetreten bist, mit deinem Manager am Berliner Hauptbahnhof, der dir noch ein bisschen Gras für die Fahrt in die Hand drückt. Ich hatte mein eigenes Abteil, kiffte nachts aus dem Fenster raus und feierte mein verrücktes Leben. Mein Kumpel Floppy holte mich morgens um sieben Uhr mit seinem Auto vom Markt Schwabener Bahnhof ab. Meine roten Augen sprachen Bände, und die Klausur lief auch nicht wirklich gut. Danach fuhr ich kurz nach Hause, duschte und dann ging es schon weiter zum nächsten Gig. Das war einfach der Wahnsinn. Meine nächste Klausur war Physik, und da wir gerade mit Blumentopf auf Tour waren, lernte ich mit Bernhard »Wunder« Wunderlich im Tourbus. Der hatte ein Summa-cum-laude-Abi, und während die anderen nachts loszogen, Cocktails tranken und feierten, saß ich mit ihm hinten und löste irgendwelche Vektor-Gleichungen. Living the Rockstar-Life!

Kurz nach unserer großen Tour und unserem Album hatten wir einige Auftritte in Amerika und Kanada. Hier trafen wir Mathematic, einen Rapper, den ich extrem feierte. Wir nahmen einen Track mit ihm auf, und ich bin heute noch von dieser ganzen Aktion unfassbar begeistert, weil das genau mein Verständnis von Hip-Hop war. Zusammenhängen und einfach machen! Mathematic nahm seinen geschriebenen Text mit in die Boof und brauchte einen einzigen Take für die Aufnahme. One-Take-Wonder-Shit! Ein paar Audiokorrekturen, und fertig war das Ding. Wir waren alle unfassbar geflasht, mit welcher Leichtigkeit diesem Rapper alles von der Hand ging. Nach ihm ging Raptile in die Boof, und es dauerte Stunden. Er war es eben auch gewohnt, die Audiospur zigmal zu doppeln und stand nach Mathematics Vorlage ziemlich unter Druck. Hier spürte ich zum ersten Mal, dass das alles nicht unbedingt nur Spaß und Liebe war. Die Stimmung im Studio war angespannt, wir saßen alle auf dieser braunen Ledercouch herum, und die lockere Atmosphäre kippte, als klar wurde, dass Addis etwas länger brauchte. Manchmal, in einsamen Momenten, habe ich Flashbacks an diesen Tag. Dann sehe ich Raptile da allein stehen, die Luft im Studio scheint zu knistern, und ich realisiere nach meinem Höhenflug, zu dem der Major-Deal vor dem Abi mich verleitet hat, dass diese Musikwelt nicht nur eine kreative Spielwiese ist, sondern ab einem gewissen Punkt eben auch andere Dinge einen Einfluss nehmen.

Eine Sache, die ich bis heute ziemlich gut kann und hier noch kurz einschieben will, ist das Freestylen. Das Freestylen hatte ich mit Freunden einfach aus Spaß in der Schulzeit angefangen, es wurde aber im Lauf der Jahre immer mehr Teil meiner musikalischen und künstlerischen Persönlichkeit. Als ich mit 13 oder 14 Jahren damit loslegte, war das wirklich mehr ein Herumblödeln, und wir waren auch echt nicht sonderlich gut. Die meisten Freestyle-Sessions starteten – wie so viel in meiner Karriere – in meinem Kinderzimmer. Ich erinnere mich noch gut daran, wie ein Schulfreund, Marcel, bei einer damaligen, wenn man es so nennen kann, »Session«, die Überline droppte:

Und ich flieg an dir vorbei//
TSCHÜÜÜÜ/ Wie ein Pfeil.

Wie sick war der denn? Er hatte einfach mal das Geräusch eines Pfeils imitiert und mit in seinem Reim aufgenommen. Für damalige Verhältnisse war das wirklich schon gut. Dachten wir zumindest.

Nach einigen Jahren Übung wurde ich aber wirklich ziemlich gut im Freestylen, es machte einfach Spaß zu improvisieren und quasi wie aus dem Nichts Reime zu finden. Später erkannte mein Manager mein Freestyle-Talent und auch meine Rapskills und sagte zu mir, wenn ich mal etwas Rapmäßiges allein starten wolle, würde er mich sofort signen. Ich entschied mich aber, auch aufgrund der vergangenen Erfahrungen in Kanada, dass ich dieses Hip-Hop-Ding als DJ ziemlich cool fand, weil das meine Kunst und irgendwo auch mein Handwerk war. Aber das, was ich schrieb, war immer meins, das war Spaß, und das sollte es bleiben. Ich hatte keine Lust, das auf den Prüfstand zu stellen, dafür waren mir meine Texte zu intim, und ich wollte dafür nicht von einem Plattenboss bewertet werden.

Der Major-Deal war natürlich super und auf »Da Basilisk's Eye« bin ich heute noch sehr stolz, aber irgendwie hatte ich auch Lust, Dinge zu veröffentlichen, die irgendwie mehr mein Zeug waren, losgelöst von dem Gedanken, dass es sich unbedingt verkaufen musste. Also gründete ich parallel mit DJ Chrome, DJ Stream, Bowdee, HR Minute und Tom Peschel ein Independent Label. Wir wollten auf diesem Label nur Vinyl machen, einfach, um uns selbst künstlerisch komplette Freiheit zu lassen. Hinzu kam, dass mir die Demos für unser zweites BMG-Album nicht gefielen. Also wirklich überhaupt nicht. Wir waren uns uneinig über die musikalische Richtung, die wir einschlagen wollten. Ich konnte das zweite Album nicht mehr machen, wenn es sich so anhören sollte. Also verließ ich BMG, als ich 21 Jahre alt war, es im Prinzip also gerade erst losging. Ich hatte diesen Schritt mit meiner Mutter besprochen, und sie hatte mir dazu geraten, zu tun, was ich für richtig hielt.

Bis heute arbeite ich ausschließlich an Projekten, die mir gefallen. Ich liebe es, mit anderen Künstlern zusammenzuarbeiten und mich musikalisch komplett zu entfalten. In der Musik gibt es für mich keine Grenzen, ich liebe harte Gitarren und dröhnende Beats, aber auch den Freestyle und den Bass. In meiner Radiosendung kann ich mein Musikwissen einbauen und Künstler featuren, die ich selbst neu entdeckt habe. Heute bin ich froh, nicht einfach eine straighte Musikerkarriere durchgezogen zu haben, um irgendwann dann als verbrannter Popkünstler zu enden. Der Bruch mit BMG war wichtig für mich, denn ich spürte, dass ich am besten dann funktioniere, wenn ich von einer Sache überzeugt bin. Außerdem kann ich nicht nur einfach Musiker sein und Album nach Album raushauen. Ich bin an so vielen verschiedenem Zeug interessiert, dass ich mich gar nicht so lange vertraglich an einer Sache binden will. Wenn ich heute Lust habe, mit befreundeten Musikern an einer Jazz-Platte mitzuarbeiten, dann mache ich das einfach. Wenn ich mir nebenbei noch überlege, einen Hypnose-Kurs zu belegen, einfach weil mich das wahnsinnig interessiert, dann mache ich das. Ich will neugierig bleiben. Und Dinge tun. Und irgendwann wurde diese Einstellung zu meinem Motto.

Rekless tut Dinge.
Bis heute.

GASTBEITRAG VON CHEFKET, RAPPER UND SÄNGER: DU PUSSY!

Es gibt so viele Geschichten. Welche soll ich euch erzählen? Bestimmt habt ihr schon mal eine ähnliche gehört. Und ich will nichts erzählen, was ihr schon kennt. Ich will ja, dass ihr eure Augen und – wenn es geht – vielleicht auch eure Herzen öffnet. Als Rekless mich gefragt hat, wusste ich, dass es schwer wird, sich für eine Geschichte zu entscheiden. Deshalb schreibe ich jetzt darüber, wie schwer es ist, über Rassismus zu schreiben, ohne diese Opferrolle einzunehmen – obwohl ich auch kein Täter bin. Es ist anstrengend, jahrzehntelang davon zu erzählen, dass es für mich keine Gleichberechtigung gibt. Die Einzigen, die mich immer verstanden haben, waren Frauen. Weil sie auch nie genug sind. Sie werden auch diskriminiert und können sich leichter hineinversetzen als der weiße Mann mit all seinen Privilegien, die er nicht erkennt. Und wenn er sie erkennt, dann redet er voller Selbstmitleid mit anderen, weil er ja nichts ändern kann: »Jammer nicht rum, du Pussy! So ist die Welt nun mal.«

Warum will der Mann keine Pussy sein, obwohl er jeden Tag an sie denkt bzw. aus einer kommt und sich so verhält, als ob er dahin zurückwill? Wann ist ein Mann ein Mann? Oh, habt ihr den Themenwechsel bemerkt?

Wie schön es wäre, nicht immer über Rassismus schreiben zu müssen, damit diejenigen, die sowieso nicht zuhören, endlich interessiert zuhören. Und ich würde von denen, die selbst davon betroffen sind, nicht mehr erwarten müssen, sich mit mir zu solidarisieren, damit wir als Minderheit gemeinsam aufzeigen, was die Mehrheit missversteht. Rassismus. Dieses Scheißwort. Ich hasse es. Es müsste Hassismus heißen. Da weiß man wenigstens, worum es geht. Hass. Meine Eltern haben mir nur das

Gegenteil von Hass mit auf den Weg gegeben. Vielleicht kann ich deshalb nicht damit umgehen.

Ich bin ein hoffnungsvoller Optimist. Irgendwann wird diese Gesellschaft gut gemischt sein. Wie die Karten eines Zauberers kurz vor seinem Trick. Die alten grauen Köpfe werden weg sein, und es wird keine einzelnen Nationalitäten mehr geben. Alle haben deutsche, türkische, kurdische, russische, arabische oder französische Wurzeln, und es geht nur noch darum, was du kannst.

Bis dahin ist es noch ein weiter Weg.

Und was passiert eigentlich, wenn ich als Rapper über Rassismus spreche?

Dann wird das sofort als politische Musik bezeichnet. Ich habe nichts gegen diese Bezeichnung, aber ich erzähle nur Geschichten aus dem Leben. Das ist kein berechnetes Konstrukt, das ich mir ausdenke. Es ist real. Es zerfrisst mich, wenn ich es nicht aufschreibe. So habe ich ein wenig Kontrolle über meine Ohnmacht. Ich frage mich, wie es die Leute machen, die nicht schreiben. Vielleicht umgeben sie sich deshalb nur mit Gleichgesinnten und gehen nie aus ihrer Komfortzone. So kann man nicht so leicht verletzt werden. Da draußen herrscht Krieg, und nicht jeder hat sich eine Kampfausrüstung zugelegt wie ich. Manchmal sehe ich, wie jemand nackt und unbewaffnet in die Schlacht rennt. Er weiß, auch er wird es nicht schaffen. Aber er will unbedingt etwas unternehmen, während der weiße Alman aus der Mehrheitsgesellschaft denkt: »Jammer nicht rum, du Pussy! So ist die Welt nun mal!«

Musik hat meinen Status erhöht. Ich habe mich aus dem Underground nach oben gekämpft und bin nun dort, wo ich immer sein wollte. Nicht als Superstar, nein! Endlich auf Augenhöhe. Sodass niemand mehr auf mich herabblicken kann. Das reicht mir.

Aber auch in der Musikwelt gibt es mehr Rassismus, als ich dachte. Ich hatte mich mit einem Management-Team verabredet. Sie hatten meine Musik gehört und wollten mich unbedingt treffen. Bei Cappuccino und Schokocroissant sprach ich mit ihnen darüber, dass ich in meinen nächsten Videos nur POCs haben will. Sie dachten direkt, ich wolle damit die weiße deutsche Gesellschaft angreifen, und schlugen mir vor, in der jetzigen Zeit lieber kein Öl ins Feuer zu kippen.

Sie begriffen nicht, dass es eine Art Empowerment sein sollte für alle Minderheiten. Ich erklärte es noch mal und dachte, es wäre angekommen.

Am nächsten Tag riefen sie mich an und meinten, sie hätten nun doch keine Kapazitäten mehr. Obwohl sie ja mit mir arbeiten wollten. Ich habe nichts gesagt und aufgelegt.

Also, Leute. Das ist kein Angriff auf alle Deutschen. Sonst würde ich mich ja selbst angreifen. Es ist ein Einblick. Wie man sich fühlt, wenn man für diese Gesellschaft nie genug ist. Und wir sind jetzt in dem Alter, um darauf aufmerksam zu machen.

»Also jammer nicht rum, du Pussy! So ist die neue Welt nun mal!«

ALLTAGSRASSISMUS – ODER EINFACH NUR VORURTEILE?

In dieser Hip-Hop-Welt, zumindest zur damaligen Zeit, gab es erstaunlich wenig Rassismus. Viele meiner Hip-Hop-Kumpels hatten auch einen ausländischen Background, und dass ich schwarz war, war nicht unbedingt ein Thema. Ich habe Hip-Hop sowieso immer als großes Familiending verstanden. Im Hip-Hop ist es eigentlich egal, wer du bist und wo du herkommst, es geht darum, was du kannst. Entweder du kannst gut sprühen, breaken, auflegen, rappen oder eben alles zusammen. Es ging in meinem Verständnis von Hip-Hop immer nur darum, was man konnte, und nie darum, wie man aussah.

Es kam, nachdem ich mit BMG gebrochen hatte, mal vereinzelt zu seltsamen Aktionen, bei denen ich wieder gemerkt habe, dass ich anders aussehe als der weiße Durchschnittsbürger. Beispielsweise freestylte ich während einer Session mal in einem Klub in München. Natürlich auf Deutsch. Und zwar nicht nur fünf Minuten, sondern bestimmt eine halbe Stunde lang. Nach der Show kam eine junge hübsche Frau auf mich zu und sprach mich an.

Ich sehe die Situation heute noch genau vor mir, der Zerwik-Klub in München dampft, alle sind durchgeschwitzt und voller Endorphine, ich stehe mit meinen Kumpels lässig an der Bühne und schaue in das freudestrahlende Gesicht des Mädchens – und was passiert? Sie sagt zu mir: »Hey man, great show, Dude!« und klopft mir in dieser schrecklichen »Gut-gemacht«-Manier auf die Schulter. Ich schaue sie mit offenem Mund an und sage: »Servus, dank dir.« Sie nickt. Wahrscheinlich hatte sie mich in diesem großen, lauten Klub einfach nicht verstanden, denn sie sagte: »That was really good, I liked it. What's your name?« Ich antworte: »David. Oida, was ist los?! Ich kann Deutsch!«

Das war jetzt nicht wirklich schlimm, ich bin nach dem Abend nicht nach Hause gegangen und habe in mein Kopfkissen geweint, aber das ist eben das Ding. Du stehst auf der Bühne in München, nahe deiner Heimatstadt. Du rappst auf Deutsch, und das Erste, was nach der Show passiert, ist, dass du auf eine Dimension beschränkt wirst, auf deine Hautfarbe, die in den Augen der jungen Frau unbedingt dafür spricht, dass du Ausländer, wahrscheinlich Amerikaner bist. Wie damals in der Schule, wo mir meine »amerikanische Identität« irgendwann ganz recht war. An diesem Abend war ich genervt. Das ist schwer vorstellbar, wenn man selbst nicht schwarz ist, und die junge Frau meinte es auch sicherlich gut mit mir, aber mich ärgerte es wirklich extrem. Ich kann meine Hautfarbe nicht wechseln wie ein Chamäleon, und wenn du es in deinen Kopf nicht reinkriegst, dass da ein schwarzer Typ auf der Bühne steht und auf Bayerisch rappt, ist das vor allem dein Denkfehler und nicht meiner.

Ich hatte bei Auftritten immer das Gefühl, was ich auf der Bühne machte, war vollkommen egal. Ich konnte den krassesten Freestyle raushauen, den ganzen Klub zerlegen und mich einfach mit meinen Skills beweisen. Aber nach solchen Erlebnissen wie an diesem Abend fühlte ich mich immer wie ein laufendes Klischee, im Sinne von: Na ja, das war schon ziemlich gut, ABER er ist ja auch schwarz, er muss das ja können. Genauso wie die Jungs von gegnerischen Basketballvereinen ganz natürlich annahmen, ich müsste besonders gedeckt werden, weil Schwarze ja immer sehr gut Basketball spielen, schließlich ist die gesamte NBA voller schwarzer Basketballspieler. Typen wie Dirk Nowitzki sind einfach eine ziemlich krasse Ausnahme. Andererseits: Würde ich jetzt in die USA fahren oder eben wie später auch mal in den Kongo, das Heimatland meines Vaters, wäre ich immer noch ein schlechter Basketballspieler, aber vor allem weder ein US-Amerikaner noch ein Kongolese. Ich bin und war immer Markt Schwabener, wie es auf meinem Unterarm-Tattoo zu sehen ist, und manchmal rappte ich eben auf Deutsch oder Bayerisch und übernahm also eine Kultur, die aus Amerika kam. Aber ich remixte sie sofort mit meinen eigenen bayerischen und deutschen Wurzeln, trat also überhaupt nicht mit der Intention an, etwas Internationales zu verkörpern. Und ich wurde trotzdem mit etwas verortet, mit dem ich nichts zu tun hatte. Verrückt, wie ich mich an dieser einen Geschichte mit dem Mädchen, das mich auf Englisch ansprach, abhandeln kann, oder? Es ist nur eben so, dass sich diese Erfahrungen im Lauf der Jahre immer und wieder wiederholten.

Außerdem begegnete ich bei solchen Sessions oder auf Partys ständig Typen, die mir mit einer »Yo«-Attitüde entgegenkamen. Hip-Hop-Fans sahen mich an und begrüßten mich mit »Yo, what up man?« und gaben mir einen dieser umständlichen Handschläge, die viel zu lange dauern und von außen ziemlich anstrengend aussehen. Ich wurde auch manchmal nicht gefragt, ob ich hier heute rappen würde, wenn die Leute mich nicht schon kannten. Sie interpretierten meine Hautfarbe als Faktor, der dies begünstigte und ließen dieses »Yo, du rappst oder?« ganz entspannt bei einem Tegernseer fallen. Leider musste ich dann natürlich zustimmen, denn ich war nun einmal Rapper. Und halt schwarz. »Hm cool«, erwiderte mein Gegenüber und trank weiter sein Tegernseer. Das Bild war perfekt, nichts irritierte. Die Session würde gleich losgehen, und es gab sogar einen Schwarzen, der rappte. Der musste ja gut sein, wenn er schon nicht gut Basketball spielte. Bei solchen Begegnungen hätte ich am liebsten einmal gesagt: »Ne, Mann, ich spiele Orgel und singe bei den Regensburger Domspatzen. Und jetzt hör auf, in meiner Gegenwart Bier zu trinken. Ich lebe Straight Edge. Keinen Alkohol, keine Drogen, nur Hardcore-Gitarren-Musik. Das ist meine Szene.« So was hätte ich gern einmal gesagt, einfach, um einmal nicht das Klischee zu erfüllen. Dass ich übrigens bereits früh damit anfing, Metal zu hören, und immer noch der Leadsänger einer Rap-Metal-Combo (GWLT) bin – geschenkt.

Komisch war es auch – und das zieht sich bis heute durch mein komplettes Leben –, wenn ich mit meiner Mutter unterwegs war. In den Augen der Leute war ich immer adoptiert. Von wegen: Was macht denn die ältere Dame mit dem jungen großen Schwarzen? Sie muss ihn sich gekauft haben. Ich sehe so etwas in den Augen der Leute. Noch heute spreche ich meine Mutter immer sehr laut mit »Mama« an, wenn wir zusammen unterwegs sind. Ich muss nach außen das Signal senden: Alles in Ordnung, das ist meine Mutter. Solche Dinge gab es immer wieder, auch viele Jahre später in der Universität in München.

Ich stand einmal im Copyshop herum, als mir eine Studentin einen Haufen Blätter in die Hand drückte und mich bat, diese einmal für sie zu kopieren. Ich starrte sie an. »Wie bitte?«

»Oh, ach so«, murmelte sie und nahm mir die Blätter wieder aus der Hand. Sie ging zum nächsten Kopierer und hatte sich nicht mal wirklich entschuldigt. Es war egal, dass sie mich versehentlich für den Typ gehalten hatte, der für die Studenten irgendwelche Blätter kopierte und hier anscheinend arbeitete. Dabei war ich doch selbst hier Student.

Spannend finde ich an dieser Stelle auch ein Interview, dass der schwarze Top-Manager Richy Ugwu dem Stern gegeben hat. Zur Erinnerung: ein Top-Manager, geboren in Berlin, mit einem nigerianischen Vater und einer deutschen Mutter. Im Interview erzählt er von der subtilen Form der Fremdenfeindlichkeit und von der Reduktion auf bestimmte Attribute, die ihm in der Vergangenheit immer wieder widerfahren seien. Beispielsweise war er Speaker auf einer Manager-Veranstaltung und wurde im Waschraum darauf aufmerksam gemacht, dass das Toilettenpapier fehlen würde. Sein Gegenüber nahm einfach in dieser Umgebung an, dass er als Schwarzer jetzt in diesem Moment hierfür zuständig sei. Danach ging Ugwu auf die Bühne und sprach vor Hunderten Managern über irgendwelche Marketing-Sachen. Weil das eben sein Job war und nicht der, das Toilettenpapier zu wechseln.

Viele Menschen nehmen einfach die erste Assoziation, die sie mit einer Person haben, die anders aussieht, und versuchen, sie in ihrer Umgebung so zu verorten, dass es passt. Dabei wissen Sie oft gar nicht, was sie damit auslösen können. Ich meine, der Mann ist

Top-Manager und wird für eine Reinigungskraft gehalten. In diesem Moment ist es egal, wie viel er in den Augen der anderen um ihn herum geleistet hat, er ist gerade einfach nur ein Schwarzer, der ja wahrscheinlich der Toilettenmann ist. Ich bin mir ziemlich sicher, dass derjenige, der ihn nach dem Toilettenpapier gefragt hat, sich im Nachhinein auch nicht bei ihm entschuldigt hat und auch keinen Grund für eine Rechtfertigung sah, denn in seinen Augen ist in neun von zehn Fällen der schwarze Mann in einem öffentlichen Klo nun mal der Toilettenmann. Warum sich also für den einen Ausrutscher entschuldigen?

Noch eine Aussage von Ugwu, die ich im Interview bemerkenswert fand und sofort unterschreibe: Er erklärte, dass es nicht seine Aufgabe sei, jeden einzelnen Rassisten zu bekehren. Ganz genau. Warum sollte er und warum sollte ich einen Fehler von anderen korrigieren? Der Fehler, dass jemand gerade – egal, ob bewusst oder unterbewusst – rassistisch handelt, muss von der Person selbst erkannt und gebannt werden – anders geht es nicht.

Du siehst also, der Rassismus ist nicht einfach aus der Welt. Wir begegnen ihm immer noch. Ich begegne ihm auf Freestyle-Sessions, beim Einkaufen, im Copyshop. Rassismus hat sich nach den großen Hochzeiten des biologischen Rassismus einfach nur verändert und findet jetzt eben in unserem Alltag statt. Alltagsrassismus. Reden wir darüber.

ALLTAGSRASSISMUS – VERSUCH EINER DEFINITION

Alltagsrassismus zu definieren ist nicht so ganz leicht. Im Gegensatz zu den recht klaren, abgrenzbaren Rassismus-Begriffen aus dem ersten Kapitel, gibt es jetzt keine großen historischen Daten, an denen man ihn festhalten kann und ab denen man ganz klar von einer »Zeit des Alltagsrassismus« sprechen kann. Vielmehr ist es so, dass der biologische Rassismus irgendwann nicht mehr angesagt war und nach dem Ende der kolonialen weißen Herrschaft und des NS-Regimes in Deutschland sowie der Einführung eines Grundgesetzes, das die Gleichheit der Menschen an erster Stelle verortete, ein etwas anderer Wind wehte. Rassismus ließ sich nicht mehr durch die kruden biologischen Thesen von Pseudowissenschaftlern, die Menschen nach Rassen einteilten, begründen. Aber, um ganz ehrlich zu sein: Nur weil man die Gleichheit von Menschen verschriftlichte und sich dafür einsetzte, dass es jetzt eben keinen Rassismus mehr geben sollte, ist die Idee, dass andere Menschen aufgrund ihrer phänotypischen Merkmale »anders« sind und somit auch anders behandelt werden sollten, nicht aus der Welt geschafft. Das wäre ja auch zu schön, um wahr zu sein. Stattdessen haben sich unsere seit Jahrhunderten angelernten rassistischen Tendenzen einfach verlagert. Eben in unseren Alltag, den, zumindest theoretisch, alle Ethnien gemeinsam miteinander verbringen. In unserer multikulturellen, pluralistischen Gesellschaft, darf natürlich auch ich mit meiner Hautfarbe in München wohnen und darf selbstverständlich am gesellschaftlichen Leben teilnehmen, ohne hierfür diskriminiert zu werden. Weißbier trinken beim AfD-Infoabend? Kein Problem (wenn man starke Nerven hat). Aber selbstverständlich ist Rassismus nicht aus der Welt geschafft, nur weil man sich das ausgedacht hat.

Alltagsrassismus ist das große Ding, das eine echte Herausforderung darstellt und dem wir uns aktiv stellen müssen. Hierbei ist der Begriff des Alltagsrassismus vor allem assoziativ und beschreibt nicht ein einzelnes, klares Phänomen. Was alltagsrassistisch ist und was nicht, ist auch immer ein individuelles Gefühl. Zunächst einmal lässt sich Alltagsrassismus insofern definieren, dass bestimmte (ausschließende) Gruppen andere durch die Abgrenzung abwerten und davon ausgehen, dass »die anderen« nicht den Standard der Normalität erfüllen, den sie, also die dominierende, ausschließende Gruppe, vorgeben. Den Begriff des »Alltags« definieren die Soziologen Peter Berger und Thomas Luckmann in ihrem 1969 in Deutschland erschienenen Werk »Die gesellschaftliche Konstruktion der Wirklichkeit« als den bedeutendsten Bereich, in dem Menschen ihre persönlichen Erfahrungen sammeln.

Dem Alltag kann man in unserem Leben also schon eine sehr hohe Bedeutung beimessen, vor allem, wenn es darum geht, wie wir im Alltag sozialisiert werden. Werden wir im Alltag unterschwellig rassistisch diskriminiert und bekommen zu spüren, dass wir nicht zu den »Normalen« gehören, wirkt diese Diskriminierung sehr nachhaltig. Ich bin mittlerweile Ende 30, und es sind diese alltäglichen Erfahrungen mit Rassismus, die über die Jahre dazu geführt haben, dass ich mich mit diesem Thema beschäftige – es war einfach immer um mich herum und mein ständiger Wegbegleiter, seit dem Kindergarten. Ich konnte die Geschichten aus den vorherigen Kapiteln, das Anspucken, die Jagd, die Polizeikontrollen, die Frau, die mich und meine Freundin am Markt Schwabener Bahnhof sieht und anmerkt »Was da bloß für Kinder rauskommen« deshalb so detailreich beschreiben, weil es sich so sehr in mein Gehirn gebrannt hat. Aber: Nicht nur Betroffene verinnerlichen diese Form des Rassismus sehr stark, sondern auch Unbeteiligte. Das ist die andere Seite der Medaille. Sicher habe ich immer wieder Alltagsrassismen erfahren, meine Mitmenschen allerdings auch, nur eben von der anderen Warte. Sie haben beobachtet, wie andere Menschen eben Worte fallen lassen, die man sagen »kann«, ohne dass hierbei etwas passiert. Es gibt ja selten einen Aufschrei. Dieses Schulterzucken und das schweigende Hinnehmen führen dazu, dass alltagsrassistische Begegnungen nicht ernst genommen werden, weil sie einfach nicht erkannt werden.

Aber kommen wir zur Theorie: Der Sprachwissenschaftler Siegfried Jäger definierte Rassismus im Alltag 1993 in einem Vortrag der Friedrich-Ebert-Stiftung zum Thema Entstehung von Fremdenfeindlichkeit über ein konstruiertes »Wir«, das eine externe Person oder eine externe Gruppe ausschließt. In einem ersten Schritt stellt also eine Gruppe ihre Andersartigkeit fest. Diese Abweichung von der Normalität wird in einem zweiten Schritt von der Gruppe machtvoll geäußert und vielleicht gar praktiziert. Schließlich wird die zweite Gruppe oder das andere Individuum aus der ersten Gruppe über diese Zuschreibungen dann konsequenterweise ausgeschlossen. Der Sozialpädagoge Claus Melter versuchte, den Alltagsrassismus anhand von verschiedenen Indikatoren zu definieren. Wenn diese Indikatoren erfüllt sind, wird von Alltagsrassismus gesprochen. Hierzu gehören beleidigende oder abwertende Sprüche, das Übersehen und Ignorieren von als »fremd« definierten Personen, die Diskriminierung bei der Wohnungs- und Arbeitsplatzsuche, eine systematisch schlechtere Förderung im Bereich der Bildung. Es ist wichtig zu erkennen, dass Alltagsrassismus ein ununterbrochener Prozess ist, der sich durch unseren Alltag immer weiter festigt, wenn er ausgelebt wird. Rassismus wird durch die seichte Einbindung in unseren täglichen sozialen Abläufen in seinen Ausformungen nicht mehr befragt oder kritisch beäugt, sondern von einer größeren Gruppe als normal angesehen. Alltagsrassismus fällt eben nicht immer direkt auf und ist daher so brandgefährlich.

In einem alltagsrassistischen Alltag werden Menschen in Gruppen eingeteilt. Die Soziologie kennzeichnet dieses Phänomen der Einteilung als »Othering«. Durch Othering differenziert sich eine Gruppe, der man sich zugehörig fühlt, von anderen Gruppen. Vordenker waren hier eine Reihe von Philosophen wie Hegel und Simone de Beauvoir. Othering, das man im Deutschen mit »Fremd-Machung« übersetzen kann, beschreibt einen Prozess, in dem man sein soziales Image hervorhebt und Menschen mit anderen Merkmalen als andersartig und fremd kennzeichnet. Es findet also eine betonte Unterscheidung und Distanzierung von »den anderen« statt und kann zu Feindbildern, insbesondere zur Fremdenfeindlichkeit führen. Das bildet die Grundlage für Diskriminierung und eben auch Alltagsrassismus. Dieser kann sich dann deutlich in Form von rassistischen Beleidigungen äußern, aber eben auch ganz subtil (»Entschuldigung, das Klopapier müsste nachgefüllt werden« – »Nice Freestyle, Man, where are you from?« – »Kannst du mir das kopieren?«).

Die portugiesische Psychologin und Autorin Grada Kilomba beschreibt Rassismus in ihrem Buch »Plantation Memories« als Vorurteile plus Macht. Es gibt in jeder Gesellschaft ein sogenanntes »rassistisches Wissen«, das aus Vorurteilen, Stereotypen oder falschen Vorstellungen besteht. Über diese Vorurteile herrscht ein ziemlich klarer gesellschaftlicher Konsens. Vier junge Schwarze in einem Park stellen nun mal eine irgendwie geartete Gefahr dar, auch wenn sie gerade einfach nur ein Business-Meeting abhalten. Diffuse Ängste werden auf diese Gruppe bezogen.

Alltagsrassismus zieht sich im Weiteren quer durch alle Schichten und Gesellschaftsbereiche, ist also nicht nur an Stammtischen anzutreffen, sondern ebenso in der Politik. Über Institutionen wie Kindergarten, Schule, aber auch Medien erfolgt eine gemeinsame Sozialisation, die rassistische Vorurteile vermittelt und diese über Jahre hinweg festigt. Später gehe ich hierauf noch genauer ein, aber denk nur einmal an das Afrika-Bild, das dir in der Schule vermittelt wurde. Ich glaube, es ist keine wirklich gewagte These, wenn ich behaupte, das in deutschen Schulbüchern vermittelte Bild von Afrika stammt zum größten Teil aus einem europäischen Blickwinkel, bei dem vor allem die Geschichte einer europäischen Kolonialisierung im Vordergrund steht. Eine Weltsicht, die andere Kulturen verzerrt, ist die Betrachtungsweise, die uns anerzogen wird. Diese Eindrücke, die uns von unserem Umfeld mitgegeben werden, können sich über die Jahre in unterschiedlichen Formen ausprägen. Einerseits natürlich im sozialen Umgang miteinander, andererseits in institutionellen Praktiken. Im Fall des Alltagsrassismus ist die gesellschaftliche Macht entscheidend. Lass mich jetzt noch etwas ausholen, weil wir gerade dabei sind. Entscheidend ist also, wer gerade die gesellschaftliche Macht innehat.

DIE WEISSE MEHRHEIT ENTSCHEIDET

Eine Mehrheitsgesellschaft entscheidet also darüber, was »normal« ist und was nicht, und hinterfragt diese Normalität auch nicht. Es gibt hierfür ja keinen wirklichen Grund, und eine historisch begründete weiße Normalität wird aufrechterhalten. Warum sitzen nicht so viele Menschen mit afrikanischen Wurzeln im Bundestag? Das ist nicht unbedingt eine populäre Frage. Dass »die Weißen« eine Mehrheit darstellen, begründet sich vor allem historisch und wird eben nicht weiter hinterfragt. Diese weiße Mehrheitsgesellschaft hat also zum größten Teil die Gestaltungsmacht über unser Land und entscheidet im nächsten Zug nahezu allein und ohne den Zuspruch verschiedener diverser Ethnien, wer sich wie zu integrieren oder anzupassen hat. Obwohl also weiße Menschen sich nicht vorstellen können, wie es eben ist, schwarz oder eine Mixed-Raced-Person zu sein, sind sie in der Gestaltungsmehrheit. Zudem geht von dem größten Teil der weißen Menschen in Deutschland eine Repräsentationsmacht aus. Im Endeffekt entscheiden weiße Menschen darüber, was wie dargestellt wird. Eine Ausstellung im Museum, die Besetzung des nächsten Constantin-Films, all dies sind Gestaltungsfragen, die größtenteils und ohne die Frage, ob das denn »normal« sei, von Weißen getätigt wird.

An dieser Stelle ein kleiner Einschub. Im Schreibprozess habe ich einige Bekannte das Buch lesen lassen, und jemand fragte, ob das nicht normal für ein Land sei, in dem nun einmal mehr Weiße leben? Und diese Nachfrage ist so gut, weil sie genau das Problem aufzeigt.

Nehmen wir es eben genau so an: In Deutschland, einem mehrheitlich weißen Land, wird das Gesellschaftliche so gestaltet, wie es eine Mehrheit sich vorstellt. Dass es unter anderem für viele Menschen, die nicht dieser Mehrheit entsprechen, schwierig wird, den eigenen Platz in der Welt zu finden, ist eine Folge daraus. Hierbei geht es um Trans-Menschen, körperlich eingeschränkte Personen, Menschen anderer Ethnien ... eigentlich immer um die Menschen, die nicht dem Bild der Mehrheit entsprechen und dem Bild, das diese Mehrheit als Ideal darstellt. Als Beispiel seien hier alleinerziehende Frauen genannt. Heute ist das total normal, vor 30 Jahren war es sonderbar und vor 50 Jahren fast undenkbar, so jemanden in der Mitte der Gesellschaft anzutreffen. So, wir konzentrieren uns aber auf die Hautfarbe. Das Ideal wird hier auch von der Mehrheit bestimmt. Es ist weiß. Ein Ideal, das Menschen mit anderer Hautfarbe niemals erreichen können, obwohl sie im Land dieser Mehrheit geboren sind, dort leben, die Sprache sprechen und Steuern zahlen. Dieses Ideal von Weiß geht aber weit über unsere Landesgrenzen hinaus. Auch über die riesige europäische und amerikanische Filmindustrie wurde der Eindruck erschaffen, dass es global ebenfalls das Ideal von »weißer« Haut gibt.

Ich bin niemand, der völlig grundlos auf »Weißen« herumhackt, und ich habe auch keine Lust, hier so ein »Weißenbashing« zu betreiben. Ich will nur, und das ist unter anderem die Idee dieses Buches, einfach ein paar Sachverhalte aufzeigen, und, das muss man eben auch feststellen: Wir leben nun mal in einem Land, was maßgeblich von Menschen gestaltet wird, die weiß sind. Das zu erkennen, es einfach nur zu erkennen, kann schon ein großer Schritt sein, wenn wir uns aufeinander zubewegen wollen. Deshalb schreibe ich noch kurz einen Absatz über weiße Menschen und ihre Wirkung und stelle dir die sogenannte Kritische Weißseinsforschung vor:

Die Kritische Weißseinsforschung ist ein transdisziplinäres Studienfeld, das kulturelle, historische und soziologische Aspekte von Menschen beschreibt, die sich als weiß identifizieren. Die Forschung stellt fest, dass Weiße sich in Deutschland als die bestimmende Norm wahrnehmen. Punkt. Weiße Menschen sehen sich nun mal als eine dominante Kultur und erlangen in der Berufswelt wie auch im Alltag privilegierte Positionen. Die weiße Dominanz erscheint unauffällig und alltäglich. Es ist jetzt nicht so, dass wir durch die Straßen Münchens rennen und uns ein dominierendes weißes Stadtbild groß auffällt. Das ist ja aber auch einigermaßen nachvollziehbar, schließlich wird nicht das Weiß-Sein wahrgenommen, sondern eben das, was nicht weiß ist. Weil eben alles, was wir kennen, immer schon weiß war. Ich werde wahrgenommen, weil ich nicht weiß bin und eben anders aussehe. Ein Weißer wird nicht besonders wahrgenommen. Einfach weil alle anderen auch weiß sind. Klingt einigermaßen logisch, oder? Und das ist ja auch nicht weiter tragisch, zumindest wenn man sich darüber im Klaren ist, dass Nicht-weiß-Sein von der Norm abweicht.

Eine typische Beobachtung innerhalb der Kritischen Weißseinsforschung ist auch, dass Rassismus – unter Weißen – als Thema irrelevant erscheint, wenn die betroffenen Personen nicht anwesend sind. Im Prinzip beginnt hier ja bereits ein Ausschluss. Rassismus erscheint nur dann als relevant, wenn betroffene Personen, also diejenigen, die eben »anders« aussehen, zum Betrachtungsgegenstand werden. Rassismus ist somit erst einmal immer mein Problem, das Problem eines nicht weißen Menschen. Den Weißen ist ihre Hautfarbe und was damit einhergeht oftmals überhaupt nicht bewusst.

Die Historikerin Fatima El-Tayeb beschreibt in ihrem Buch »Rassismus, Identität und Widerstand im vereinten Europa« diese Schwierigkeit von weißen Menschen, einen Blick auf sich selbst »als Weiße« zu richten, als »Farbenblindheit« und ist für sie der stärkste Ausdruck der Normalisierung von Weiß-Sein. Rassismus ist letztlich an die Existenz eines anderen – Nicht-Weißen – gebunden und findet losgelöst von dem eigenem Weiß-Sein statt (sehr viel »weiß« in diesem Abschnitt – Achtung Wortwitz –, ich weiß). Aber schau, wenn du weiß bist, einmal kurz an dir hinab: Wann hast du dich das letzte Mal als »weiße« Person wahrgenommen oder das von anderen zu spüren bekommen? Warst du einmal in der Bundesrepublik Deutschland in einer Runde, in der du als weiße Person in der Unterzahl warst und gespürt hast: Okay, ich bin gerade einmal nicht die Norm? Und wenn ja, was hat das mit dir gemacht?

GEFAHREN DES ALLTAGSRASSISMUS UND WIE MAN IHNEN BEGEGNEN KANN

Kommen wir nun zur prominenten Anschlussfrage, die sich dem Kapitel über Alltagsrassismus anschließt: Wohin führt uns dieser? Was passiert mit einer einzelnen Person, die ständig solchen Erfahrungen ausgesetzt wird? Generell lässt sich feststellen, dass Diskriminierung und Mehrfachdiskriminierung zu einer gravierenden Schwächung des eigenen Wohlbefindens und der eigenen Persönlichkeit führen. Diskriminierung prägt Menschen nicht nur vorübergehend, sondern langfristig und tief greifend, wie die Studie »Perceived discrimination and personality development in adulthood« von US-amerikanischen und französischen Wissenschaftlern aus dem Jahr

2016 offenlegt. Durch Diskriminierung verändert sich messbar die Persönlichkeit von Betroffenen, und sie verlieren ihren Mut und den Glauben an sich selbst. Bittere Erkenntnis der Studie: Wer diskriminiert wird, verhält sich am Ende so, wie das Vorurteil es behauptet.

Alltagsrassismus stellt ein gesellschaftliches Problem dar, weil es die gleichberechtigte Teilhabe an einem sozialen Leben einschränkt. Für unseren sozialen Zusammenhalt ist es somit wichtig, dass wir über diese Folgen des Alltagsrassismus offen sprechen. Weite Teile der Gesellschaft tun sich jedoch schwer damit, Alltagsrassismus zu reflektieren, und schieben das Thema Rassismus dem rechten Rand zu. Mit den eigenen Rassismen wollen wir uns in der Regel nicht unbedingt befassen, und das ist irgendwo auch nachvollziehbar. Denn wer will sich schon mit etwas beschäftigen, was so leicht zu übersehen ist und dessen Aufbereitung wirklich keinen Spaß macht? Aber ich glaube, das Bewusstwerden des Problems sowie die anschließende Aufbereitung sind existenziell wichtig, ähnlich wie es nach den Irrungen und Wirrungen des Zweiten Weltkriegs wichtig gewesen wäre, dass Eltern ihren Kindern erzählen, was im Krieg wirklich passiert ist und welche Rolle sie in der NS-Diktatur einnahmen. Es war für meinen Opa ganz sicher leichter, meiner Mutter einerseits zu sagen, er wäre im Krieg nur Lastwagen gefahren, und mir andererseits seine (wie ich sie damals wahrnahm) »Actionfilme« über den Krieg zu erzählen. Für eine gesunde Aufbereitung wäre es besser gewesen, wenn er meiner Mutter reinen Wein eingeschenkt hätte, über die Zeit des Nationalsozialismus und seine Rolle darin. Er und hunderttausend andere, die im Dritten Reich gedient haben, die aber nach dessen Zusammenfall den Mantel des Schweigens über die Geschichte gelegt haben, bis ihre Kinder erwachsen wurden und kritisch nachfragten. Aber ich schweife etwas ab. Es wäre gut gewesen, das Nachkriegstrauma zu bewältigen, anstatt es einfach totzuschweigen.

Ähnlich verhält es sich mit Alltagsrassismus. Ein Rassismus, der in der Mitte der Gesellschaft angekommen ist, kann eben nur aufgelöst werden, wenn eine weiße Mehrheitsgesellschaft ihre Privilegien anerkennt und Machtstrukturen für Andersfarbige öffnet, damit Teilhabe auch jenen gesellschaftlichen Gruppen ermöglicht wird, die bisher unterrepräsentiert sind. Dafür muss sich die weiße Welt allerdings in einem ersten Schritt erst einmal dieses Privilegs gewahr werden. Dafür brauchen wir in allen Lebensbereichen mehr Diversität, einfach, damit es nichts Besonderes mehr ist, eine andere Hautfarbe zu haben, und hier nicht zwischen »wir« und »den anderen« unterteilt werden kann.

Der Abbau von Alltagsrassismus geht also mit tief greifenden individuellen und sozialen Veränderungen einher und ist kein einfacher Prozess. Rassismuskritik und Antidiskriminierung ist heute aber wichtiger denn je. Es muss im Weitesten darum gehen, Strukturen im öffentlichen Raum zu schaffen, sei es nun im Freundeskreis, Sportverein oder dem Arbeitsplatz, bei dem es keinen Platz für irgendeine Form von Alltagsrassismus geben kann. Vor allem nicht als lapidaren Witz, der sich unter dem »Alles nur Spaß«-Deckmantel bewegt. Denn selbst wenn es für diejenige Person, die einen Witz über Baumwollfelder oder Ähnliches macht, eben nur »ein Witz« ist: Das Gegenüber wird immer getroffen sein, und dieser »Witz« sorgt dafür, dass solche alltagsrassistischen Auswüchse wie ein flotter Spruch, der die Stimmung auflockern soll, zur Normalität werden. Wozu das führt, konnte ich am AfD-Infotisch beobachten. Sprachbarrieren werden eingerissen.

»Das wird man ja wohl noch sagen dürfen«, wird so die Titelmelodie eines Soundtracks, der sich ständig wiederholt und sich in Dauerschleife durch unsere Gesellschaft zieht. Und auf einmal sitze ich, ein schwarzer Typ, an einem Tisch und darf mir Diskussionen darüber anhören, ob irgendein Hans aus Unterhaching jetzt »Neger« sagen darf – oder eben nicht. Oder ob unsere Demokratie wirklich so ein tolles Konstrukt ist. Diesen Denkmechanismen müssen wir entgegenwirken, einfach weil es hierfür keiner Diskussion bedarf. Vor allem, und das ist auch eine Sache, der wir uns unbedingt bewusst werden müssen, weil Alltagsrassismus den idealen Nährboden für rechte Gesinnungen schafft. Dadurch dass Argumentationsmuster akzeptiert werden, die sich auf Vorurteile berufen, erfolgt ein Bruch bereits in der Mitte der Gesellschaft. AfDlern und Neonazis bietet ein verbreiteter Alltagsrassismus und die fehlende Empathie gegenüber Mitmenschen, die einer anderen Ethnie angehören, den theoretischen Unterbau für ihren Radikalismus. Von hier lässt sich starten, hier können Gleichgesinnte abgeholt werden. Und leider sind wir an einem Punkt angekommen, an denen ausländerfeindliche Positionen schon lange in der Mitte der Gesellschaft angekommen sind. Laut der Leipziger Autoritarismus-Studie aus dem Jahr 2018 vertritt fast jeder dritte Bürger eine ausländerfeindliche Position. In Ostdeutschland stimmte fast jeder Zweite (47,1 Prozent) Aussagen wie »Ausländer nutzen den Sozialstaat aus« zu.

Was kann man jetzt also tun, um Alltagsrassismus entgegenzuwirken? Tatsächlich glaube ich in allererster Linie, dass das hier eine Sache ist, die man nicht allein lösen kann. Das muss die Baseline, die über allem stehende Grunderkenntnis sein. Keine teilnehmende Partei, weder die Menschen, die den Alltagsrassismus erfahren, noch die, die ihn aussenden, manchmal eben auch unabsichtlich, können es allein schaffen, das Problem aus der Welt zu tragen. Die Problematik, die entsteht, ist eben, dass man sonst fünf weiße Typen in einer Ecke sitzen hat, die darüber reden, was denn jetzt Rassismus ist und was nicht. Obwohl sie natürlich nicht zur betroffenen Gruppe gehören. Auf der anderen Seite ist es aber auch keine Option, dass lediglich die Betroffenen an einem Tisch sitzen und von ihren Erfahrungen sprechen. Das Entgegenwirken und das Entkräften von rassistischem Gedankengut ist ein langwieriger Prozess. Und er beinhaltet zu Anfang eine hohe Sensibilität. Wir müssen uns bewusst werden, dass wir – auch aufgrund unserer Schulbildung – in einem System leben, das Alltagsrassismen begünstigt. Ein Beispiel: Als mein Bruder einmal in den USA war, war er dort einige Tage in einem Schwarzenviertel in New York unterwegs. Als er wieder nach Hause kam, erzählte er mir, wie viel Angst er dort gehabt hatte. Was ja eigentlich bescheuert ist, denn schließlich ist er auch schwarz – aber die Einstellung, die er gegenüber Schwarzen in US-amerikanischen Vierteln hatte, hatte er in Deutschland gelernt. Wir, die hier leben, egal, welche Hautfarbe wir haben, sind eben geprägt durch ein bestimmtes eurozentristisches Weltbild. Als Kind hatte ich dieses Weltbild auch verinnerlicht und wollte im Umkehrschluss unbedingt weiß sein. Afrika nahm ich als ein armes, unterentwickeltes Land wahr, von dem ich nicht viel wusste, mit dem ich aber auch nicht viel zu tun haben wollte. Wir stecken bereits so tief im Prozess eines weiter sich selbst reproduzierenden alltagsrassistischen sozialen Konstrukts, dass es keine Tablette oder keinen einzelnen Move gibt, der uns urplötzlich hier herausholen kann. Stattdessen müssen wir situationsbedingt handeln.

Ich erzähle dir hierzu eine Geschichte, damit ich mich nicht in Monologen verliere: Bei meinem Arbeitgeber, dem Bayerischen Rundfunk, gab es kürzlich abends kostenlose Würstl. Irgendeine Mitarbeiterverabschiedung oder so etwas. War auch nicht so wichtig, die Würstl standen im Vordergrund. Denn du weißt es ja bereits, für kostenlose Würstl gehe ich auch freiwillig aufs Gymnasium. Die Würstl wurden jedenfalls auf Tellern herausgeben – nichts Ungewöhnliches bis hierhin. Als ich an der Reihe war, lag ganz oben auf dem Stapel ein Teller mit dem Bild eines Gorillas drauf. Ich schaute denjenigen an, der die Würstl aushändigte, und – kein Witz – er sprach sich mit seinem Kollegen ab. Ganz bewusst wartete ich und beobachtete die Situation. Ich wollte wissen, was passiert. Ob man mir, einem schwarzen Mitarbeiter des BR Würstl auf einen Teller geben durfte, auf dem ein Gorilla abgebildet ist – oder eben nicht. Ich spürte, dass die anderen BR-Mitarbeiter, die die Teller austeilten, hinter vorgehaltener Hand ein seltsames Gespräch führten. »Gib eam an andern!«, hörte ich heraus. Ich blieb in beobachtender Position. Sie übernahmen jetzt nicht die rassistische Vorstellung, dass alle Schwarzen Affen sind, und gaben mir lachend den Gorillateller, aber dieses Bild, dass irgendjemand jetzt rassistisch denken könnte, schwebte über uns im Raum, und die anderen BR-Mitarbeiter, die bedienten, wussten nicht so recht damit umzugehen. Im Endeffekt bekam ich einen anderen Teller, und die Würstl waren auch sehr lecker. Aber in dieser Situation fragte ich mich: Wie hätte ich jetzt dafür sorgen können, die Situation zu entschärfen? Zuerst fand ich keine Lösung, bis ich Würstl kauend merkte: Okay, es spielt wirklich einiges zusammen. Allein können weder ich noch die Jungs hinter dem Würstchentopf diese Situation lösen. Wir starrten uns an und ließen das rassistische Bild über uns kreisen, ohne es herunterzuziehen und kaputt zu machen. Ich hätte von einem der BR-Mitarbeiter mit eingebunden werden können: »Ich hab gedacht, weil dieser Gorilla-Teller der nächste ist, ist das jetzt etwas komisch, wenn ich dir den gebe, oder? Ist das komisch für dich?« Zack, rassistisches Bild heruntergenommen und mir in die Hand gegeben. Und was hätte ich damit gemacht? Mein Ding. Egal, wie seltsam dieser Satz war und wie man diesen Satz bewertet hätte, ich wäre auf einmal drin gewesen in dieser Unterhaltung. Ich wäre ein Teil davon gewesen. Ich hätte die Möglichkeit gehabt zu sagen: »Du, das ist mir ziemlich egal, ich habe einfach nur Hunger.« Oder halt: »Alter, gib mir einen anderen Teller.« Egal, was ich daraus gemacht hätte, ich hätte das rassistische Bild in der Hand gehalten und ziemlich sicher auf den Boden gedonnert. Aber dafür hätte es mir auch erst einmal gereicht werden müssen.

Du siehst: So eine Situation kann nur konkret gelöst werden. Und um zu verhindern, dass es überhaupt zu solchen Situationen kommt, in denen wir spüren: Mist, jetzt sind hier nicht nur zwei Menschen im Raum, sondern dazu noch ein rassistisches Bild, das wir hier irgendwie abhängen müssen. Das ist der erste Schritt, den wir machen müssen. Und um hier hinzukommen, sollten wir mehr miteinander reden und versuchen, gemeinsam Lösungen für seltsame Situationen zu finden. Und vielleicht leben wir irgendwann dann in einer Welt, in der wir so tief im Prozess des Lösens von Alltagsrassismus drin sind, dass dieser Prozess dem stetigen Voranschreiten von alltagsrassistischen Tendenzen entgegenkommt – und Rassismus langsam, aber sicher überholt.

GASTBEITRAG VON MALCOLM OHANWE, JOURNALIST UND MODERATOR

Ich lausche gerade aufmerksam dem Gerichtsprozess – es geht um innerbetriebliche Schikane, ziemlich eskalierte Streitigkeiten unter Arbeitskollegen. Von meiner hinteren Sitzbank aus erkenne ich den bärtigen Angeklagten. Der ältere Mitarbeiter eines großen Münchener Autoherstellers soll seinen Kollegen mit anonymen und demütigenden Zusendungen drangsaliert haben. Es handelt sich wohl um jahrelanges hinterlistiges Stalking und üble Nachrede gegenüber einem Mitarbeiter – die möglichen Motive reichen von bloßer Langeweile bis hin zu anti-türkischem Rassismus. Es ist ein komplexer Fall, ich muss mich bemühen, alles zu verstehen. Ich möchte das Urteil am Ende nachvollziehen können. Ich bin hier als Journalist.

Eine Truppe, bestehend aus insgesamt 13 KollegInnen – mit mir –, sitzen hier in der hintersten Bank des Saales, der Pressebank, um in einer Fortbildung Erfahrungen in der juristischen Berichterstattung zu sammeln. Wir sind alle mucksmäuschenstill und folgen dem Prozess, als plötzlich ein flatteriger, mittelalter weißer Mann mit Hemd und Aktenkoffer in den Saal tritt: Er beäugt mich direkt – ich sitze am Rand zur Tür. Seine grünbraunen Augen, samt seinem blassen milchfarbenen Kopf, wandern auf und ab und starren mich an. Er hat mich fix gemustert und öffnet seine dünnen Lippen: »Ähmm ... Das ist für Reporter. Hier – dür – fen – nur – Re – por– ter – sit – zen! Das ist für die Presse reserviert.«

Ich gucke ihn kurz an, gebe ihm sehr leise zu verstehen – wir sind noch immer mitten im laufenden Prozess, mit Zeugenaussagen und allem Drum und Dran –, dass ich ihn verstanden hätte: »Ja, das weiß ich ...«

Ein verdutzter Blick vom mittelalten reisfarbenen Mann: »Ich glaube, Sie verstehen mich nicht. Diese Bank hier, auf der Sie sitzen, die ist für Journalisten. Sie müssen aufstehen und mir den Platz überlassen ...«

Ich denke mir: Lol, du kleiner Keck, ich habe dich das erste Mal schon verstanden, lass mich in Ruhe, denn ich will dem Fall zuhören, der mittlerweile ziemlich spannend ist. Stattdessen antworte ich: »Ich habe verstanden, danke.«

Er will sich mittlerweile wo anders hinsetzen, dreht sich um, macht fast den ersten Schritt, doch dann dreht er sich zurück zu mir und sagt : »Sind Sie denn Journalist?«

Ich erwidere mit einem kurzen »Ja«.

Er pausiert, resigniert.

Ich bin erleichtert, kann mich wieder auf den Fall konzentrieren. »Das glaube ich Ihnen nicht«, höre ich. Mittlerweile kriegen meine KollegInnen diese Interaktion mit. Einer von ihnen ist auch ein älterer weißer Herr. Es ist sein kurzer nickender Blick gegenüber seinem phänotypischen Genossen, der mich mit seinen Fragen nervte, der das Gespräch unmittelbar beenden sollte. Jetzt wird mir geglaubt, der flattrige Aktenkofferkerl setzt sich in die Ecke auf den verbliebenen freien Platz.

Später, raus aus dem Saal, will ich mir bei einem meiner Mitjournalisten Luft machen, ich kriege zu hören, dass er mir wohl genausowenig geglaubt hätte.

Wo die Linie zwischen Rassismus und Ageism läuft – genau werde ich es nie erfahren. Ich weiß nur, solche Storys habe ich von meinen anderen gleichaltrigen KollegInnen noch nicht gehört.

WIE DER ZIVILDIENST MIR HALF, MICH SELBST ZU FINDEN

Nach der Schule und losgelöst von BMG lag der Bayerische Rundfunk und ein unangenehmes Gespräch über einen Gorillateller noch in weiter Ferne, und ich wollte erst einmal den Zivildienst machen. Nach meinem Abitur gab es ja noch die Wehrpflicht. Für mich war immer klar, dass ich Zivildienst ableisten wollte, denn meine Mutter hatte mir von Haus aus immer wieder gepredigt: »Ich habe dich zum Frieden erzogen.« Das war ihr großer Satz, der manchmal fast schon etwas mantramäßig durch unsere Wohnung waberte. Auch wenn ich auf Jahrmärkten Spielzeugwaffen kaufen wollte, mahnte sie mich immer liebevoll mit diesem einem Satz: »Ich habe dich zum Frieden erzogen.« Als ich mir also überlegte, wo ich Zivildienst ableisten wollte, erzählte mir der Bruder von meinem Schulfreund Sebastian von seinem Job. Er sprach von der Arbeit mit den alten Menschen, den Schlaganfallpatienten, die er betreute, und von den MS-Patienten, die keine wirkliche Lebenslust mehr verspürten und auch keinen Hehl daraus machten, das offen zu zeigen und ihre Wut vielleicht sogar mal an den Zivis ausließen. Er beschönigte den Job nicht, aber irgendwie erzählte er von der Arbeit mit einer ruhigen inneren Zufriedenheit, als würde ihn diese Arbeit wirklich erfüllen. Das fand ich schon mal nicht schlecht. Also bewarb ich mich bei der Caritas in Markt Schwaben und landete nach meinem Abi erst einmal beim ambulanten Pflegedienst.

Ich bekam einen weißen Opel Corsa gestellt, der ziemlich kaputt war. Meine Vorgesetzten erzählten mir ganz freimütig, dass man überlegt hatte, den Wagen zu verschrotten oder noch ein weiteres Jahr

mitzuschleppen, aber das war mir relativ egal. Immerhin konnte ich
den Wagen mit nach Hause nehmen, und das war schon mal ziemlich cool. Meine erste Station am Morgen war immer die mittlerweile
verstorbene Frau Höllerl, die etwas außerhalb wohnte. Ich besuchte
sie fast täglich, holte sie aus dem Bett, bereitete Frühstück vor und
verbrachte einen recht entspannten Vormittag mit ihr. Frau Höllerl
war wirklich in Ordnung, und wir gewöhnten uns schnell aneinander, auch wenn ich mich aufgrund ihrer Demenz immer wieder neu
vorstellen musste und wir nicht wirklich einen tiefen Austausch miteinander pflegten. Aber ich mochte sie und ihre Wohnung, die schön
bayerisch mit Holzmöbeln – und kleinen Stickdeckchen – eingerich-
tet war. Nach einigen Wochen rief die Tochter von Frau Höllerl bei
meiner Chefin an und fragte, ob ich am Nachmittag vielleicht kurz
auf einen Tee vorbeischauen könnte, sie könne nicht zu ihrer Mutter
gehen. Ich fuhr also am Nachmittag zu Frau Höllerl, trank entspannt
Kamillentee aus einer viel zu kleinen Tasse und schaute irgendeine
Nachmittagsserie im ZDF, als es an der Tür klingelte. Frau Höllerl
öffnete und draußen stand ihre Nachbarin, die irgendetwas fragen
wollte. Ich saß auf der Couch und hörte durch das Wohnzimmer die
Stimme von Frau Höllerl, die zu ihrer Nachbarin sagt: »Und jetzt
stellen Sie sich vor, wer bei mir ist?« Ein afrikanischer Junge! Der
hat geklingelt, hat gesagt, er weiß nicht, wer seine Eltern sind und
ob er vielleicht reinkommen darf. Und jetzt sitzt der hier. Stellen Sie
sich das mal vor.« Ich prustete in meine Tasse, bevor sie noch hinzu-
fügte: »Ich hoffe, der geht auch gleich wieder!« Ich wollte rasch aufstehen und die Situation erklären, es hätte ja sein können, dass die
Nachbarin sonst was denkt, aber da hatte Frau Höllerl die Tür wieder geschlossen und sich neben mich ins Wohnzimmer gesetzt. Sie
lächelte mich lieb an.

»Ja, ähm, ich glaube, ich geh dann jetzt«, sagte ich und war schon
drauf und dran, meine Jacke zu nehmen, ich wusste ja, dass sie an
Demenz litt, und wenn es ihr unwohl war, dass ein afrikanischer
Junge ohne Eltern (?!) hier hausierte, wollte ich sie natürlich in Frieden lassen. Frau Höllerl griff von ihrem Sessel zu mir herüber und

berührte mit ihrer knochigen Hand meinen Arm. »Nein, bleiben Sie doch noch, den Tee trinken wir bitte noch aus!«

Ich blieb noch etwas, trank den Tee und dachte nach. Eigentlich hätte ich jeden Grund, wütend zu sein, aber irgendwie verstand ich, dass Frau Höllerl mich so sah. Als den Afrikaner, der bei ihr putzte und sie so ein bisschen nebenher bespaßte. Es war einfach ihr Weg, sich zu erklären, warum ich hier war. Vor 40 Jahren konnte sie sich wahrscheinlich nicht vorstellen, dass mal ein junger schwarzer Typ auf ihrer Couch herumhing und mit ihr Tee trank, und insgeheim verknüpfte sie mein Erscheinungsbild halt eben noch mit ihrer Vergangenheit.

HUSARENLIEDER SINGEN MIT HERRN STURM

Eine andere krasse Begegnung hatte ich bei Herrn Sturm, einem unserer Klienten, bei dem ich Tagwache hatte. Herr Sturm hatte einen Schlaganfall gehabt und konnte viele Sachen nicht mehr selbst tun. Ich fuhr immer an einem Nachmittag in der Woche zu ihm nach Pliening, damit seine Frau, die sich sonst um ihn kümmerte, mal einen freien Tag hatte und nach München fahren konnte. Zum Einkaufen und so. Die Sturms waren jetzt nicht die überfreundlichsten Menschen, und vor allem bei seiner Frau lief alles nach dem Motto: pragmatisch, praktisch, gut. Sie erklärte mir, als ich noch in der Haustür stand und mich gerade vorstellte, wie das jetzt jeden Mittwoch ablaufen würde. Ich müsste mit ihrem Mann spazieren gehen, schauen, dass der Katheter geleert würde, und dann gäbe es Kaffee und Kuchen. Ich sollte Kaffee machen und dann mit ihrem Mann einen Film schauen. Der Film läge immer schon als Videokassette im Videoplayer, ich müsste also nur auf Play drücken und auf den V-Kanal wechseln.

Das klang ziemlich einfach. Ich ging also an meinem ersten Tag, einem sonnigen Mittwoch, mit Herrn Sturm spazieren, leerte seinen Katheter, machte Kaffee und legte den Film ein. Es war ein Ufa-Film, und zwar »Der alte Fritz – Jahre eines jungen Königs«. Na klasse.

Bis hierhin hatte Herr Sturm die ganze Zeit geschwiegen. Sobald die Husaren im Film auftauchten, fing er allerdings wie auf Kommando an, die alten Lieder mitzusingen, mit einer mir bis heute unbegreiflichen Stimmgewalt. Wie in einem Comic wich ich ein bisschen vor ihm zurück und starrte ihn von der Seite an. War das sein Ernst? Sein einziges Kommunikationssignal war es, die Lieder aus diesen alten Militärfilmen mitzusingen? Das Prozedere wiederholte sich wöchentlich, und ich hatte das Gefühl, mit jeder Woche stieg seine Sangesfreude weiter, und er trällerte mit einer Herzenslust, die die SS-Führungskräfte stolz gemacht hätte.

Ein paar Wochen später war ich in meiner Wohnung – ich war mittlerweile mit meiner damaligen Freundin nach Laim gezogen und rauchte gerade einen ziemlich großen Joint. Da klingelte das Telefon. Meine Chefin war dran: »Herr Mayonga?« – »Ähm, ja?« – »Die Frau von Herr Sturm hat mich eben angerufen. Sie sind noch nicht da. Sie wissen aber schon, dass Sie heute arbeiten müssen?« Fuck. Voll vercheckt. »Äh, ja klar«, sagte ich und legte auf.

Extrem breit fuhr ich mit dem Auto los. Herr Sturm wartete schon vor seiner Wohnung und war bereit für unsere wöchentliche Wanderroute. Wie er so dastand im Mantel und mit einem Hut, musste ich schon lachen, als ich aus dem weißen Opel Corsa ausstieg. Ich war wirklich dicht.

»Servus!«, begrüßte ich ihn überschwänglich. Ich kicherte wie ein kleines Kind und ging mit ihm unsere übliche Tour durch ein kleines Waldgebiet. In den Wochen davor war ich immer relativ still gewesen, und er auch. Manchmal hatte ich auch Musik gehört. Es war halt Teil des Jobs, mit ihm durch die Wälder zu spazieren, und er sprach ja eh kaum. Durch meinen THC-Konsum überkam mich allerdings ein regelrechter Laberflash, und ich bequasselte ihn einfach unentwegt.

»Wow, Herr Sturm, schauen Sie mal, was für ein abgefahren großer Baum« oder »Krass, sehen Sie diesen Flusslauf?! Das Wasser glitzert ja wohl mal voll«. Herr Sturm sprach die ganze Zeit nichts, doch das war mir relativ egal. Ich war draußen an der frischen Luft und selig-glücklich, wie ich so mit Herr Sturm durch den Wald spazierte und die ganze »krasse« Natur genoss. Von außen betrachtet müssen wir ein lustiges, fast comicartiges Pärchen dargeboten haben. Ich mit breiter Dickies-Jeans und einem XXL-Pullover, dämlich grinsend und an fast jeder Blume schnuppernd, er mürrisch mit schwarzem Mantel und braunem Opa-Hut.

Nachdem wir mit unserer Standardroute durch gewesen waren und er die Tür zu seiner Wohnung aufgeschlossen hatte, ahnte ich, was jetzt gleich kommen würde, und es war das Beste, was ich mir in meinem bekifften Kopf vorstellen konnte: KUCHEN. Ich konnte ihn von der Eingangstür aus bereits sehen.

»Jetzt leer ma no schnell as Biesldascherl aus, und dann gibt's Kuucheeeen!«, sagte ich, während ich ihm dabei half, seinen Mantel abzunehmen. »Also ich bin ja jetzt mit meiner Freundin nach Laim gezogen und …« Ich erzählte ihm einfach irgendwelche unnötigen Fakten über meinen damaligen ersten Umzug aus meinem Elternhaus, die ihn sicherlich nicht interessierten, aber das war mir egal. Wir gingen ins Wohnzimmer zu dem Apfelkuchen, auch das Besteck lag bereits aus. Ich setzte mich wie gewohnt auf die Couch, Herr Sturm neben mich, und ich griff etwas zu gierig nach dem ersten Stück, bis ich mich auf meine Aufgabe besann (ich war ja nicht zu meinem Vergnügen hier) und Herrn Sturm mein Stück überließ. Ich beobachtete ihn dabei, wie er die Kuchengabel in die Hand nahm, ein Stück vom Apfelkuchen abmachte und sich die Gabel in den Mund schob. Das alles passierte gefühlt in Zeitlupe, und ich musste ziemlich laut loslachen, weil er mit seinem alterszerfurchten und fleckigen Gesicht ein bisschen aussah wie eine Schildkröte, die ihren langen Hals aus ihrem Panzer hervorholt und sehr langsam ein Salatblatt abbeißt. Ich nahm mir selbst ein Stück Kuchen. Der Fress-Flash hatte mich voll in seinen Bann gezogen.

»Wissen Sie was?!« Herr Sturm erhob die Stimme, und ich sah ihn von der Seite aus an. »Der Kuchen schmeckt wirklich …«, er machte eine kurze Pause, »wie immer.« Noch eine Pause. »Ausgezeichnet!« Dieses »Ausgezeichnet« betonte er wie ein junger Wehrmachtsoffizier.

Ich kam nicht mehr klar und versank vor Lachen fast in der Sofaritze. »Ja, finde ich auch!«, stimmte ich zu. Es war das erste Mal seit einer Stunde, dass Herr Sturm irgendetwas gesagt hatte und dann gleich in diesem militärisch-korrekten Tonfall – ich kam mir vor wie ein Schauspieler in einer Reality-Sitcom.

Nachdem Herr Sturm sein Stück Kuchen aufgegessen hatte, deutete er auf den Fernseher. Er wollte einen neuen Alter-Fritz-Streifen sehen. Die Videokassette war natürlich bereits im Rekorder. Ich legte mein zweites Stück Kuchen weg und machte den Fernseher an. Der Bildschirm flackerte, und der Film lief. Als die Husaren auftraten, sang Herr Sturm wie auch schon davor »Der treue Husar« und schmetterte mit den ersten Zeilen richtig los: »Es war einmal ein treuer Husar, der liebt sein Mädchen ein ganzes Jahr.« Ich kannte das Stück durch unsere Treffen mittlerweile auswendig und stimmte mit ein: »Ein ganzes Jahr und noch viel mehr, die Liebe nahm kein Ende mehr.« Herr Sturm rückte etwas näher an mich ran, und während der Alte Fritz die Husaren befehligte, stimmten wir zusammen die zweite Strophe an: »Der Knab', der fuhr ins fremde Land, derweil ward ihm sein Mädchen krank, sie ward so krank bis auf den Tod, drei Tag, drei Nacht sprach sie kein Wort.«

Die Stimmung in Herr Sturms Wohnung brodelte, und er strahlte wie ein Honigkuchenpferd. Ich war ja eh ziemlich breit und konnte mein Dauergrinsen nicht wirklich unterdrücken. Dafür war die Situation einfach zu bizarr.

»Wissen Sie eigentlich, was es mit den preußischen Husaren auf sich hat?« Herr Sturm schaute mich fragend von der Seite an, während auf dem Bildschirm der Alte Fritz gerade einen Oberbefehlshaber zusammenstauchte. Ich schüttelte den Kopf, goss uns beiden etwas Kaffee nach und griff zu meiner Tasse. »Zu Kriegsbeginn, also 1914, verfügte das deutsche Heer über insgesamt 21 Husarenregimente. 17 davon waren preußisch. Die bayerische Armee hatte interessanterweise keine Husaren. Während des Krieges dienten die Husaren meistens zur Verstärkung der Gendarmerie, und zwar innerhalb des Reichs …«

Er erzählte noch mehr von den Husaren, aber ich konnte ihm nicht so richtig folgen. Ich nickte und war ehrlich überrascht davon, wie viel Herr Sturm wusste. Bisher hatte er eigentlich immer größtenteils geschwiegen oder allein mitgesungen. »… und dem Otto Gebühr, der den Preußenkönig spielt«, er deutete mit einer Kopfbewegung auf den Fernseher, »dem habe ich damals am Hauptbahnhof in Nürnberg die Hand geschüttelt. Das war …«, er machte eine Pause, »eine wirklich schöne Erfahrung.« Ich war beeindruckt. Bis hierhin war mir gar nicht aufgefallen, wie alt Herr Sturm eigentlich sein musste. Und wie jung er gewesen war, als in Deutschland der Nationalsozialismus Einzug gehalten hatte. Ich rechnete zurück. Er musste bei Hitlers Machtübernahme in seinen frühen Zwanzigern gewesen sein. Ein wenig älter, als ich jetzt war. Wir saßen immer noch auf der Couch, und Herr Sturm fing wieder an, etwas über die preußischen Husaren zu erzählen. Seine Stimme war klar und fest, und ich spürte, wie ernst es ihm war, dass ich etwas von dem, was er mir erzählen wollte, verstand. Ich hatte das vorher noch nie so gesehen, aber als Herr Sturm jung gewesen war, war unsere Welt und vor allem seine Lebensrealität eine komplett andere gewesen. Ich hatte mich auch davor bei Frau Höllerl über ihre Entgleisungen aufgeregt, weil es etwas gewesen war, das ich ja schon von Jugendlichen kannte, dass ich als Afrikaner behandelt wurde. Nur jetzt, wo Herr Sturm neben mir saß und immer noch etwas über die Husaren in Preußen erzählte, merkte ich, wie einsam und allein auch er eigentlich war. Und wie ungewohnt es für ihn sein musste, mit einem schwarzen jungen Mann spazieren zu gehen und Kaffee zu trinken, etwas, das in seiner Jugend sicherlich undenkbar gewesen wäre. Ich blickte in sein Gesicht, während er redete und redete und mich und meinen vorangegangenen THC-bedingten Laberflash fast schon übertrumpfte. Ich stellte mir vor, wie er damals als aufrechter deutscher Junge auf dem Pausenhof gestanden haben musste und ihm die mühselig aufgebaute Nazi-Propaganda in jeder Unterrichtsstunde und in jeder freien Minute eingebrannt worden war.

Mein Großvater war auch im Zweiten Weltkrieg gewesen, und ich hatte mich immer sehr dafür interessiert. Und ich hatte hierzu immer ein ziemlich hartes Urteil parat gehabt, wie eigentlich jeder in meiner Generation. Es war mir schlicht unvorstellbar, wie die deutsche Bevölkerung das Erstarken Hitlers, die Umwandlung in ein nationalsozialistisches Reich und den Mord an der jüdisch-deutschen Bevölkerung hatte zulassen können, aber wie ich so mit Herrn Sturm da saß und ihn immer noch beobachte, spürte ich eine Verbindung zwischen uns. Ich hatte seine Ablehnung mir gegenüber und sein grummeliges Verhalten nie so richtig verstehen können. Und irgendwie verstand ich ihn so ein bisschen mehr. Er war es schlicht und einfach nicht gewohnt, dass ein schwarzer Junge mit auf seiner Couch saß und Kaffee schlürfte. Das entsprach nicht seinem Weltbild. Seine Jugend war geprägt gewesen von ganz anderen Rollenbildern, und ich glaube, dass es recht schwierig für ihn gewesen sein musste, mich, den schwarzen Zivi, einfach so zu akzeptieren. Seine Welt war eben die vom Alten Fritz: keine dunkelhäutigen Markt Schwabener, die Bayerisch sprachen. Keine Volkans und Khalils, keine multipluralistische Gesellschaft. Ich war ehrlich berührt nach diesem Tag. Und immer noch bekifft.

Diese Begegnung mit Herrn Sturm änderte etwas an unseren Treffen. Von jetzt an freute ich mich richtig auf den Termin mit ihm. Ich erzählte ihm immer irgendetwas von meiner Gegenwart und er mir immer etwas aus seiner Vergangenheit. Wir wurden ein richtiges Tag-Team. Ich weiß nicht genau, wie viel er davon verstand, aber ich erzählte ihm von meinen DJ-Skills, Scratches, Graffitis und Raps. Einmal freestylte ich ihm bei einem Waldspaziergang auch etwas vor. Zwar gingen die Treffen immer noch nach demselben Ablauf vonstatten, aber das Eis zwischen uns war gebrochen. Wir wurden richtige Kumpels. Die Alter-Fritz-Filme liefen wie immer nebenher, er kannte sie sowieso auswendig, aber seine Frau war immer beruhigt, wenn das Band durchgelaufen war.

An einem Dienstag im Sommer, kurz vor unserem Mittwoch-Termin, war ich gerade in der Wohnung und hörte ein paar Platten, als das Telefon klingelte. Es meldete sich der Sohn von Herrn Sturm. Seine Stimme klang etwas zaghaft, so, als schämte er sich, dass er angerufen hatte: »Herr Mayonga?« – »Ja?« – »Mein Name ist Lukas. Ich bin der Sohn von Herrn Sturm, den Sie ja momentan wöchentlich besuchen. Ich habe Ihre Nummer von der Caritas, ich hoffe, das ist okay, wenn ich hier einfach anrufe.« – »Na klar«, erwiderte ich freundlich. Ich war bestens gelaunt. »Weil … Also ich wollte nur wissen, ob es mit meinem Vater gut läuft so weit, weil …« Er machte eine Pause. »Wissen Sie, mein Vater ist manchmal etwas schwierig.« – »Alles bestens«, entgegnete ich. »Wir verstehen uns eigentlich ziemlich gut. Wieso, ist etwas vorgefallen?« – »Nein, eigentlich nicht, meine Mutter meinte auch, es würde ganz gut mit Ihnen laufen …« Ich hörte, wie etwas in seinem Kopf ratterte, und die nächsten Worte stammelte er mehr: »Weil … also … weil.« Ich schüttelte den Kopf. War das jetzt wirklich sein Ernst? Aber ich kam ihm zuvor. »Ja, es klappt wunderbar mit Ihrem Vater, OBWOHL ich schwarz bin.« Ich hatte ihm seine Gedanken aus dem Kopf gezogen und laut ausgesprochen. Ich verdrehte mit dem Hörer am Ohr meine Augen, aber das konnte er natürlich nicht sehen. »Ja, ist mir jetzt etwas unangenehm … natürlich.« – »Natürlich!« Es ist ja immer etwas unangenehm, wenn man am Telefon einen Schwarzen aufgrund seiner Hautfarbe anders behandelt, dachte ich mir. Das ist halt auch einfach diskriminierend. Noch unangenehmer ist es natürlich, jemandem so etwas direkt ins Gesicht zu sagen, aber wofür gibt es denn Telefone. »Ja, weil … Also mein Vater ist wie gesagt etwas … schwierig. Also Ihnen geht es wirklich gut so weit?« – »Ja, doch. Ich müsste mal meine Wäsche waschen, meine Freundin ist etwas stressig gerade. Aber ansonsten … Ich hätte gern ein paar mehr Urlaubstage, aber ich bin ja nur der Zivi, da kann ich nicht so hohe Ansprüche stellen, wissen Sie?« Ich fing an, mir einen kleinen Spaß daraus zu machen. »Hmm, verstehe ich. Also dann bin ich ja beruhigt, wenn das mit meinem Vater alles so gut klappt. Dann danke ich für Ihre Zeit und wünsche Ihnen noch einen schönen Tag.« – »Wünsche ich Ihnen auch.« Ich legte auf und schüttelte den Kopf.

Nach einigen Wochen, wir hatten mittlerweile angefangen, die Alter-Fritz-Film-Serie von vorn zu schauen, sagte Herr Sturm aus dem Nichts heraus: »Ich muss Ihnen mal etwas zeigen.« Das hatte er

noch nie gesagt. Er deutete die Wendeltreppe hoch, in Richtung erster
Stock. Ich musste ihn fast die Treppe hochdrücken und fragte mich,
ob das wirklich so eine gute Idee war. Oben angekommen öffnete er
eine Tür am Ende des Ganges, und ich fiel aus allen Wolken.

In diesem Zimmer, das offensichtlich als Abstellkammer diente,
stapelte sich allerhand Nazizeug. Zwei Bajonette hingen an der Wand,
außerdem ein paar Wehrmachtsuniformen, die an Kleiderständern
baumelten. Er ging in den Raum hinein, vorbei an Kisten, aus denen
einzelne Kleidungsstücke hervorlugten, und zeigte mir einen Bildband, der auf einem massiven Holzschreibtisch stand. Der Einband
war verstaubt, und der alte Mann blätterte seelenruhig durch das
Buch. Ich schaute hinein und blickte auf verschiedene Porträts und
Gruppenfotos, die den jungen Herrn Sturm lächelnd in NS-Uniform
darstellten. Wie bei meinem Opa. Nur war Herr Sturm eben kein normaler Wehrmachtssoldat, sondern bei der Waffen-SS gewesen. Das
erzählte er mir auch, während er mir den Bildband zeigte. Dann griff
er in eine Kiste und holte einen Dolch hervor. Einen Ehrendolch der
Waffen-SS, wie er betonte. Ich war völlig baff und fragte: »Ach krass,
für was haben Sie den denn bekommen?« Herr Sturm sah mich seelenruhig an und sagte: »Der hat jemand anderem gehört.«

Wow. Okay. Einfach so, auf dem Schlachtfeld gerippt. Koider
Move. Eiskoid.

Mein Zivildienst neigte sich dem Ende zu. Ich gab den Opel Corsa
zurück und stattete allen noch einen letzten Besuch ab. Herr Sturm
nahm mich lange in den Arm, und klopfte mir in seiner mürrischen
Art noch kurz auf die Schulter. Der Typ war einfach ein gottverdamm-
ter Ehrenmann!

Die Zeit als Zivi hat einiges in mir bewegt. Ich habe diese Begegnungen mit den alten Menschen, vor allem mit meinem Homie, Herrn
Sturm, ziemlich interessant gefunden. Ihre Geschichten zu hören und
ihre kulturelle Identität zu beobachten, hat mich bereichert. Ich habe
von diesen Menschen Dinge gelernt, die man eben nur von Menschen
lernen kann, die einem eigentlich nichts beibringen wollen, es durch

ihre Art und Weise dann aber eben doch tun. Es war für mich ziemlich krass gewesen zu erfahren, in was für einer Zeit Herr Sturm großgeworden war. Außerdem kannte ich von all meinen Klienten, Herr Sturm war ja nicht der einzige, die persönliche Lebensgeschichte. Manche haben mir von ihrer Flucht aus Breslau erzählt oder mir Fotobände ihrer Familien und Verwandten aus Schlesien (oder eben von sich in SS-Montur) gezeigt, ich habe diese ganzen Geschichten aufgenommen und auch öfter mal Nachfragen gestellt, einfach weil diese Schicksale so weit weg, aber dann doch wieder so nah waren. Ich habe die Menschen und ihre Geschichten gesehen und gemerkt: Da ist noch so viel mehr zu erfahren von diesen älteren Menschen. Hinter dem Attribut »alt« wartet auch eine Menge an Erfahrung und Berichte aus einer Welt weit vor meiner Zeit.

Ich kannte jetzt so viele Geschichten von fremden, mir eigentlich unbekannten Menschen. Ihre Historie, ihre Lebensgeschichte, ihre Herkunft. Aber wie war das eigentlich bei mir? Woher kam mein Vater genau? Ich fand es verrückt, dass ich so viel von anderen wusste, aber in mir selbst diesbezüglich eine gähnende Leere klaffte.

Nach dem Zivildienst traf ich mich mit meinem Vater, weil ich mehr über meine Identität wissen wollte. Ich rief ihn an und sagte: »Papa, wir müssen uns treffen. Wir müssen sprechen.« Ich wollte ihm erzählen, was sein Fortgehen und seine fehlende Vaterfigur in mir ausgelöst hatte und dass ich vor allem einfach wissen wollte, wo er herkam und was seine kulturelle Identität – und somit auch meine – war. Ich dachte mir, wenn ich einmal Kinder haben sollte: Was werde ich denen erzählen können? Dass der Opa aus dem Kongo kommt? Das klang so, als käme er aus dem Busch.

Wir trafen uns circa ein halbes Jahr nach meinem Zivildienst. Bei unserem ersten Treffen sprach nur ich und ließ im Prinzip einen inneren Monolog ab. Es sprudelte einfach alles aus mir heraus, was sich in den letzten Jahren, seit ich ein kleiner Junge gewesen war, aufgestaut hatte. Vor unserem Treffen hatte ich Angst gehabt, dass es sich, wenn nur ich reden würde, einfach nur um eine Abhandlung all meiner Unzufriedenheiten gehandelt hätte. Eine Art Abrechnung. Als er aber so vor mir saß und ich anfing zu sprechen, spürte ich, dass sich durch meinen Redefluss eine Tür öffnete und wir so einen Zugang zueinander fanden. Und nachdem ich viel geredet hatte, sprang er ein und beantwortete mir alles, was ich wissen wollte. Während wir so quatschten und ich ihm auch von dem Gefühl der Ablehnung, das ich als kleiner Junge bereits erlebt hatte, erzählte, tat sich eine weitere Erkenntnis auf. Ernüchternd stellte ich fest, dass mein Vater mir bei der Suche nach einer kulturellen schwarzen Identität sicherlich keine Hilfe gewesen wäre. Mein Leben lang hatte ich gedacht, dass ich ein schwarzes Vorbild gebraucht hätte. Hier in diesem Café merkte ich aber, dass mein Vater diese Rolle nie hätte ausfüllen können. Er verstand weder bei mir noch bei meinen Geschwistern, was unser Problem war. Er kam aus einer großen Familie aus dem Kongo nach Deutschland, absolvierte sein Studium, promovierte und arbeitete in einer großen angesehenen Firma. Bei ihm war alles immer straight nach oben ausgerichtet gewesen: all the way up. Bei mir war erst einmal »all the way Grundschule Markt Schwaben« angesagt gewesen. Markt Schwaben war nicht Dongo im Kongo, wo es für meinen Vater als Kind immer geheißen hatte: Ah, du bist ein Mayonga! Deine Familie kennen wir hier! Schön, dass du da bist. Sondern eben Markt Schwaben, wo es hieß: Mayonga? Sprichst du Deutsch? Wie schreibt man das? Wo kommst du her?

In der Welt meines Vaters fand Rassismus einfach kaum statt, weil er ihn einfach nicht zuließ. Er bekämpfte den Rassismus zwar und war auch im Vorstand des Ausländerbeirats in München. Er konnte die Dynamiken von außen einschätzen, aber sie betrafen ihn nicht. Wenn ich Auto fuhr und hinter mir Blaulicht sah, war für mich klar, dass ich rechts ranfahren und beweisen musste, dass ich ein braver Staatsbürger war. Er reagierte bei diesen Kontrollen eher so, dass er es nicht fassen konnte, dass er, ein unbescholtener gebildeter Mann unter Verdacht stand.

Für mich war es ein großer Schritt, auf einmal zu wissen, woher mein Vater kam und wie er aufgewachsen war. Ich dachte kurz daran, dass ich jetzt eine fast lupenrein nachvollziehbare kulturelle Identität hatte. Ich hatte ein Bild zu diesem afrikanischen Teil in mir und konnte es vermengen mit meiner bayerischen Kultur, die ich über die Jahre so verinnerlicht hatte. So fügte sich Puzzlebild an Puzzlebild, und mein Identitätskampf endete langsam. Heute ist es für mich unbegreiflich, wenn Menschen meinen zu erahnen, was jetzt zu Bayern gehört und was nicht. Irgendwelche frustrierten Protestwähler, die diesen Identitätskampf nie mit sich ausmachen mussten, aber zu wissen glauben, wann jemand ein Bayer oder ein Deutscher ist. Die schließen sich dann einem Verein an, der sich »Identitäre Bewegung« nennt, und schauen Mitarbeitern vom BR bei AfD-Veranstaltungen ziemlich provozierend über die Schulter, aber in Wahrheit haben sie keinen blassen Schimmer davon, was es bedeutet, sich ein Leben lang mit existenziellen Fragen wie: Wer bin ich? Was bin ich? Was will ich sein? Wo gehöre ich hin?, auseinanderzusetzen. Gleichzeitig wollen sie mir aber erklären, warum jemand wie ich mit meiner Hautfarbe nicht zu Bayern gehört, obwohl ich mich mein ganzes Leben mit fast nichts anderem außer meiner Identität und Herkunft beschäftigt habe und als Einziger für mich persönlich sagen kann, wo ich herkomme und wozu ich mich kulturell am ehesten zugehörig fühle.

DIE SACHE MIT DEM N-WORT

Innerhalb der Hip-Hop-Welt, zu der ich ja schon vor meinem Zivildienst Zugang gehabt hatte, erlebte ich, wie bereits angesprochen, weniger Rassismus als in meinem sonstigen Alltag. Das war vielleicht mit ein Grund, warum ich mich in dieser Szene so wohl fühlte. Es war einfach meine Kultur. Hier konnte ich sein, wer ich sein wollte, und wurde nicht schief angeschaut. Ich konnte meine bayerische Art und meine Sprache einfließen lassen und etwas Neues erschaffen. Das Einzige, was mich störte, waren diese »YoYo-Dudes«, aber das waren ja eh uncoole Trottel. Etwas, worüber ich in diesem Buch auch sprechen möchte, ist die Sache mit dem N-Wort. Da ich weiß, dass dieses Buch das N-Wort im Titel trägt und dieses ausformulierte Wort in manchem Leser sicherlich etwas auslöst, möchte ich hierzu gern etwas sagen und mich dann meiner Einstellung zu diesem Wort nähern.

Zunächst einmal ist das Wort »Neger« ein ziemlich hartes Wort, das immer auch Ausgrenzung bedeutet. Und auch für mich ist die Tatsache, dieses Wort auf einem Buchcover zu sehen und dann auch noch mit meinem Gesicht drauf, alles andere als angenehm. Ich will dir aber erklären, warum ich mich bewusst für diesen Schritt entschieden habe. Zunächst einmal ist dieser Titel ein Zitat eines Satzes, der für mich den ersten Kontakt mit Rassismus darstellte. Dieser Titel ist für mich auch der Versuch, dir ein Gefühl dafür zu vermitteln, wie es ist, wenn dieses Wort zwischen Menschen steht. In diesem Fall zwischen dir und mir. Zwischen uns. Genauso, wie der Satz immer zwischen mir und anderen Menschen stand und noch bis heute steht. Jede Eigenschaft von mir, jeder Makel, jedes Talent und schlussendlich auch meine kulturelle Identität, die ich mir aus Markt Schwaben, dem Hip-Hop und den Gesprächen mit meinem Vater erarbeitet habe, wird von diesem großen, harten Wort verdeckt. Neger. Ich möchte, dass die Menschen dieses Cover in der Hand halten und zumindest ein Gefühl dafür kriegen, was es bedeutet, wenn der Mensch, den sie vor sich sehen, nicht mehr erkennbar ist, weil dieses Wort seine komplette Identität überschattet. Und jetzt stell dir kurz vor, du bist das an meiner statt auf dem Cover, und du siehst Menschen durch die Buchhandlungen gehen. Gern willst du dich mit denen unterhalten, zum Beispiel willst du erklären, warum du eigentlich auf einem Buchcover zu sehen bist und auf einmal sprechen kannst. Aber egal, mit wem du sprichst oder worüber, ob sie jung oder alt sind, eine Frau oder ein Mann, ein Computerspiel-Nerd oder ein Leistungssportler, ob sie faul oder ehrgeizig sind, extrovertiert oder introvertiert, das alles hat keine Bedeutung. Es ist egal. Die Leute in der Buchhandlung, die zusammenzucken, weil ein Buchcover sie anspricht, sehen zuerst das Wort Neger, das vor ihrem Gesicht prangt und das dafür sorgt, dass alles andere in den Hintergrund rückt. Die Menschen werden dich nicht beachten, sie werden einen Neger sehen. Ganz egal, wer du bist und was in dir steckt. Die Reproduktion von Worten wie Neger im öffentlichen Raum oder eben auf dem Buchcover kann das Wort an sich entschärfen. Das ist möglich, wenn es nicht reflektiert reproduziert wird, sondern eben einfach aus einer Laune heraus. Aber ich weiß, dass es zu dieser Neger-Geschichte einen Hintergrund gibt. Einen Hintergrund der immerhin über 200 Seiten lang ist.

»Das hier ist richtiger Rap, nicht so ein Salt-and-Peppa-Scheiß, was du sonst so hörst.« Mit diesen Worten überreichte mir ein Junge aus meiner Siedlung 1993 das Album »Home Invasion« von ICE-T. Damals war ich zwölf Jahre alt und noch ziemlich grün hinter den Ohren. Ich legte die CD ein und war schockiert, denn das Intro beginnt mit den Zeilen:

Attention!! At this moment you are now listening to an Ice-T LP. If you are offended by words like: Shit!! – Bitch!! – Fuck!! – Dick!! – Ass!! – Whore!! – Cum!! – Dirty Bitch!! – Low Motherfucker!! – Nigga!! Hooker!! – Slut!! – Tramp!! Dirty Low Slut!! – Tramp!! – Bitch!! – Whore!!

*Nigga!! – Fuck!! – Shit!! – whatever ... Take the tape out NOW! This is
not a Pop album. And by the way; Suck my motherfucking Dick!!*

Ich schlug die Hände über dem Kopf zusammen und schaltete hastig
die Anlage aus. Der Typ musste ein Rassist sein. Hatte mein Kumpel mir ernsthaft die CD eines Rassisten mitgegeben??? Es dauerte
etwas, bis ich verstand, dass ICE-T schwarz war und einfach seine
Wut in den Track schrie, aber das war nicht meine Art, damit umzugehen. »Nigga« in Tracks, das fand ich schon mit zwölf Jahren schwierig, begleitete aber sehr lange meinen musikalischen Werdegang. Bei
Freestyle-Sessions gab es vereinzelt Menschen, die beispielsweise
»What are you gonna do Nigga?« zu mir sagten. Ich war da extrem
angreifbar und ließ mein Gegenüber auch direkt spüren, dass das
mit mir einfach nicht zu machen war. Dass dieses Wort gebraucht
wurde, war für mich auch ziemlich ungewöhnlich. Auf einmal befand
ich mich in einer Szene, in der ich viele andere Schwarze traf, also
wahrscheinlich auch Personen, die rassistische Erfahrungen gemacht
hatten, und diese feierten das ganze »Nigger-Ding« ziemlich ab. Sie
bezeichneten sich selbst als Niggers, und auch ihre weißen Freunde
waren Niggers. Und die weißen Jungs waren natürlich happy, dass sie
jetzt auch »Niggers« waren und dieses Wort benutzen durften.

Ich fand dieses Gehabe um das N-Wort ziemlich schrecklich. Dieses Wort war ein Symbol der Verletzung für mich. Und nicht nur, weil
ich es gelernt hatte, sondern weil ich es selbst am eigenen Leib erfahren hatte. All die Demut und Erniedrigungen, die damit seit meiner
Grundschulzeit einhergingen. Trotzdem nahm auch ich 2004 einen
Song mit dem N-Wort auf. Ich war tatsächlich derartig beeinflusst
von all dem »Nigga« in all den Rap-Songs, dass ich dachte, ich bin
vielleicht zu sensibel und muss dieses Wort benutzen, damit es für
mich an Wirkung verliert. Aber weit gefehlt. Sobald mir das Wort mit
einem Beat unterlegt über die Lippen kam, spürte ich den Schmerz
der Vergangenheit, der sich in meinem Brustkorb aufbäumte, so, als
wäre ich wieder ein Kind, das an der Grundschule in Markt Schwaben von Halbstarken mit »Neger, putz meine Schuhe« angegangen

wird. Für mich war und ist dieses Wort immer negativ konnotiert. Live spiele ich den Song, in dem das Wort vorkommt, zwar noch, spreche es aber nicht mehr aus. Und jedes Mal, wenn ich diesen Song von mir wiederfinde, denke ich mir: Warum habe ich das gemacht? Warum habe ich das geschrieben? Vielleicht weil es ein Weg war, damit umzugehen. Nur war das bloße Reproduzieren eben nicht meins. Durch den Song »Sucka Nigga« von A Tribe Called Quest verstand ich aber, wie andere schwarze Rapper dieses Wort verwendeten und zur Verortung ihrer kulturellen Identität nutzten. Im Song heißt es:

See, nigga first was used down in the Deep South
Falling out between the dome of the white man's mouth
It means that we will never grow, you know the word dummy
Other niggas in the community think it's crumm

Der Rapper Q Tip spricht darüber, dass das Wort aus den Köpfen der weißen Sklavenhalter in den Südstaaten der USA kommt. Und bringt vor allem an, dass es für manche Schwarze in der Community ein Problem darstellt. Sie finden das Wort »crummy«, also mies. Für ihn und die junge schwarze Generation gehört dieses Wort also zur Geschichte. Sie sind es gewohnt, umgeben von Unglück zu leben, und haben sich dazu entschlossen, diese Zustände anzunehmen. Deshalb nutzen sie das Wort, um sich gegenseitig zu zeigen, dass sie es positiv umdeuten. Das konnte ich irgendwie dann doch nachvollziehen, es ist eben auch mehr als ein beleidigendes »Nigga«, sondern dient dazu, einen künstlerischen kulturellen Punkt zu setzen.

Irgendwann bei Hip-Hop-Partys oder Konzerten habe ich dann auch gemerkt, ab wann Rassismus für mich anfängt. Über die Jahre wurde Hip-Hop immer größer, und je mehr ich als DJ oder mit einer meiner Bands auftrat, desto häufiger kam es vor, dass Leute, die mich nicht kannten und mich noch nie gesehen hatten, meine Hautfarbe als Grund nahmen, dass ich der Rapper sein musste. Mit mir wurde gesprochen, als wäre ich irgendein Gangster aus den Staaten. Wäre ich jetzt nicht schwarz, hätte ich mich wahrscheinlich gefreut, wenn Leute denken würden, dass ich Rapper bin. So fühlte ich mich oft überrumpelt. All das, was ich mir über die Jahre quasi straight out of my Kinderzimmer in Markt Schwaben aufgebaut hatte, die Skills, an denen ich mit Bowdee und meinen Jungs gefeilt hatte, all das war nichts wert, weil ich nicht nach meinen Skills bewertet wurde, sondern nach der Tatsache, dass ich schwarz war und deshalb ja Rapper sein musste. Fand ich ziemlich nervig. Weil ich das Gefühl hatte, ich musste jetzt das repräsentieren, was ein schwarzer US-Rapper repräsentierte. Den Kampf gegen die weiße Vorherrschaft und so weiter. Doch dann lernte ich jemanden kennen, an dessen Aufstieg und an seinem Umgang mit seiner Hautfarbe ich vieles lernte und wahrscheinlich immer noch lerne: Samy Deluxe. David PE von Main Concept hatte ihn mit Dynamite Deluxe gesehen und dafür gesorgt, dass sie im Jahr 2000 in München auf der Living Large, einem Musikfestival, auftraten. Ich kann mich noch ziemlich gut erinnern: Ich stehe im Publikum und sehe diesen großen schwarzen Typen, der so aussieht wie ich und einfach eine Wahnsinns-Show spielt. Später erfuhr ich, dass das sein erster großer Auftritt gewesen war. Ich war hin und weg. Damals dachte ich mir: So, wie der Rap macht, so muss man es machen, das ist das Beste, was ich in Deutschland je gesehen habe – und für mich ist es ein Highlight meiner Karriere, dass ich mit solchen Leuten heute unterwegs sein darf. Eine Sache, die mich besonders an ihm faszinierte, war, dass er mit seinen Skills angab und nicht das »Nigger« zu seinem Ding machte. Er stand damals einfach auf der Bühne und hat gesagt: Ich bin der Beste. Der Allerbeste. Was wollt ihr machen?

Für mich war es wichtig, jemanden zu sehen, der diese Einstellung repräsentierte. Ich hatte aufgrund meiner Hautfarbe einige Schwierigkeiten mit meinem Selbstbewusstsein, und ich fand es supergut, wie er das auslebte. Für mich hatte dieses breite, selbstbewusste Auftreten auch keine Spur von Überheblichkeit, vielmehr blickte ich zu ihm auf und dachte mir: Genau so muss man es machen. Genau so. Die anderen Zuschauer, Fans, Musiker, Booker, Manager, die sehen dich sonst nicht. Die sehen nur einen schwarzen Rapper. Aber jemand wie Samy und ich sind mehr als bloß schwarze Rapper. Ich sah Samy und wusste, dass ich nicht seine Attitüde nachahmen kann, weil es nicht meine Attitüde ist, aber er ebnete einen Weg für schwarze Rapper in Deutschland, den ich nachgehen konnte. Und er ebnete ihn nicht damit, dass er sich auf seine Hautfarbe reduzierte und nur darüber rappte, sondern weil er ganz Hip-Hop-Deutschland zeigte, wie gut er schon damals war. Auch mit Skills en Masse aus Stuttgart, Afrob oder Denyo konnte ich mich super identifizieren, mit dieser Rap-Elite, die ohne das N-Wort auskam und es überwunden hat. Natürlich gibt es auch heute schwarze Rapper in Deutschland die das N-Wort droppen und sich herausnehmen, dieses zu benutzen – das sollen sie auch gern tun. Aber ich lasse mich von niemandem Nigger nennen, egal, welche Hautfarbe er hat. Für mich war das Einbinden dieses Worts nie etwas, was ich wollte, weil die Negativität über allem steht und Negativität niemals zum Hauptmotiv meines kreativen künstlerischen Schaffens werden sollte. Bis heute. Ich will mit meinen Skills überzeugen, mit meiner Musikalität, mit meinen Freestyle-Reimen und meiner Eloquenz. Meine bayerische Kultur fließt in meine Kunst ein, meine Hautfarbe nicht.

WARUM ICH ALS KIND IMMER WEISS SEIN WOLLTE

Trotz alledem spielte meine Hautfarbe natürlich immer eine Rolle, und nur weil ich irgendwann Menschen auf Bühnen sah, die eine selbstbewusste Einstellung zu sich und ihrer Hautfarbe gefunden hatten, änderte das nichts daran, dass ich jahrelang mit mir struggelte. Die Anfeindungen gegenüber meiner schwarzen Haut, die ich ja bereits im Kindergarten erlebt hatte, lies ich auch in meine Musik einfließen. Meine eingerappte Zeile

Lass mich noch mal drei sein im Kindergarten mit Dreirädern
mit Sprüchen von Kindern wie »Ich sitze neben keinem Neger!«

erschien 2006 auf der Vier-zu-Eins-Platte Abenteuer Hoch 3. Ich katalysierte über meine Texte zum Teil also auch Erfahrungen, die ich in früher Kindheit machen musste. Insofern war und ist meine Hautfarbe schon immer ein Thema gewesen, bis heute, wo ich regelrecht dafür kämpfen muss, als Bayer anerkannt zu werden. Ich muss immer etwas mehr geben als ein weißer Mann aus Markt Schwaben. Vor allem ältere Mitbürger sehen mich und können mich nicht richtig einordnen. Und das Interessante ist, dass ich das als Kind ja auch nicht konnte. Die Ablehnung, die mir aufgrund meiner Hautfarbe entgegenkam, verstand ich nicht. Und vor allem wollte ich nicht schwarz sein, sondern weiß. Wirklich. Ich hatte als Kind keine Lust darauf, ein schwarzes Kind zu sein. Ich weinte meiner Mutter etwas davon vor, dass ich weiß sein wollte, genau wie all die vertrauten anderen Kinder aus meiner Umgebung.

Es gibt aus meiner Kindergarten-Zeit eine Collage. Wir sollten uns und unsere Familie aus Magazinen herausschneiden. Meine Collage, die in diesem Buch abgebildet ist, besteht aus einem weißen Mann im Anzug (meinem Vater), meiner weißen Mutter, einem Hund (den wir nie hatten) und mir, einem Jungen. Mir. Der Junge ist, genauso wie sein Vater, weiß. Ich weiß heute nicht, ob das Selbstbild als weißer Junge hier überhandnahm, weil ich es mir so sehr wünschte (das würde auch den herbeifantasierten Hund erklären), oder ob in der damaligen Zeit, Mitte der 80er-Jahre schlichtweg keine dunkelhäutigen Menschen auf Magazinen abgebildet waren – so oder so: Ich wollte mich als Kind weiß sehen, weil das Schwarz mich nur einschränkte. Ich hatte durch meine fehlende Vaterfigur nie vorgelebt bekommen, einen stolzen Umgang damit zu pflegen, und mein Umfeld beschäftigte sich natürlich nicht damit. Auch wenn es rückblickend schon etwas seltsam ist, dass es wohl einen Moment gab, in dem eine Erzieherin meine selbst gebastelte Collage begutachtete, in der alle Menschen – inklusive mir – weiß waren und sie es scheinbar einfach abnickte. Es war halt eben meine Haut, meine Sache und damit auch mein Problem.

Durch die Musik sah ich später dann erstmalig Menschen, die ihre schwarze Hautfarbe positiv besetzten und der Welt zeigten, dass sie eine »Black Power« hatte. Das war eine Sache, die sie sich einfach genommen hatten, etwas, das ich ziemlich stark fand und zu denen ich unbedingt dazugehören wollte, weshalb ich mich im Hip-Hop auch schnell so wohlfühlte. Irgendwann als Teenager fiel mir dann die Biografie von Malcom X in die Hände, die mich wirklich stark beeinflusste. Wenn man Malcom X nicht kennt, ist es für viele einfach nur ein militanter muslimischer Schwarzenführer, der so ein bisschen der Gegenentwurf zu Martin Luther King war. Aber das war eben genau die Sache. Martin Luther King sagte: Wenn dich jemand schlägt, halte die andere Backe hin. »I have a dream« und so weiter. Das war mir alles viel zu passiv. Dagegen sagte Malcom X: »If someone puts their hands on you make sure they never put their hands on anybody else again.« Hier merkte ich, dass man sich verteidigen soll, obwohl und gerade weil man in einem System lebt, was einen durch rassistische Tendenzen eventuell von innen heraus brechen könnte. Man muss es tun, und man ist es wert, sich zu verteidigen. Ich bin es wert, dass ich mich verteidige. Und diese schwarze Identität kann eben auch etwas sein, was die Gesellschaft um dich herum vielleicht nicht versteht. Das heißt aber nicht gleichzeitig, dass man sie nicht leben und nicht feiern darf. Als Jugendlicher war ich von dieser Biografie ziemlich ergriffen, vor allem weil die Geschichte von Malcom X auch eine mit vielen Wirrungen war – wie meine eigene eben auch. Er war ein Krimineller, kam ins Gefängnis und lernte hier, dass er als Schwarzer Bürger zweiter Klasse war. Es gibt eine schöne Szene in seinem Buch. Malcom X geht mit seinem Zellennachbarn ein Wörterbuch durch und liest die Definitionen von Schwarz und Weiß vor. Hier spürte er das erste Mal, unter welchen begrifflichen Ungleichheiten er großgeworden war. Bei »Weiß« steht so etwas wie rein, unbefleckt, unschuldig. Bei »Schwarz« bedrohlich, gefährlich, Black Friday und so weiter. Er merkte quasi, wie er in einem System lebte, das ihn kleingemacht hatte, und er wollte sich dagegen auflehnen. Dieser Werdegang von jemandem, der ganz am Boden der Gesellschaft gewesen war, ein Drogensüchtiger, ein Krimineller, der zudem auch noch heller war als die anderen Schwarzen (noch so eine Sache, mit der ich mich gut identifizieren konnte,

ich war ja auch nicht komplett schwarz). Jemand, der sich schließlich hochgearbeitet hatte, der andere Menschen motivieren konnte,
das fand ich schon ziemlich beeindruckend.

Klar, die Veranstaltungen, auf denen er sprach, die Nation of Islam
und so etwas, das waren total kontroverse Vereine, keine Frage. Aber
ich las und las und las und dachte mir: Wow! Alle Schwarzen kommen mit Anzügen zusammen, das ist eine so große Macht. Die haben
da einen eigenen Sicherheitsdienst, keiner kann diesen Typen etwas
antun! Kein Markt Schwabener Zivilpolizist haut denen mit der Maglite auf die Knöchel und untersucht ihre Schultaschen! Und dann steht
da dieser Malcom X und erzählt den Schwarzen, dass sie sich wehren
sollen. Weil sie es wert sind. Ich saß in meinem Kinderzimmer, legte
das Buch beiseite und dachte mir in meinem Kopf, der von krausen
schwarzen Haaren umgeben war, die ich nicht mochte: Ja! Der Mann
hat recht! Ich bin es wert.

Während ich dieses Buches las, erlebte ich eine ähnliche Transfor-
mation wie Malcom X. In der Mitte des Buches war ich genauso ein
Hardliner wie er. Ich fühlte mich nur noch schwarz statt weiß und
dachte an meine Mutter. War sie jetzt Teil der bösen weißen Leute?
Durfte ich sie jetzt weniger lieb haben? War sie einer von … denen?
Das war natürlich grober Unfug, aber ich reifte während der Lektüre
und ging meinen Weg. Gegen Ende des Buches entfernt sich Malcom
X schließlich von der Nation of Islam und schließt sich einer Pilger-
reise nach Mekka an. Auf einmal sitzt er mit weißen Moslems zusammen und spricht mit ihnen auf Augenhöhe. Zwischen den Zeilen
glaubte ich zu verstehen, warum er so ein Hardliner war. Es war der
Rassismus, der verhinderte, dass man sich zusammensetzte und miteinander sprach. Sobald man diesen überwand, konnte man friedlich
miteinander leben. Das war eine irre Erkenntnis für mich. Aber – wie
sollte es auch anders sein – in dem Moment, in dem Malcom X sich
bei Martin Luther King entschuldigt und wo er weiß, wie er schwarze
Menschen für seine Ideen begeistern kann, wird er erschossen. Boom!

Das war, nachdem ich mit Malcom X durch dieses Buch gegangen
war, ein weiterer Schlag für mich. Ich hatte das Gefühl, ich konnte als

Schwarzer nur verlieren. Ich meine, man macht einen ziemlich krassen Werdegang durch, entwickelt sich zu einer Person, die jetzt tatsächlich als Vorbild fungiert, quasi als Brücke zwischen zwei geteilten Bevölkerungsgruppen – und was passiert dann? Man wird erschossen. Na super. Aber dieses bittere Ende löste noch etwas anderes in mir aus. Nämlich die Vorstellung, dass ich diese Idee weitertragen musste. Ich wollte mir meine selbst erlangte Wertigkeit bewahren und nahm mir vor, dass ich es nicht zulassen würde, jemals wieder weiß sein zu wollen. Ich wollte mich in Zukunft so annehmen, wie ich war, weil ich, genauso wie ich nun mal war, einen wichtigen Teil der Gesellschaft repräsentierte.

Ich kann heute versuchen zu vermitteln, weil ich hier großgeworden und tatsächlich »Best of both Worlds« bin. Und meine Both Worlds sind halt nicht »Afrika« und »Bayern«. Meine Both Worlds sind Opfer von Rassismus und bayerischer Junge. Auch ich kann Menschen zusammenbringen und erkennen, woher Rassismen kommen und versuchen, das aufzuklären. Zum Beispiel so, dass wir uns im Klaren darüber sein müssen, woher rassistische Tendenzen kommen, und dass man eben nicht den strengen Zeigefinger hebt, um irgendjemanden zu belehren, sondern eine beschwichtigende Hand reichen und sagen kann: Komm, gehen wir das mal gemeinsam durch. Ich hoffe dieses Buch kann eine solche Handreichung sein.

DAS KÖNNT IHR MIR NICHT WEGNEHMEN – MEINE WERTE, MEINE KULTUR, MEIN BAYERN

Die eine meiner Both Worlds ist klar: Bayern. Im Folgenden möchte ich ein wenig über mein bayerisches Selbstverständnis erzählen und erklären, warum »Kultur« und auch bayerische Kultur keine festen Begriffe sind, sondern sich in Bezug auf die bayerischen Wurzeln wandeln können: Im Mojo Club in Hamburg traf ich Mitte dieses Jahres den Frontmann von LaBrassBanda, Stefan Dettl. Die Band macht bayerische Mundartmusik, was ich schon ziemlich feiere. Er hatte meinen Cypher-Auftritt bei Samy Deluxe gesehen, und mein bayerischer Einschlag war ihm sofort aufgefallen. Also begrüßte er mich backstage auch direkt mit »Servus« und »Des fand i so guat, die bayerische Art«. Wir verstanden uns prächtig, weil wir beide diesen Bayernbezug in unserem musikalischen Style auslebten und so bereits eine Verbindung zueinander aufbauen konnten. Und hier verstand ich: Das hier ist Bayern. Wir sind das aktuelle Bayern, das popkulturelle Bayern. Wir formen es mit. Eben solche Leute wie Stefan Dettl und die LaBrassBanda-Band oder mein Freund Kaled, der Mundart-Pop macht. Auch die Jungs von Tribes of Jizu, mit denen ich toure und die mich manchmal bei meinen Freestyle-Cyphern im Radio unterstützen, gehören dazu, Maniac und natürlich Liquid der »Bavarian Barbarian!«, der den Mundart-Rap zu seinem Markenzeichen gemacht hat. Das sind eben Leute, die aus der Kulturregion Bayern kommen und ihre Herkunft in ihre Musik hineinfließen lassen, und selbst wenn sie es nicht tun, so ist und bleibt Bayern ihre musikalische Heimat, auch wenn ihre Eltern vielleicht woher auch immer kommen. Sie betrachten ihr Umfeld, ihre Region, ihre Kultur, lassen sie in ihre Kunst einfließen, und so entsteht etwas Neues, Wunderbares, Schönes. Das sind die Menschen, die hier Akzente setzen, und nicht der AfD-Wähler auf dem Dorf, der für »sein Bayern« weniger macht als jeder dieser Musiker. Leute vom konservativen Spektrum und vom rechten Rand nehmen sich gern Traditionen, zum Beispiel unsere Trachten-Kultur und das Oktoberfest, und beanspruchen sie für sich. Deshalb haben mich bei dem AfD-Infotreffen auch diese 1860er-Maßkrüge gestört. Weil ich auch ein 1860er bin, nur eben nicht in den Augen von diesen AfD-Typen. Denn die wirkliche Kultur gestalten wir, die Menschen aus der Kulturregion Bayern, die sich hierfür stark machen, und da ist es egal, welche Hautfarbe jemand hat.

Ich glaube, einer der schönsten Momente, die ich diesbezüglich erlebt habe, war das Treffen mit Renate Maier, das ich im Rahmen eines TV-Auftritts erleben durfte. Renate Maier, das muss man vielleicht für jeden Nicht-Bayern erklären, ist so etwas wie die Repräsentantin von Bayern. Ein echtes Original. Renate Maier ist die beste bayerische Gstanzlerin, die wir hier haben. Gstanzl, auch das muss man warscheinlich jedem Nicht-Bayern erklären, ist eine bayerisch-österreichische Liedform, die meistens als epigrammer Spottgesang vorgetragen wird. Im Dreivierteltakt werden wichtige Personen im Zuschauerraum ausgsunnga also ausgesungen. Es ist quasi so was wie Battle Rap. Nur ist das »Gedisstwerden«, das Ausgesungenwerden, eher eine Ehre als etwas Negatives. Und natürlich alles auf Bayerisch. Renate Maier ist in dieser Kunstform ein Killer. Ich kannte sie bereits von Fernsehauftritten im Bayerischen Rundfunk, und sie schafft es, sich sehr charmant, aber auch extrem humorig über die Zuschauer lustig zu machen. Eines Tages fragte mich ein Social-Media-Redakteur vom BR nach einer Freestyle-Session, ob ich nicht einmal Lust hätte, etwas mit ihr für den BR zu machen. Ich hatte total Bock drauf, weil für mich das Gstanzln so etwas wie das bayerische Freestylen ist.

Wir organisierten ein Treffen in Passau. Als ich Renate traf, merkte ich sofort: Der Vibe stimmte. Wir verstanden uns von Anfang an super. Renate eröffnete das Gespräch direkt mit »Ja, und du machst so Rap, oder?« Ich stieg ein: » Ja genau, also vor allem so improvisierte Rap-Sachen.« – »Ah, des find i ja ganz guat, i bin ja ganz vui mit Rappers unterwegs, ich mach ja immer Gstanzl-Battle. Die Österreicher hams vui. Vui Rap. Aber die Rapper kemman beim Gstanzl net weit. Da fangens immer guat o, ja, aber nach der fünften Rundn, dann homs bloß no eanen Motherfucker. Und des huift natürlich nichts.«

Sie hatte gleich verstanden, worum es ging, und ich sie auch (schließlich spreche ich ja bayerisch), und ich erklärte ihr, dass Battlen nicht so meins war, sondern ich wirklich mehr wert auf dieses Improvisations-Ding legte, weshalb mich das Gstanzln ja auch interessierte.

Nach diesen wenigen Sätzen waren wir vollkommen im Nerd-Ding. In dem Moment spielte alles um uns herum keine Rolle mehr. Es war mit ihr, wie wenn ich mich mit einem Hip-Hop-Fan über eine Band unterhalte, die wir beide gut finden – oder über eine bestimmte Rap-Technik. Wir saßen also im Hinterzimmer in dieser Wirtschaft in Passau, und während die Welt sich weiterdrehte, redeten und redeten und redeten wir.

Ich hatte, kurz bevor wir nach Passau gefahren waren, etwas Angst gehabt, vorgeführt zu werden. Im Sinne von »und damit es heute ein bisschen exotischer und besonders wird, haben wir noch einen Schwarzen mit dabei«, aber so wurde es überhaupt nicht. Auch der Trachtenverein hatte sich angekündigt und nahm in den ersten Reihen Platz. Als ich die Jungs und Mädels in ihren bayerischen Trachten sah, hatte ich ein eher mulmiges Gefühl. Trachtenvereine, das waren für mich immer diese seltsamen Kulturbewahrer, die ich meist negativ sah, denn ich hatte das Gefühl, sie würden mich ausschließen. Die Band spielte, und nachdem Renate eröffnet hatte, holte sie mich auf die Bühne und stellte mich als »David« vor – was ich erst einmal total nett fand, weil sie nicht Rekless sagte, sondern eben »David«. »Der macht an Freestyle-Rap … machst amoi!«

Und dann stand ich neben ihr auf der Bühne und freestylte auf Bayerisch. Das anschließende Gstanzl-Battle gegen sie verlor ich ziemlich eindeutig. Nach der Show kam Renate aber zu mir und sagte, dass ich »fürs erste Mal« nicht schlecht gewesen sei. Und wenn das die Gstanzl-Königin sagt, soll das schon was heißen. Der Abend war wirklich hervorragend, die Zuschauer saßen in Tracht, tranken ihr Bier und genossen unsere Show. Als ich nach getaner Arbeit von der Bühne stieg und mit Renate noch ein Helles trank und das Wirtshaus sich nach und nach leerte, spürte ich eine tiefe Ruhe und Seligkeit in mir. Ich hatte das Gefühl, an diesem Abend ein wenig mit meiner Kindheit aufgeräumt zu haben, ich spürte: Ja, vielleicht bin ich etwas anders und es war für die Zuschauer kurz verwirrend, als ich, ein schwarzer Typ, auf die Bühne kam und auf Bayerisch gstanzelte, aber es spielte keine Rolle, weil sofort klar war, dass ich einer von ihnen bin. Ein waschechter Bayer eben. Hier war ich nicht der schwarze Junge, der gstanzelte, sondern der David aus Markt Schwaben. Mir gegenüber saß Renate Maier und prostete mir zu. Ich beobachtete die jungen Leute in Tracht, die die Wirtschaft verließen und dachte mir: Mann. So einfach kann es dann eben auch gehen.

GASTBEITRAG VON SAMY DELUXE, RAPPER UND PRODUZENT – SUPERHELD 2.1

»Superhelden kommen in allen Farben und Formen! Wartet ab, unsere Zeit hat gerade erst begonnen« (unplugged 2019).

Ein Triumph, wenn sich die Realität verändert und Texte umgeschrieben werden müssen. Der Mangel an dunkelhäutigen Superhelden hat zumindest abgenommen, und es gibt einen Black Panther in 2019.

2009 schrieb ich Superheld für meinen damals neunjährigen Sohn. Er hatte mir eines Abends, während ich ihm Harry-Potter-Bücher vorlaß gesagt, er wär gern weiß, allein aus dem Grund, dass alle Superhelden und coolen Figuren in Geschichten immer weiß sind. Der Song sollte ihm Mut machen und ein gutes Gefühl geben, aber was ich in den zehn Jahren an Feedback zu dem Text bekommen hab, ist unglaublich. Erstens eine riesen Zahl an Menschen mit dunkler Haut, die mir sagten, wie sehr der Song ihnen oder ihren Kindern geholfen hat, aber fast genauso interessant und wichtig ist der Fakt, dass es der einzige Text zu diesem Thema ist, der bei weißen Menschen extrem empathisch aufgenommen wurde. Durch die Perspektive eines unschuldigen Kindes kann jeder auf einmal das Ungleichgewicht verstehen und emotional nachvollziehen. Wenn ich mich als 1,96 Meter großer, dunkelhäutiger Mann sonst zu dem Thema äußere, merke ich oft, wie es Leuten unwohl wird, weil es aus meinem Mund bedrohlich wirkt. Und wenn ich aus der vermeintlichen Opferrolle rede, fühlen sich viele oft direkt in die Täterrolle gedrängt.

Es ist für jede Gruppe von Minderheiten wichtig, ihre eigenen Erfahrungen und Gefühle teilen zu dürfen, im Idealfall, ohne dass eine Mehrheit sie dafür kritisiert, nur weil es ein unangenehmes Thema ist! Danke an David für dieses Buch.

RASSISMUS IN DEN MEDIEN

An diesem Abend mit Renate Maier hatte ich wirklich das Gefühl, dass es den Leuten vollkommen egal gewesen war, dass ich keine weiße Haut hatte. Sie sahen mich auf der Bühne und verstanden, als ich anfing zu gstanzeln, dass ich einer von ihnen war. Ein echter Bayer eben. Dass ich als Bayer gesehen werde, ist jetzt nicht unbedingt die Regel. Aber ich glaube, das hat auch etwas mit der Art und Weise zu tun, wie wir großgezogen werden beziehungsweise mit welchen Bildern. Ein Schwarzer, der gstanzelt?

Was sehen wir, womit werden wir groß? Und was sprengt dahingehend die Norm. In diesem Kapitel möchte ich mich daher mit Rassismus in den Medien beschäftigen und der Frage nachgehen, was es eigentlich mit uns macht, »wenn die Mehrheit weiß ist«.

GHOSTBUSTERS, LA LA LAND UND CO. – SCHWARZ-WEISS-DENKEN IN HOLLYWOOD

Kennen sie den Film »Ghostbusters« von 1984? Das ist mein absoluter Lieblingsfilm. Die drei ziemlich erfolglosen Parapsychologen Dr. Peter Venkman, Dr. Raymond Stantz und Dr. Egon Spengler werden von ihrer Universität geschmissen und gründen mit bahnbrechendem Erfolg eine private Geisterjäger-Agentur. Ihre Firma boomt so sehr, dass sie noch eine Sekretärin und einen weiteren Geisterjäger, Winston Zeddemore, einstellen. Ich habe diesen Film geliebt, diese durchgeknallten Halb-Wissenschaftler, die in den Straßen von New York irgendwelche Geister mit staubsaugerähnlichen Geräten jagen! Aber was mir schon ziemlich früh als Kind auffiel und was mich bis heute ziemlich stört, ist, dass der einzige Schwarze, Winston, weder einen Doktor vor seinem Namen trägt noch durch irgendetwas besonders hervorsticht. Er ist halt der lustige, verplante vierte Geisterjäger, den an Fasching niemand darstellen will.

Venkman war unser aller Held. In der Netflix-Serie »Stranger Things« von 2017 gibt es eine Szene, die genau das beschreibt: Die vier Kinder in einer US-amerikanischen Vorstadt verkleiden sich zu Halloween als Ghostbusters. Als sie sich alle vor ihrer Schule treffen, fällt auf, dass sich Lucas und Mike als Venkman verkleidet haben. Ein kleiner Streit entsteht. Mike fragt daraufhin, was denn das Problem sei: »What's wrong with Winston?« – »He joined the team super late, he's not funny, and he's not even a scientist«, antwortet Lucas und schlägt vor: »If he's so cool, then you be Winston.« Mike antwortet: »I can't.« Lucas rollt mit den Augen und sagt: »B-b-because you're not black?«

Diese kleine Szene finde ich vielsagend. Für Mike ist es klar, dass er selbst als Venkman geht und Lucas eben als Winston. Lucas wollte aber natürlich nicht als Winston gehen, weil Winston in seinen Augen einfach verdammt uncool ist, aber unterbewusst – und das will Mike nicht so recht zugeben – war es wohl doch abgesprochen, dass der einzige Schwarze aus der Clique, Lucas, auch zu Halloween als schwarzer Ghostbuster gehen muss. Es ist nur eine kleine Szene, die allerdings auch Camryn Garret, einer US-amerikanischen Journalistin vom Womens Media Center, auffiel und die daraufhin einen längeren lesenswerten Essay über Race and Gender in Stranger Things schrieb. Ich konnte in dieser Szene sehr mit Lucas fühlen. Er ist genervt davon, dass sein Freund Mike, der ihn ja eigentlich schon lange genug kennt und mit dem ihn eine tiefe Freundschaft verbindet, ihn automatisch mit der einzig schwarzen Person des Films in Verbindung bringt. Dabei ist klar, dass jeder Junge, egal, welcher Hautfarbe, der coole Ghostbuster sein wollte. Und das war eben Venkman. Natürlich ist Lucas schwarz. Aber selbst wenn er sich verkleidet, wird er, gerade von seinen guten Freunden, ausschließlich darauf reduziert. Auf das eindimensionale, das Schwarz-Sein. Ich erinnere mich hierzu an eine Situation am Gymnasium. Wir durften im Kunstunterricht unsere Lieblingsfilme mitbringen. Ich brachte »Beverly Hills Cop« mit, ganz einfach, weil ich Eddy Murphy supercool fand. Natürlich auch, weil er schwarz war. Im Film war er jetzt zwar kein klassischer cooler, abgebrühter Superheld (Welche Schwarzen sind das in Filmen denn schon?), sondern er war eher so ein lustiger Sidekick. Wir schauten also den Film vor versammelter Klasse. Am Ende des Filmes gibt es relativ viele Ballerszenen. Es ist eben auch ein Actionfilm. Meine Lehrerin machte daraufhin den Film im letzten Drittel aus, und ich fühlte mich etwas überrumpelt. Meine Lehrerin warf mir einen genervten Blick zu. Sie hatte das Gefühl, ich hätte eine Art trojanisches Pferd mit in den Unterricht geschmuggelt, dabei wollte ich einfach nur einen Film mit einer Figur schauen, die eben schwarz war und die ich cool fand. Als meine Lehrerin den Film ausmachte und meine Mitschüler das Ganze als geplante Guerilla-Aktion werteten, war ich enttäuscht. Weder meine Mitschüler noch meine Klassenlehrerin hatten den Film so wahrgenommen, wie ich ihn gesehen hatte. Aber wie auch? In unserer Film- und Medienlandschaft sind eben alle Schauspieler und Helden weiß. Das war bereits in meiner Jugend so und wird wahrscheinlich auch noch etwas bleiben. Schwarze Personen waren in den Filmen, die mich umgaben, kaum existent, und wenn, dann verkörperten sie böse oder zumindest zwielichtige Gestalten. Oder es waren halt einfach irgendwelche unwichtigen Charaktere. Leute, die im Aufzug eines Hotels arbeiteten. Die Hotdogs auf der Straße verkauften. Irgendwie sowas.

Ich war in meiner frühen Jugend auch ein großer Fan von Lando Calrissian, von dem ich viele Jahre lang auch eine Actionfigur in meinem Kinderzimmer stehen hatte. Das Spannende an dieser Figur ist, dass sie im Star-Wars-Universum ein guter Freund von Han Solo ist. Beide sind Schmuggler, aber Lando Calrissian wird vielen Fans als schwierige Persönlichkeit in Erinnerung bleiben, weil er zuerst seine Freunde an das Imperium verrät und, als das Imperium in Gestalt von Darth Vader seinen Forderungen nicht nachkommt, anschließend die Seiten wechselt. Er wird also schlussendlich doch noch zu einem guten Helden, aber aus egoistischen Motiven. Man sieht also eine schwarze Person, die man cool findet – und dann ist sie ein Verräter. Jetzt könnte man natürlich sagen, dass meine Erfahrungen aus den späten 80er-Jahren herrühren und sich seitdem einiges verändert hat. Das stimmt aber nicht. Schlussendlich habe ich wahrgenommen, dass sich ein hellhäutiger Cast einfach durchgesetzt hat, weil sich ein hellhäutiges Publikum damit am besten identifizieren kann und Weiße einfach die größte Zielgruppe, zumindest in den Anfängen des Kinos, darstellten. Sehr passend finde ich an dieser Stelle die extra für ein MTV-unplugged dazugeschriebene Strophe meines Musikerkollegen und Freundes Samy Deluxe des Songs Superheld von 2017:

Mein Superheld ist fast schon so groß wie Ich/ Junger Prinz,
Zeit, dass er die Krone kriegt/ohne Witz
Er ist fast erwachsen/ ich bin fast schon Raprentner
Der Song ist zehn Jahre alt/ Erst dieses Jahr kam Black Panther

Und Samy hat natürlich recht. Erst seit einigen Jahren sind es Filme wie »Atlanta« oder »Get Out« oder der Oscar-Gewinner »Moonlight«, die farbige Facetten in die weiße Hollywood-Riege bringen. »Black Panther« setzte sich hier an die Spitze und war der erste Mainstream-Blockbuster mit einem komplett schwarzen Hauptdarsteller-Ensemble. In über einhundert Jahren Kinogeschichte. Das ist Wahnsinn. Nach einer Studie der University of Southern California von 2015 sind die Filmwelten in Hollywood-Produktionen vor allem bevölkert von weißen Männern. Sie sind umgeben von einigen jungen Frauen, die nur selten sprechen. Auf Homosexuelle oder Schwarze treffen sie eher selten, kulturelle Diversität ist hier fehl am Platz. 2015 waren in 700 untersuchten Mainstream-Filmen rund 73 Prozent aller Charaktere mit einem Namen und einer Sprechrolle weiß. 12,5 Prozent waren schwarz, 5,3 Prozent asiatisch und 5 Prozent hispanisch. Warum dir das bisher nicht so aufgefallen ist? Vielleicht weil deine Sehgewohnheiten sich einfach an ein »weißes Kino« gewöhnt haben.

Ein hervorragendes Beispiel, um darzustellen, wie schwarze Schauspieler inszeniert werden, ist der Film »La La Land«. Darin werden Schwarze vor allem in Nebenrollen oder als Statisten eingesetzt, um das Gesamtbild zu vervollständigen, in dessen Zentrum Weiße stehen. In besagtem Film erklärt ein weißer Mann, gespielt von Ryan Gosling, in einer Bar seiner Angebeteten, der ebenfalls weißen Emma Stone, den »echten« Jazz. Dieser »echte« Jazz wird während dieser Erklärszene von schwarzen Musikern gespielt, die optisch nur im Hintergrund zu sehen sind. Sie müssen musizieren, der weiße Mann erklärt dazu. Schon erstaunlich, das unbedingt ein Weißer den Jazz retten und erklären muss, der ja von Schwarzen erfunden und geprägt wurde (und später auch Negermusik genannt wurde). Kein Aufschrei hierzu, kein Problem. Einzelne Autoren wie die Wired-Autorin Ruby Lott-Lavigna bezeichneten den Film zwar als ein »whitewashed musical« und beschrieben den Film als frustrierendes Kinoerlebnis, aber das war es dann auch schon.

Und in der deutschen Filmlandschaft? Wie sensibel geht man hier mit dem Thema schwarze Identität um? Ein Freund von mir, der Schauspieler Tyron Ricketts, bekam die Anfrage für eine TV-Produktion. Er sollte die Rolle des »Alpha« spielen, eines afrikanischen Flüchtlings, der einer alleinstehenden deutschen Frau in ihrer Metzgerei helfen sollte. Der verstorbene bayerische Vater der Frau erscheint diesem dann als Geist und konfrontiert Alpha mit allen Klischees, die einem Drehbuchautor zu schwarzen Menschen einfallen. Obwohl das teilweise satirisch gemeint war, konnte Tyron die Aufzählungen nicht ertragen. Im Folgenden möchte ich den Brief, den Tyron der Produktionsfirma geschrieben hat, gern abdrucken, weil ich ihn sehr passend finde. Die F.A.Z. schrieb 2013 übrigens zu dem Film, der dann mit einem anderen schwarzen Schauspieler gedreht wurde: »›Wer hat Angst vorm weißen Mann?‹ ist eine moderne Märchenerzählung, eine ebenso sprachmächtige wie sprachwitzige Verbeugung vor den großen Satirikern der deutschen Zunge, krachledern und feinsinnig, ist ein verstecktes Sozialdrama, ist eine Studie in Toleranz und Menschenwürde ex negativo. Dazu gehört, dass der Franz, indem er als Alphas Dauerbegleiter in dessen Schuhe schlüpft, das Mitfühlen lernt. Nicht dass ihn das vom herzhaften Kommentieren abhielte. ›Wer hat Angst vorm weißen Mann?‹ ist gewiss eine der besten, wenn nicht die beste Fernsehkomödie des Jahres.«

GASTBEITRAG VON SCHAUSPIELER TYRON RICKETTS – OFFENER BRIEF: ABSAGE AN DIE ROLLE DES ALPHA IM FILM »WER HAT ANGST VORM WEISSEN MANN?«

Sehr geehrte Damen und Herren,
vielen Dank für Ihre Anfrage, aber ich bin an der Rolle des Alpha nicht interessiert. Die Gründe dafür liegen nicht allein an dem Fakt, dass die Figur in dem offensichtlich rassistischen Umfeld Bayern als Neger, Bimbo und Muhakl beschimpft wird, noch daran, dass sämtliche rassistischen Klischees wie billigste zu bekommene Arbeitskraft, aidsinfiziert, abergläubisch, Voodoo praktizierend, ängstlich, schwer von Begriff, Sexobjekt etc. aufgezählt werden. Was mich an der Figur stört, ist, dass leider der Mensch, der hinter diesem wandelnden Klischee steht, überhaupt nicht zu Geltung kommt. Fremdbestimmt lässt er sich bis zum Schluss vom rassistischen Bayern kommandieren, um dann, ob seiner treudoofen Art, schließlich doch noch als Schwiegersohn wider Willen toleriert zu werden.

Im Gegensatz zu guten Filmen wie »Ziemlich beste Freunde«, wo beide Menschen auch als solche dargestellt werden, ist hier erneut der Schwarze in seiner Ansammlung an die Hautfarbe geknüpfte Klischees der Störfaktor, der Stein des Anstoßes und bekommt nicht die Chance, als gleichwertiger Charakter zu zeigen, dass alle Menschen im Grunde gleich sind. Diese Art von Erzählweise ist veraltet und unserem Zeitalter unwürdig.
Es sind solche Bücher, für die ich mich im Jahr 2012 als deutscher Schauspieler für dieses Land, in dem ich wohne, schäme und ernsthaft in Erwägung ziehe auszuwandern, um in Zukunft nicht mehr dieses erdrückende Gefühl von Trauer, Scham und Wut spüren zu müssen, wenn es wieder heißt: »Herr Ricketts, ein Drehbuch für Sie!« Als kleine Übung für Abgestumpfte in Punkto Fremdenhass, Rassismus und politische Unkorrektheit

bitte ich Sie darum, in einer beliebigen Seite Ihres Buches das Schimpfwort Neger durch das Wort Jude zu ersetzen. Ein kleiner Perspektivenwechsel, und das Stück könnte im Handumdrehen 1933 spielen ... Ist es dann immer noch so lustig?

Mit Ihrer Erlaubnis werde ich das Drehbuch auch an Frau Dr. Böhmer, Bundesbeauftragte für Integration im Kanzleramt, sowie an Herrn Dr. Ströhm, Leiter des Bundespresseamtes, schicken, um eine offizielle, nicht parteiische Meinung zu Ihrem Stoff einzuholen. Zugegebenermaßen bin ich mittlerweile zum Thema Klischees in deutschen Filmen etwas übersensibilisiert. Ich freue mich, von Ihnen zu hören und sende Ihnen ...

Vodoogrüße aus dem Kreuzberger Busch

Tyron Ricketts

DIVERSES HOLLYWOOD?

Gehen wir noch einmal zurück nach Hollywood: Der benannte Film »La La Land« ist ja nicht unbedingt ein Einzelfall, nur ist es hier eben besonders tragisch, weil es in dem Film um Jazz geht, um die Musikrichtung, die von Schwarzen geprägt wurde. Vor allem die Traumfabrik Hollywood hat bezüglich ethnischer Sensibilität ein riesiges Problem.

Im Jahr 2016 trendete im Rahmen der Oscar-Verleihung der Hashtag #OscarsSoWhite. Der Regisseur und Schauspieler Spike Lee verkündete, er werde in diesem Jahr (also 2016) nicht an der Oscar-Verleihung teilnehmen. Nach einer recht nüchternen Stellungnahme schloss er mit den Worten: »40 white actors in two years and no flava at all. We can't act?! WTF!!«

Und tatsächlich waren in den vergangenen zwei Jahren alle Nominierten weiß gewesen. Nur ein Zufall? Vielleicht. Vielleicht aber auch nicht. Die Zahlen sprechen hier eine recht deutliche Sprache: 93 Prozent der stimmberechtigten Academy-Mitglieder sind weiß und 73 Pro-

zent davon männlich. Diese weißen alten Männer (man kann es nicht
anders sagen) setzen auf eine Risikonominierung, also eben auf das,
was an den Kinokassen funktioniert. Und das sind eben weiße lupen-
reine Stars. »La La Land« gewann im Übrigen sechs Oscars. Schwarze
Superstars wie Will Smith, Samuel L. Jackson, Denzel Washington und
so weiter sind die absoluten Ausnahmen, aber gerade jemand wie Will
Smith wird in seinen Filmen als der »Black Dude« personifiziert und
beschrieben. In »Men in Black«, ist er der coole sportliche Schwarze,
der den Aliens hinterherrennt, immer ein paar lässige Sprüche heraus-
haut, einen coolen Slang und Style verkörpert.

Das Prinzip des »Whitewashing« wie bei »La La Land« zieht
sich leider auch durch die gesamte Geschichte des Kinos. In »Gods
of Egypt« von 2016, einem Film, der im alten Ägypten spielt, gibt es
keinen Ägypter in einer Hauptrolle, sondern lediglich weiße Holly-
woodstars. In dem Film »Ghost in the Shell« spielt Scarlett Johansson
eine Figur namens Motoko Kusanagi – eine Japanerin. Das Verrückte
hierbei ist: Motoko Kusangi ist ein Anime. Also eine Zeichentrickfigur.
Die Möglichkeit, dass also eine weiße Person eine Rolle übernimmt,
die nur als Anime existiert, ist hiernach also gegeben, sie lässt sich
gestalten. Die weiße Person ist die ideale Blaupause in dieser Filmwelt,
weil sie so formbar ist. Aber ein schwarzer James Bond? Unvorstellbar.
Finanzielle Interessen stehen hier im Vordergrund und sind wichtiger
als die korrekte Ethnie der darzustellenden Figur.

Der Starregisseur Ridley Scott rechtfertigte sich sogar für die
(weiße) Besetzung seines Moses-Epos »Gods and Kings« von 2014
und sagte, er könne es sich bei einem derart großen Budget schlichtweg nicht leisten, die Hauptrolle mit einem »unbekannten Moham-
med soundso« zu besetzen. Aber wie soll sich an der Diversität von
Filmen etwas ändern, wenn man einfach weiterhin nur weiße Schauspieler vor die Kamera lässt? Wie kann ein »unbekannter Moham-
med soundso« denn ein Star werden, wenn die Industrie hier schon
so grundlegende Barrikaden aufbaut? Im Übrigen haben die sieben
»Fast and Furious«-Filme mit einer ethnisch gemischten Besetzung
weltweit fast mehr als vier Milliarden Dollar eingespielt, so schlecht

scheinen gemischte Besetzungen also doch nicht zu laufen. Eine Studie des Ralph J. Bunche Center for African American Studies an der University of California in Los Angeles kam zu dem Ergebnis, dass Filme mit ethnisch gemischter Besetzung höhere Summen einspielten als rein weiß besetzte. Ist ja, bei längerem Nachdenken, auch einigermaßen plausibel. Schließlich leben wir in einer globalisierten Welt, in der Filme nicht mehr nur in den USA und Europa gezeigt werden, sondern auf der ganzen Welt. 70 Prozent der Einnahmen von Hollywood-Studios kommen von internationalen Kinokassen. Die Kinokartenverkäufe in China wuchsen 2013 um 36 Prozent, China ist seit 2013 der größte Kinomarkt nach den USA. Und immerhin wurde mit Kelly Marie Tran in »Star Wars – Das Erwachen der Macht« eine Asiatin in einer gar nicht ganz unwichtigen Rolle besetzt. Aber reicht das wirklich aus? Ein, zwei, vielleicht drei prominente Besetzungen von Menschen, die nicht weiß sind? Und ein, zwei, drei Oscars für Schwarze mehr?

Was bleibt, ist eine bittere Erkenntnis: Deutlich mehr weiße als schwarze oder asiatischstämmige Schauspieler sind globale Superstars und werden damit verstärkt in Hauptrollen vor einer Kinoleinwand präsentiert. Schwarze Schauspieler müssen versuchen, sich durchzusetzen und gegenüber dieser Übermacht zu behaupten – und wenn sie erfolgreich sind, dann deshalb, weil sie ihr Schwarz-Sein so gut spielen. Das Schwarz-Sein, was an viele negative Eigenschaften gebunden ist, wie beispielsweise am durchtriebenem Lando Calrissian zu erkennen ist.

In dem Song »Why« des Rappers Jadakiss heißt es hierzu passend:

Why Halle have to let a white man pop her to get a oscar
Why Denzel have to be crooked before he took it

Um das kurz aufzudröseln: Denzel Washington hat in über 60 Filmen mitgewirkt. Seinen einzigen Oscar als besten Hauptdarsteller bekam er 2002. Für den Film »Training Day«. Hierin spielt er einen Polizisten. Einen korrupten Polizisten. Was auch sonst?

Das war jetzt alles etwas viel und vielleicht auch etwas stürmisch. Aber du siehst hoffentlich an dieser schnellen Abfolge von Informationen und Fakten, die ich dir in einem Vier-Augen-Gespräch in zehn Minuten hätte herunterrattern können, wie groß dieses Problem ist. Und wie offensichtlich. Nur wer trägt eigentlich, wenn wir etwas zurückgehen, die Schuld an dieser Entwicklung? Ich glaube, wir müssen hier weg von Hollywood und früher ansetzen. Viel früher.

Zunächst glaube ich, dass Medien und Filme in Menschen wahnsinnig viel bewegen können. Wenn wir 50-mal eine schwarze Person in derselben Rolle sehen, also zum Beispiel als eine hysterisch schreiende Frau, als einen brutalen Gangster, als den Toilettenmann oder als denjenigen, der zuerst stirbt, ist das etwas, was wir mit seinem Schwarz-Sein assoziieren. Hinzu kommen noch Bilder von Afrika (aufgeblähte Kinderbäuche), und schon öffnen sich genug Schubladen, die durch diese Bilder befüllt werden und in die jemand wie ich, der auch schwarz ist, dann reingelegt werden kann.

Wächst man mit Bildern von einem negativen schwarzen Stereotyp auf und sieht dann jemanden wie mich, dann werde ich ganz unbewusst mit diesem Stereotyp in Verbindung gebracht. Deshalb wurde ich manchmal mit »Yo, yo« angesprochen, oder die Leute haben wie selbstverständlich genickt, als sie mich beim Basketball spielen im Freien gesehen haben. Klar, da ist der Schwarze, der spielt Basketball, das kennen wir ja. Das war jetzt in meinem eigenen Leben nicht wirklich schlimm, ich war ja auch ein ziemlich mieser Basketballspieler. Aber es gab da andere Dinge, die mich nervten und bei denen ich spürte: Das Bild, was ich verkörpere, gibt es von Schwarzen nun mal nicht. Das heißt aber nicht, dass ich nicht so sein kann. Nur weil ihr so etwas noch nicht gesehen habt, heißt das nicht, dass es so etwas nicht gibt. Also warum tut ihr so, als wäre das, was ich gerade verkörpere, etwas Abnormales oder etwas »Besonderes«? Beispielsweise hatte ich immer Lust zu lesen. Wirklich! Wissensbücher und Literatur fand ich immer ziemlich spannend, was im Wesentlichem am Einfluss meiner Mutter lag. Trotzdem wurde ich von außen nie wirklich als Intellektueller betrachtet, sondern eher schräg angeschaut, wenn ich mit einem Buch in der Hand auf einer Parkbank herumsaß und mir einfach einen schönen Nachmittag machte. Das war einfach kein gewohntes Bild, und wahrscheinlich konnte hierfür auch niemand etwas. Es gibt eben kaum Filme, Bücher oder Serien, in denen ein schwarzer Bibliothekar vorkommt. Oder ein schwarzer Wissenschaftler. Außer vielleicht Winston, aber der war ja nicht einmal ein promovierter Wissenschaftler, sondern einfach nur der Quotenschwarze. Hierzu eingeschoben, weil ich gerade so gut im Flow bin, noch eine andere Sache, die aus meiner Sicht nicht ganz unproblematisch ist. Werbung!

WEISSE WERBUNG

Was will Werbung eigentlich? Zunächst einmal muss Werbung irgendwie den Kunden erreichen und begeistern. Das heißt, Werbung möchte eine ideale Welt darstellen. Der Kunde sieht diese Welt und denkt sich anschließend: Ich brauche dieses Produkt aus dieser idealen Welt. Und dann gibt es eben rein weiße Wäsche mit Weißer-Riese-Megaperls oder den weißen Mr. Proper. Oder die hübsche Frau in der Raffaello-Werbung, die ein weißes Kleid trägt – auf einer Party, auf der nur weiße Menschen sind. Werbung hat schon früh ein Bild vermittelt, das uns eine weiße Welt als ideal verkauft. Wir haben uns daran gewöhnt. Gibt es jetzt urplötzlich Werbung mit etwas mehr Diversität, kann das reizen. Oder eben einen Shitstorm auslösen. So geschehen bei einem Plakat für die DAK-Gesundheit. Das Plakat zeigt einen schwarzen Mann und eine weiße Frau, die das Ultraschallbild ihres ungeborenen Kindes betrachten und sich Gedanken darüber machen, ob sie richtig versichert sind. Jetzt könnte man natürlich annehmen, dass die Darstellung einer weißen Frau und eines dunklen Mannes in unserem Jahrhundert nichts Ungewöhnliches, sondern etwas ganz Natürliches ist. Aber dem ist nicht so.

Die AfD Nordwestmecklenburg postete im Februar 2018 ein Foto des Plakats bei Facebook mit dem Zusatz: »+++ Teilen! +++ Flutung unseres Landes mit Migranten +++ Die Krankenkassen freut es +++ Multikulti! Die Krankenkassen triumphieren. Das Asylchaos führte in Deutschland zu Mitgliederzuwächsen und mehr Beiträgen. Das Problem ist, wer trägt die Beiträge? Natürlich trifft es den deutschen Bürger wieder, denn der große Teil der Migranten wird niemals einzahlen. Denk mal darüber nach, wenn du am Morgen zur Arbeit gehst und fleißig Steuergelder erwirtschaftest ...!«

Die Kommentare unter dem Bild waren ähnlich abstrus: »Wie immer ... der deutsche wird beschissen ohne ende ... nicht nur, dass die keine beiträge bezahlen die Asylanten ... die bekommen auch kindergeld für kinder, die gar nicht in deutschland sind ... komisches rechtssystem ...« – »Und dann kriegen die noch die teuren privatversicherungen hinterhergeschmissen, ohne jemals etwas einzuzahlen. Aber kein problem ... werden eben die beiträge erhöht.« – »Es gibt so viel blöde menschen, die sich mit so einem einlassen, ist ja besser als gar keinen partner.«

Ganz normales Social-Media-Marketing der AfD eben.

In meiner Vergangenheit hat mich die Darstellung der idealen Welt in der Werbung in meiner Wertigkeit und Identität tatsächlich auf mehreren Ebenen beschäftigt, schließlich bin ich als schwarzer Junge mit einer alleinerziehenden Mutter aufgewachsen. So etwas gab es in der Werbung nicht. Unterschiedliche Formen haben hier in der »perfekten Welt«, die mir die Werbung zeigen wollte, nie stattgefunden. Die Idealvorstellung war immer: zwei weiße Eltern, ein weißes Kind, ein Hund vielleicht. Der Rest fällt heraus.

Um dem entgegenzuwirken und um mehr Vielfalt darzustellen, brauchen wir ganz grundlegend mehr Diversität in den Medien. Einfach mehr zeigen. Mehr von dem, was es gibt. Und damit meine ich nicht einfach eine asiatische Besetzung in einem Star-Wars-Film. Wir brauchen diese Abbildungen verschiedener Ethnien ganz konzeptuell, nicht einfach als Randerscheinung oder als Ausnahme. Wir brauchen einen hellhäutigen, einen schwarzen und einen asiatischen Gangster. Einen dunklen und einen weißen Superhelden, ohne dass spezifische Merkmale des Schwarzen diese Rolle formen.

Hast du den offenen Brief von Tyron gelesen? Ich kann verstehen, warum er keine Lust auf diese Alpha-Rolle hatte. Klar ist es satirisch überspitzt, aber schon wieder diese ganzen Schwarzen-Klischees? Wie oft denn noch? Lustiger wird es damit ja auch nicht mehr. Und ohne den Schritt, dass wir aufhören, immer weiter Vorurteile zu befeuern, funktioniert es nicht, rassistische Darstellungen in der Medienwelt abzubauen. Ansonsten übertragen wir unser Medienbild eben auch auf unser direktes Umfeld und glauben, es wäre seltsam, wenn ein Schwarzer durch unsere Straßen geht. Weil man so etwas ja weder aus der Werbung noch aus Film und Fernsehen kennt. Vorurteile können, glaube ich, auch abgebaut werden, indem man der Diversität ihren Platz lässt. In Film, Fernsehen und Literatur.

XENOPHOBIE –
DIE ANGST VOR DEM FREMDEN

Gehen wir weg von der Film- und Fernsehwelt, also weg von dem, was abgebildet wird, hin zu dem, was wir eigentlich tatsächlich sehen. Mich zum Beispiel. Ich bin relativ viel unter Leuten, zum einen, weil ich Menschen mag und mich gern mit ihnen unterhalte, und weil ich eine Bulldogge, Biggie, habe, mit der ich oft in München oder im Münchener Umland spazieren gehe. Über die Jahre hinweg, sei es, wenn ich mit meinem Hund Gassi gehe oder mich durch München bewege, ist mir immer wieder eine Sache aufgefallen: Dass meine Hautfarbe polarisiert und in den Menschen Ängste auslöst. Kein Witz. Gehe ich mit Biggie Gassi, wechseln andere Leute die Straßenseite. Frauen und/oder Männer zucken nervös zusammen, wenn ich mich in der Straßenbahn neben sie stelle. Beim Bäcker spüre ich die Unruhe derer, die hinter mir anstehen. Sie sind es, eben auch aufgrund der vollkommenen Unterrepräsentierung von Schwarzen in unserer medialen Gesellschaft, schlichtweg nicht gewohnt, jemanden wie mich zu sehen. Der anders aussieht. Das macht ihnen Angst. Und ich glaube, das ist bis zu einem gewissen Maße ja auch normal. Ich will jetzt hier nichts beschönigen. Ich hätte wahrscheinlich selbst Angst vor mir, wenn ich nicht schwarz, sondern weiß und ständig diesen Bildern ausgesetzt wäre, die über Schwarze gezeichnet werden. Dieses Phänomen, die Angst vor dem Fremden, ist unter dem Begriff Xenophobie bekannt.

WAS IST XENOPHOBIE?

Xenophobie ist wissenschaftlich belegt und erklärbar. Im Folgenden möchte ich zum einen darstellen, woher die Angst vor dem Fremden überhaupt kommt, also ganz ursprünglich, dann, wie sie sich begründet und wie man ihr entgegentreten kann. Denn ganz ehrlich, Biggie ist wirklich ein sehr braver Hund, der sich wahnsinnig gern streicheln lässt, und ich bin eigentlich auch ein ziemlich netter Kerl, der einem guten Gespräch über Hundecontent selten abgeneigt ist. Warum sollten wir also Angst voreinander haben?

Xenophobie, die Furcht vor dem – auch nicht personalen – Fremden und die daraus resultierende Ablehnung. Der Begriff wird in der Verhaltensbiologie im Sinne einer Fremdenscheu vor Personen oder Personengruppen beschrieben, die keinen Fremdenhass einschließt, sondern der eine tiefe Emotionalität zugrunde liegt. Die Urangst vor dem Fremden ist eine menschlich existenzielle und ganz natürliche Eigenschaft und hat, wenn man es so sagen will, eine evolutionäre Daseinsberechtigung. In grauer Vorzeit lebten die Menschen in ziemlich geschlossenen kleinen Verbänden, sogenannten Urgesellschaften von etwa 100 bis 150 Menschen. Fremde traten hier fast ausschließlich als Feinde in Erscheinung. Das grundlose Misstrauen gegenüber allem Fremdartigen wurde zu einer Verhaltensstrategie, denn nicht immer gingen die Menschen ganz entspannt mit ihren Hunden spazieren, Mord und Totschlag waren mit an der Tagesordnung. Aus diesen frühzeitlichen Erfahrungen lässt uns eine fremde Umgebung mit fremden Menschen zunächst zweifeln. Unser Misstrauen kommt zur Geltung. Die Straßenseite wird gewechselt, wenn die Umgebung fremd ist oder uns ein Fremder entgegenkommt. Befinden wir uns in Anwesenheit von uns bekannten Personen, tritt die Xenophobie allerdings in den Hintergrund, und die Neugier wird angeregt. Diese Einordnung führt einerseits dazu, dass vertraute Personen, also beispielsweise Verwandte, Freunde usw. bevorzugt werden, andererseits können in diesem Zug Fremde auch schnell diskriminiert werden. Dieses grundsätzliche unbegründete

Ablehnen von allem Fremden kann anschließend sehr schnell in Fremdenhass umschlagen.

Ich glaube, wir müssen uns vor allem im Klaren darüber sein, dass Angst vor dem Fremden etwas vollkommen Normales ist und einst eine hilfreiche Waffe und ein Schutzschild war. Die Neigung, fremde Gruppen abzuwerten, wurde kulturübergreifend gefunden, sodass hierfür biologisch begründete Mechanismen angenommen werden können.

Xenophobie, ein Begriff, den man in der Regel auch mit Fremdenfeindlichkeit übersetzen kann, bezieht sich auf Menschen, die in irgendeiner Art und Weise »fremd« aussehen, sich »anders« verhalten oder an etwas anderes glauben. Eine andere Hautfarbe, andere Gesichtszüge, bestimmte kulturelle Eigenschaften oder eine andere Religionszugehörigkeit sind solche Fremdheiten, wenn sie sich von unseren eigenen, bekannten Begegnungen unterscheiden. Diese tief greifende Überzeugung kriegen wir so schnell nicht mehr aus unseren Köpfen und aus unserer Genetik heraus. Kulturelle Riten stiften immer einen Gemeinschaftssinn und schließen gleichzeitig aus.

Der Soziologe David A. Wilder begründete 1986 unsere Xenophobie bereits durch die Tatsache, dass wir nahezu ständig kategorisieren und Menschen in »einen von uns« und »einen von den anderen« sortieren. Es fühlt sich gut an, einer homogenen Gruppe anzugehören, die sich von einer anderen unterscheidet. Das kann man sich, nach Wilder, genauso wenig abgewöhnen, wie wir davon lassen könnten, angesichts eines Waldes Nadel- und Laubbäume zu unterscheiden; nur dass wir im Falle sozialer Gruppen dann auch immer gleich noch der eigenen den Vorzug geben. Wir müssen also lernen, damit umzugehen und unsere angeborene Xenophobie zu kontrollieren, denn sie äußert sich sonst im Extremfall in Form eines tätlichen Angriffs oder systematischer Vertreibung derer, die uns fremd sind. Und das, jenes wissen wir aus der Geschichte, gab es bereits zur Genüge.

Fremdsein ist keine Eigenschaft, die jemand an sich trägt oder die an einem haftet. In den Augen der AfD-Leute beim Stammtisch war ich vielleicht ein Fremder, aber natürlich bin ich das nicht. Ich habe es ja an früherer Stelle gesagt: Ich bin deren kultureller feuchter Traum. Allein meine Hautfarbe und die Tatsache, dass mein Vater aus dem Kongo stammt, löst diese Urmechanismen aus, das Gefühl, einen Fremden vor sich zu haben. Aber das ist nun einmal deren verquere Weltsicht, und sie sind selbst dran schuld. Und natürlich ist der weiße AfD-Hans in vielen anderen Ländern auch ein Fremder.

Leider schützt in Deutschland eine deutsche Staatsbürgerschaft nicht vor Fremdenfeindlichkeit, genauso wenig wie in irgendeinem anderen Land. Das wäre ja auch viel zu schön. Problematisch ist außerdem der übermäßige Gebrauch der Begrifflichkeit von Fremden- und Ausländerfeindlichkeit. Es ist wie mit dem stereotypen Bild der Blähbauch-Kinder in den Medien. Irgendwann übernehmen wir dieses Bild in unserem Kopf. Bezeichnen wir Menschen, die hier geboren und überhaupt keine »Fremden« sind, ständig als Ausländer und benennen einen Übergriff auf sie als Fremdenfeindlichkeit, wird durch die ständige Wiederholung das »Fremde« zu etwas, was dem Opfer angeheftet wird. Das gibt auf der anderen Seite dem Täter die Macht, darüber zu entscheiden, wer jetzt fremd ist und wer nicht.

Unser Ziel muss es also sein, die Xenophobie zu überwinden. Wir müssen uns bewusst werden, dass es evolutionäre Gründe für unsere Angst gibt. Und eigentlich geht es in der Auseinandersetzung mit dem Fremden vielmehr um den Erhalt des Selbst und um die Verteidigung der eigenen Macht. Wie können wir diese Xenophobie also überwinden? Ich glaube, mit dem Bewusstwerden der Tatsache, dass eine erste Abwehrhaltung, zum Beispiel mir und meinem Hund gegenüber, einigermaßen normal ist, ist schon viel gewonnen. Ähnlich wie beim Alltagsrassismus. Wenn wir uns bewusst werden, dass es ein Problem gibt, ist hier schon einiges angestoßen. Von hier aus können wir arbeiten. Aber jetzt zurück zum Szenario: Ich gehe mit meinem sehr braven Hund Biggie abends spazieren. Ich bin dunkelhäutig und groß – okay. Jemand sieht mich und die Bulldogge, wie wir da so entlanggehen. Die Urinstinkte des Gegenübers greifen. Vielleicht hat er oder sie ja auch bereits traumatische Erfahrungen mit Hunden gemacht. Lässt mein Gegenüber jetzt seiner Xenophobie freien

Lauf, wechselt er die Straßenseite oder rennt im schlimmsten Fall einfach weg. Nun könnte aber, weil wir es immerhin weg von einem Urvolk zu einer einigermaßen homogen funktionierenden Gesellschaft gebracht haben, sein Verstand einsetzen. Derjenige, der diese diffuse Angst verspürt, könnte also mich und Biggie sowie sich selbst in einen schlüssigen Kontext setzen und erkennen: So schlimm ist das alles gar nicht. Ebenso könnte auch jeder andere, der eine unbegründete Angst vor Flüchtlingen, Ausländern oder vor was auch immer verspürt, seinen Kopf benutzen und seine Gefühle runterkochen lassen, bevor er reagiert.

DER RASSISMUS IN UNS

Im Lauf dieses Buches habe ich sehr viel über Rassismus und Rassismen geredet. Ich habe dich teilhaben lassen an meinem eigenen Leben und meinen eigenen Erfahrungen. Ich habe versucht aufzuschlüsseln, woher sich unser Rassismusbegriff historisch begründet und habe verschiedene Künstler zu Wort kommen lassen. So, wie sich rassistische Erfahrungen durch mein persönliches Leben ziehen, so zieht es sich ebenso durch das Leben anderer Menschen. Ich sehe dieses Buch daher auch – im weitesten Sinne – als ein Gemeinschaftsprojekt, an dem mehrere Menschen beteiligt sind. Denn, und das soll mit eine wichtige Erkenntnis dieses Buches sein: Rassismus geht uns alle etwas an.

In erster Linie geht es natürlich um die Betroffenen, die Opfer von Rassismus. Wichtig sind aber auch Menschen, die nicht von Rassismus betroffen sind, sondern ihn vielleicht – ob bewusst oder unbewusst – im Alltag repräsentieren oder sogar fördern. Auch diese Menschen will ich mit diesem Buch erreichen, um ihnen einen Einblick ins Innere eines Betroffenen zu geben. Ich hatte allerdings auch nicht vor, ihnen die Geschichte eines »armen schwarzen Bayern« zu erzählen, der sich, wie Advanced Chemistry es einmal sagte, »fremd im eigenen Land« fühlt. Denn das bin ich nicht. Ich bin, und das muss ich vielleicht noch einmal sagen, schon ein ziemlicher Lebemann, der den Kontakt zu seinen Mitmenschen sucht und immer offen für neue Projekte und kreative Ideen ist. Netzwerken ist meine Leidenschaft. »Rekless tut Dinge« ist mehr als ein Instagram-Spruch.

Trotz alledem hat sich Rassismus immer durch mein Leben gezogen, und deshalb ist dieses Buch auch so aufgebaut, wie es ist. Ich habe mich bewusst dagegen entschieden, dir erst etwas aus meinem

Leben zu erzählen, um dann, hiervon losgelöst, einen erklärenden Sachteil einzuschieben, auch damit schon bereits durch den Aufbau klar wird, das beides nicht getrennt vonstatten geht, sondern miteinander verwoben ist. Ich bin, so kann man es vielleicht sagen, eben mit Rassismus großgeworden. Nicht ausschließlich, aber als aktive Begleiterscheinung, die mich seit Kindertagen begleitet hat. Und das ist doch irgendwie seltsam. Ich meine, schau dir an, wie schnell sich unsere Welt wandelt. Durch das Internet haben wir unendlichen Datenzugriff, und unsere globalisierte Welt wächst immer weiter zusammen. Wenn ich heute mit einem Freund aus Dorsten einen Song machen will, sprechen wir über Facetime und teilen Harmonien und Beats über eine digitale Cloud, wir komponieren zusammen, ohne dass wir uns sehen. Auch Auslandsreisen sind heute kein Problem mehr – Flüge sind nicht mehr ganz so teuer wie noch zu meiner Jugendzeit, und wir haben eigentlich alle Möglichkeiten, über den Tellerrand hinauszublicken und uns in die Lebenswelt anderer Menschen hineinzudenken.

Und dennoch: Rassistische Einstellungen werden zunehmend salonfähig. Der Aussage »Durch die vielen Muslime hier fühle ich mich manchmal wie ein Fremder im eigenen Land« stimmt, wie schon erwähnt, mehr als jeder zweite Befragte bundesweit zu. Über 55 Prozent. 2016 lag die Zustimmung auf diesen Satz bei 50 Prozent, 2014 bei 43 Prozent. Wie kann das ob unserer globalisierter werden-den Welt sein?

Die Angst vor dem Fremden ist tief in uns verwurzelt und trifft, da es eben auch keine einfachen Lösungen für komplexe Probleme gibt (denk nur an die Flüchtlingskrise) auf fruchtbaren Boden. Und auch rassistische Vorurteile sitzen tief.

Das fand bereits der US-Psychologe Kenneth Clark 1947 heraus. Gemeinsam mit seiner Frau Mamie Clark testete er im sogenann-tem »Doll Test«, in welchem Alter Kinder einer Hautfarbe bestimmte Eigenschaften zuschreiben. Das Paar legte Kindern im Alter zwischen drei und sieben Jahren schwarze und weiße Puppen vor, die sonst alle vollkommen gleich aussahen. Als die Kinder befragt wurden, welche sie für »nett« und »schön« hielten, entschied sich die Mehrzahl der Kinder für die weißen Puppen. Die Kinder hatten gelernt, welche Zuschreibungen in ihrer Umwelt häufiger vorkommen als andere, und entwickelten Automatismen, durch die in ihrem Denken das Merkmal einer Hautfarbe mit einer positiven oder eben negativen Eigenschaft verknüpft wurde. Diese relativ natürliche Kategorisierung hilft, die unüberschaubare Welt ein Stück überschaubarer zu machen, sich schneller zurechtzufinden und vorauszuplanen. Geschlecht und Hautfarbe sind besonders prädestiniert für Vorurteile – es ist eben das Erste, was man an einem Menschen wahrnimmt. Diesen Merkmalen Eigenschaften zuzuschreiben, hat sich im Lauf der Evolution wohl bezahlt gemacht. Hinzu kommt: Diese Zuschreibungen und daraus resultierenden Vorurteile laufen automatisiert im Hintergrund ab. Wir müssen nicht einmal aktiv nachdenken, um uns ein Urteil über jemanden mit einer anderen Hautfarbe zu bilden. Vorurteile sind also auch etwas für faule Menschen. Wir sehen jemanden mit asiatischen Gesichtszügen an einer Straßenecke stehend Reis essen, und das Bild macht für uns Sinn. Wir nicken es ab, ohne wirklich darüber nachzudenken. Hieraus entwickeln sich schnell rassistische Vorurteile. Alle Menschen mit asiatischen Gesichtszügen müssen irgendeinen Bezug zu Reis haben, oder etwa nicht? Menschen mit dunkler Haut müssen einfach zwangsläufig gern tanzen, oder?

Höchst problematisch wird das Ganze, wenn neben dieser gedanklichen Verknüpfung zusätzlich eine emotionale Verknüpfung hinzukommt, wenn also Gefühle wie Angst mit dem Merkmal dunkle Haut verknüpft werden. Diese Vorurteile entstehen bereits im Alter von drei Jahren und erreichen zwischen fünf und sieben Jahren einen Höhepunkt. Die Intensität nimmt allerdings bis zum Ende der Grundschulzeit wieder ab, bevor sie zu Beginn der Pubertät wieder erheblich ansteigt.

Belegt wurden diese Verhaltensweisen in einer Metaanalyse der beiden Psychologen Dr. Andreas Beelmann und Dr. Tobias Raabe im Mai 2017, für die sie insgesamt 113 Studien berücksichtigten. Dass rassistische Vorurteile zur Zeit der Einschulung und dann im Weiteren zu Beginn der Pubertät so rapide zunehmen, ist erklärbar. Beides sind Zeitpunkte, in denen Kinder um eine soziale Identität ringen. Sie suchen ihren Platz in der Gesellschaft und wollen dazugehören. Ein wichtiges Teilstück in der Suche nach der sozialen Identität ist eben auch die Abgrenzung der eigenen Gruppe gegenüber anderen Gruppen. Wenn man so will, haben wir das in meiner Jugend mittels Hip-Hop ja auch getan. Wir wollten anders sein, und unser Style sprach zudem sehr dafür, dass nicht unbedingt alle anderen etwas mit uns zu tun haben wollten. Aber die positive Darstellung der eigenen Gruppe führt eben zu einem Anstieg von Vorurteilen, gerade wenn es schon in so jungen Jahren losgeht. Andreas Beelmann sagt hierzu: Wenn es in der Pubertät Jugendlichen und Heranwachsenden nicht gelingt, sich sozial zu verankern, dann können sie schnell in schwere Identitätskrisen geraten – was wiederum anfällig für extremes Gedankengut macht. Denn jede Gruppe, die der eigenen Identität Halt verspricht, sieht verlockend aus, ganz gleich, in welche politische Richtung sie agiert. Für den Heranwachsenden, den Identitätssuchenden, zählen nur der Zusammenhalt und die Gemeinsamkeit, auch wenn diese sich auf eine rassistische Idee stützen. Es ist somit grundlegend wichtig, Vorurteilen schon von kleinauf zu begegnen. »Ein Neger darf nicht neben mir sitzen« entsprang zwar sicherlich nicht komplett dem kleinen Pilzkopf des Kindergartenkindes, das nicht wollte, dass ich neben ihm sitze, aber genau deshalb ist es absolut notwendig, frühzeitig für Aufklärung zu sorgen, damit dieses »Das schwarze Kind ist anders als ich«-Denken nicht weiter mitgetragen wird und in der Pubertät noch einmal aufblüht.

Rassistische Vorurteile können aber selbstverständlich auch von Menschen getragen werden, die eine stabile Identität entwickelt haben. Es nicht unbedingt wichtig, welche Haltung die Eltern einem vermitteln, vielmehr prägen die Schule, der Freundeskreis und eben auch die Medien um einiges stärker, wie die Studie »The apple does not fall far from the tree, or does it? Parent-child similarity in intergroup attitudes« der Hamburger Psychologin Juliane Degner von 2013 zeigt. Ich kenne das ja auch ein wenig von meiner Arbeit im offenen Kreisjugendring: Mit vielen Gespräche und Begegnungen kann, gerade bei Heranwachsenden und Jugendlichen, viel bewirkt werden. Aber Vorurteile sind eben auch für manche Menschen ein dankbares Geschenk, das gern angenommen wird, sobald es uns in eine privilegierte Situation bringt. »Ausländer raus« zu rufen, in einer Stadt, in der es fast keine Ausländer gibt, das ist schon ziemlich bitter. Bitter einerseits aufgrund der Kompromisslosigkeit, mit der dieser Schrei einhergeht, diese »Nicht-Verhandlungsbasis«, die hier formuliert wird, und andererseits, weil es so offensichtlich ist, wie Vorurteile ausgenutzt werden, um das eigene Selbstwertgefühl nach vorn zu bringen. In der Masse fühlen sich die »Ausländer raus«-Rufer stark. Sie haben das Gefühl, sie sind in der Übermacht, obwohl sie nur eine kleine Gruppe repräsentieren. Das ausgelebte Vorurteil über eine bestimmte Gruppe, die nicht die eigene ist (eben »Ausländer«), schweißt die Gruppe zusammen. Wie tief der Rassismus noch in uns schlummert, wurde unter anderem mittels dem IAT, dem sogenannten Impliziten Assoziationstest, welcher verwendet wird, um die Stärke der Assoziationen zwischen einzelnen Elementen des Gedächtnisses zu messen, herausgefunden.

In ihrem Buch »Vor-Urteile. Wie unser Verhalten unbewusst gesteuert wird und was wir dagegen tun können« von 2015 fragen die Psychologen Mahzarin Banaji und Anthony Greenwald nach der Existenz von latenten rassistischen Einstellungen und ziehen hierfür den IAT heran. Banaji und Greenwald erläutern die Entwicklung eines »Rassen-IAT«, welcher Aversionen gegenüber Schwarzen und Präferenzen gegenüber Weißen aufzeigt. Es stellt sich heraus, dass das Ergebnis bei um die Hälfte der Getesteten nicht mit der Selbsteinschätzung übereinstimmt. Menschen, die von sich selbst sagen, dass sie keine bewusste Vorliebe für Menschen mit einer bestimmten Hautfarbe haben, wird durch das im Buch beschriebene Rassen-IAT eine »automatische Präferenz für Weiße« zugesprochen. Auch von den über 1,5 Millionen weißen Amerikanern, die sich im Internet diesem Test unterzogen, zeigen um die 40 Prozent dieses Muster. Nach der Aussage der Wissenschaftler sei einem großen Teil von ihnen offenbar »gar nicht bewusst, dass sie zur Benachteiligung der Afroamerikaner beitragen, dadurch, dass sie ihnen anders als Weißen begegnen«.

Vorurteile sind also tief in uns verankert, messbar und eben auch nachweisbar. Es ist ein Irrglaube, dass wir alle losgelöst von Vorurteilen sind, und ich glaube allein, wenn wir uns dessen bewusst sind, können wir im Umgang miteinander schon einiges bewirken. Was aber gerade in den heutigen Zeiten immer mehr durchsickert, ist, dass Ansichten, die früher als verpönt galten, heute in unserer politischen Mitte zu finden sind. Wir diskutieren über Dinge, über die wir eigentlich nicht diskutieren sollten.

Erinnerst du dich an die Diskussion, die nach dem Foto der deutschen Nationalspieler Mesut Özil und Ilkay Gündogan mit Recep Tayyip Erdoğan entstand? Eine diskriminierende Debatte trat in Kraft. Sich mit einem Politiker zeigen, der menschenverachtend regiert, ist mehr als diskussionswürdig, keine Frage. Aber das, was an die Fußballer, besonders an Mesut Özil, in dieser Form herangetragen wurde, Illoyalität und Nichtintegration, war alles andere als fair. Warum?

Er hat ein Bild mit einem Autokraten gemacht und sich stolz gezeigt. Stolz mit einem Mann, der grausige Taten begangen hat und seine Opposition brutal bekämpft. Aber genau darum ging es eben nicht in den Kommentarspalten. Stellen wir uns kurz vor, Bastian Schweinsteiger hätte das gleiche Bild gemacht und aus welchem Grund auch immer sich positiv darüber geäußert und wäre stolz gewesen, diesen Mann zu treffen. Die Kritik wäre sehr scharf gewesen. Die Kritik an seinem Verhalten, ja, nicht aber die Kritik an seiner Person. Bei Özil wurde die Diskussion sofort weg vom eigentlichen Fehlverhalten geführt, und es ging um seine Persönlichkeit, seine anscheinend falsch gelaufene Integration, er hatte nicht nur einen Fehler begangen, er hatte die Deutschen verraten. So wurde es in den Kommentarspalten dargestellt. Deutsche Fußballfans pfeifen ihn und Ilkay Gündogan bei Länderspielen aus. Er wird nicht reduziert auf sein Verhalten, er wird reduziert auf seine türkischen Wurzeln. Er solle doch in die Türkei gehen, wenn ihm Erdogan so gefalle.

Als er dann sein Schweigen bricht und aus der Mannschaft zurück-
tritt, ist das Bild perfekt. Rassismusvorwürfe aus seinem Statement
werden von CDU-Politikern kleingeredet. Uli Hoeneß macht ihn als
schlechten Fußballer runter, und nur ein paar deutsche Fußballer, fast
alle mit Migrationshintergrund (beispielsweise Jérôme Boateng), stehen ihm zur Seite. Es ist ein bisschen wie die Situation mit der Brille
auf dem Pausenhof. Politiker und rechte sowie tumbe Fans schreien
so laut, dass sie gar nicht mehr sehen, was eigentlich passiert ist. Vor
aller Welt wurde gezeigt: Egal, was du alles tust, um dein Leben zu
leben, es braucht nur einen Fehler, der dich auf nur ein Merkmal
reduziert, der alles andere in den Schatten treten lässt, so wie früher auf dem Schulhof. Der Türke, der andere, der, der nicht dazugehört. Die Fraktionsvorsitzende der AfD, Alice Weidel, sprang auf den
Zug mit auf und nannte Özil »beispielhaft für eine scheiternde Integration«. Beatrix von Storch nannte den Spieler einen »medienuner-
fahrenen Islamprofi« – Mesut Özil, der in Gelsenkirchen kickte und
unzählige Tore für die DFB-Elf schoss. Am Beispiel Özil, aber auch
an anderen Debatten, beispielsweise über die rechten Ausschreitungen in Chemnitz oder wenn Gauland die NS-Zeit als »Vogelschiss in
der Geschichte« beschreibt, wird deutlich: Diskussionen, Formulie-
rungen, die in der Vergangenheit als radikal und unvorstellbar galten,
sind heute völlig normal – salonfähig eben. Diese Entwicklung lässt
sich mittels eines Konzepts beschreiben, dem sogenannten Overton-
Fenster.

DAS OVERTON-FENSTER

Entwickelt wurde der Begriff des Overton-Fensters von dem Poli-
tikwissenschaftler Joseph P. Overton, der 2003 bei einem Flugzeug-
absturz ums Leben kam. Nach Overton lässt sich das Spektrum der
politischen Meinungen auf beiden Seiten eines Status quo in fünf Stu-
fen aufteilen. In der Mitte steht der »Ist«-Zustand. Direkt daneben,
in beide politischen Richtungen, stehen die populären Positionen. Es

folgen die sinnvollen, dann die gerade noch akzeptablen, die radikalen und schlussendlich die undenkbaren Positionen.

Das von Overton beschriebene Fenster umfasst hierbei die enge Mitte, also die populären Positionen. Weil regierende Politiker nur die Sachen vertreten und umsetzen, die beliebt sind, ist das hier der Bereich, in dem Politik gemacht wird. Nach Overton muss sich also zuerst die öffentliche Meinung verschieben, bevor sich die Politik ändert. Doch wie lässt sich öffentliche Meinung verschieben? Nach Overton ist es wenig hilfreich, nur die bereits akzeptierten Positionen zu vertreten, vielmehr müsse man ganz nach außen gehen, zu den radikalen und undenkbaren Positionen, um das Fenster zu verschieben. Und wie geht man ganz nach außen? Nehmen wir das »Vogelschiss«-Beispiel von Alexander Gauland, der die NS-Zeit marginalisiert. Eine undenkbare Aussage, es liegt weit außerhalb des Overton-Fensters, von dem man aus realpolitisch handeln kann. Eine radikale und undenkbare Meinung. Aber: Wenn diese Position in der Öffentlichkeit genug Aufmerksamkeit bekommt und die Öffentlichkeit beschäftigt, scheinen danach die Positionen, die bisher radikal waren, weniger radikal. Das Overton-Fenster öffnet und verschiebt sich und damit auch unsere Debattenkultur. Das Overton-Fenster ist aber weder gut noch schlecht, die Dynamik funktioniert in beide Richtungen. Der Drang nach sexueller Befreiung in den 60er-Jahren hat dazu beitragen, dass es den Straftatbestand Ehebruch nicht mehr gibt.

Du siehst, eigentlich ist eine Verschiebung des Fensters auch notwendig, denn sonst würden wir immer noch unter Gesetzmäßigkeiten von vor Hunderten von Jahren leben. Trotzdem, und dessen müssen wir uns unbedingt gewahr werden: Es ist mitunter eine Strategie von Politikern, Parteien und Verbänden, die zu einer Verschiebung des Overton-Fensters führt. Wenn die AfD immer und immer wieder über Flüchtlinge hetzt, ist es schlussendlich nicht mehr so wichtig, worum es genau inhaltlich geht. Wichtig ist, dass durch die permanente neu aufgelebte Diskussion eine Verschiebung des Fensters erfolgt. Auf einmal ist es »normal«, über den Zustand von Geflüchteten zu diskutieren.

Dessen müssen wir uns auch bewusst werden, wenn wir über Rassismen sprechen. Wenn ich immer und immer wieder eine Diskussion darüber aufmache, ob jemand, der schwarz ist, jetzt irgendwie »anders« als ein weißer Mensch ist, ist es letztendlich egal, worüber inhaltlich diskutiert wird. Wichtig ist, dass sich durch diese wiederholende Diskussion das Overton-Fenster verschiebt. Wir müssen also deswegen dafür sorgen, dass es keinen Platz für indiskutable Meinungen geben darf, denn das spielt den Strategen von AfD und Co. nur in die Hände, die genau wissen, dass sich mit jeder neu aufkommenden Diskussion auch die öffentliche Meinung verschiebt – und damit das Fenster, in dem realpolitisch gehandelt werden kann. Dem müssen wir mit aller Kraft entgegenwirken. Durch Aufklärung und Gespräche. Davon bin ich wirklich überzeugt.

EPILOG – IM GESPRÄCH MIT EINEM SCHWARZEN RASSISTEN

Es ist wieder ein Dienstag. Diesmal Anfang Dezember. Ich bin in Berlin. Den Gig der letzten Nacht spüre in noch in den Knochen und stehe wartend an einem Häuserblock in Neukölln vor meinem Hotel. Ich bin aufgeregt, weil ich ahne, dass die kommenden Stunden emotional werden.

Heute Vormittag bin ich Gast in einem 3sat-Format und habe zugesagt, mich mit einem AfD-Mitglied über das Thema Alltagsrassismus in Deutschland auszutauschen. »Auszutauschen«, wie das schon klingt. Zu diskutieren. Zu streiten. Während ich auf den Fahrer warte, der mich zum Fernsehstudio bringen soll, checke ich mein Outfit. Ich hatte überlegt, mit Sonnenbrille rauszugehen, einfach weil meine Augenringe gefühlt bis zum Boden reichen, aber mit einer Sonnenbrille in eine Talkshow? Wie so ein desinteressierter Rockstar? Muss ja auch nicht sein. Ich trage ein schwarzes Hemd und eine Stoffhose. Ich will seriös wirken und nicht als »der Rapper« wahrgenommen werden, der halb interessiert dasitzt und sich hinter seiner Sonnenbrille versteckt. Ich will Klartext reden.

Während ich warte und grüble, wie ich mich am besten inszenieren kann, fällt mir auf, dass genau diese Inszenierung etwas ist, was ich immer bekämpfen wollte. Ich will ich selbst sein und niemand anderes, und genau das tragen, worauf ich Lust habe. Meine Person muss ich nicht durch ein Kleidungsstück aufwerten. Meine Eloquenz reicht mir. Also weg mit dem Hemd und in den Rucksack damit. Ich ziehe eine Trainingsjacke über mein T-Shirt. Das passt. Das bin ich.

Der Fahrer hält kurz vor mir, ich nicke ihm zu und werde nach Alt-Treptow gefahren. Die Fahrt dauert nur etwas länger als zehn Minuten und endet an einer Straße, wie es sie überall in Berlin gibt: Graffitis, abblätternder Putz an der Fassade – das mag ich. An der Durchfahrt zum Hinterhof hängen viele Schilder von Produktionsfirmen. Während ich durch das Halbdunkel der ersten Durchfahrt zum Hinterhof schreite, spüre ich, dass meine Hände zittern. Ich bin aufgeregt. Der Redakteur hatte mir vorher telefonisch mitgeteilt, wir würden mit laufenden Kameras sofort loslegen. Direkt hinter dem zweiten Durchgang sehe ich ihn dann. Er begrüßt mich und instruiert mich, dass die Kamera gleich kommt und mein Hinaufgehen begleitet.

Puh, das geht ganz schön schnell hier. Ich werde zur Maske geführt. Jo Schück, der Moderator des Formats, ist bereits da und begrüßt mich. Dann beginnt das Vorgespräch: Wie fühle ich mich? Wie geht es mir?

Ich bin etwas aufgeregt, fühle mich der Situation aber gewachsen. Im Nachhinein war ich vielleicht etwas zu selbstsicher, aber so bin ich nun mal. Ich mag es, Dinge auszuprobieren. Oft mache ich mir absichtlich wenig Gedanken darüber, wie ich mich in einer bevorstehenden Situation fühlen werden, einfach weil ich nicht möchte, dass meine tatsächliche Gefühlslage beeinflusst wird. Mein Gesicht wird gepudert, und ich werde in das Zimmer geführt, in dem aufgezeichnet wird. Ein großer Studioraum mit hohen Decken. Die Hälfte des Raums ist mit einem Greenscreen ausgekleidet, und in der Mitte steht eine graue Couch.

»Da werdet ihr euch gleich gegenübersitzen«, sagt der Moderator, und es klingt ein bisschen wie vor einem Jiu-Jitsu-Turnier. Ich schwitze. Muss an den Kameras liegen.

Dann beginnt das zweite Vorinterview, das gefilmt wird. Wieder werde ich gefragt, wie ich mich fühle. Alles gut! Ich werde gebeten, »knackige Antworten und Statements« auf die folgenden Fragen zu geben. Na super, das ist überhaupt nicht mein Fall.

»Was sagst du, wenn jemand sagt, dass es Alltagsrassismus in Deutschland nicht gibt?«

»Es wäre, wie wenn jemand versucht, mir zu erzählen, die Erde sei eine Scheibe«, antworte ich nach kurzem Zögern. »Die Überzeugung gibt es ja auch, aber es ist völliger Bullshit.« Hm, denke ich mir, während der Moderator mich anschaut und eine Kamera auf mich gerichtet ist. Jetzt bin ich schon nicht im Hemd aufgekreuzt und sage direkt »Bullshit«. Na ja, immerhin kurz und knapp.

Das nächste Kapitel heißt: Warten. Unweit des Studios gibt es eine Sofa-Ecke, ich setze mich hin und arbeite ein paar Sachen ab und bereite meine Radiosendung vor: Neue Bilderbuch-Single, etwas Freestyle. Was kommt noch in die Sendung? Kein Rassismus, keine Politik, keine ernsten Themen. Meine Gedanken driften ab. Nach der Sendungsplanung regle ich noch andere Sachen, in wenigen Monaten steht meine Platte an, also telefoniere ich und schreibe E-Mails. Fast hätte ich vergessen, dass ich gleich bei einer TV-Aufzeichnung mit einem schwarzen AfD-Mitglied über Alltagsrassismus reden soll, doch der Ton-Mann kommt herein, gibt mir ein Ansteckmikro und holt mich zurück in die Gegenwart. Ich spüre, wie die Nervosität zurück in meinen Körper kriecht. Ruhig bleiben, sage ich mir. Argumente ruhig vortragen, besonnen bleiben. Nicht ausflippen. Kurz darauf werde ich wieder in das TV-Studio geführt. Homib Mebrahtu, mein Gesprächspartner, kommt von der anderen Seite in die Mitte des Raumes. Mebrahtu trägt ein schwarzes Hemd und eine schwarze Weste darüber, er sieht adrett aus. Mit seiner Brille und den kurzen Haaren wirkt er richtig niedlich. Ich beginne zu verstehen, warum er so gut in die AfD passt. Er wirkt ruhig und besonnen, eben wie ein Intellektueller. Er löst keinen »Achtung-Nazi«-Impuls aus, den jemand wie Gauland oder Weidel durch ihre Strenge und Härte initiieren. Durch seine feinen Gesichtszüge, seinen kräftigen Händedruck und sein nettes Lächeln verkörpert er ein Gegenbild dazu, wie Leute aus einem eher linken Spektrum und aus der Mitte heraus sich die AfD vorstellen. Er ist allein durch seine Hautfarbe und seine Erscheinung ein Joker für die Partei. Wir begrüßen uns. Es gibt noch eine kurze Diskussion über die Raschellautstärke meiner Trainingsjacke, aber das gibt sich schnell. Wir gehen auf Sendung.

Wir starten mit der Frage: »Sind wir Deutschen einfach zu sensibel, oder gibt es wirklich Alltagsrassismus in Deutschland?«

»Ja«, eröffne ich die Diskussion. »Ja, gibt es, und es ist wichtig, dass wir darüber sprechen, weil wir nur so als Gesellschaft wachsen können.« »Nein«, erwidert Mebrahtu. »Es sind Menschen, die sich das einbilden.«

Ich frage ihn, ob er als Dunkelhäutiger denn schon mal Rassismus erfahren hätte. »Ja«, sagt er. »Aber das gehöre eben dazu. Das alles gehöre dazu.«

Im Verlauf des Gespräches habe ich das Gefühl, bei ihm gehört alles irgendwie »dazu«, als wäre es unwiderruflich in Stein gemeißelt. Er führt weiter aus, dass wenn Kinder andere Kinder »Neger« nennen, das ja keine Rassisten seien und die Eltern auch nicht. Das gehöre einfach dazu. Kinder sehen jemanden, der anders aussieht, und reagieren darauf. Ich muss mich darauf konzentrieren, nicht schon wie im Vorgespräch laut »Bullshit« zu rufen, aber am liebsten würde ich das gerade in diesem Moment tun. Natürlich sind diese Kinder keine Rassisten, aber sie kommen aus einem Elternhaus, das Rassismus gegenüber unsensibel agiert.

Ich denke zurück an meinen Tag im Kindergarten, die Hände des Kindes auf dem Platz neben sich, das zu mir hochschaut und mir aus tiefster Überzeugung ins Gesicht sagt: »Ein Neger darf nicht neben mir sitzen.«

Und hier sitzen wir nun, zwei Neger in einem Fernsehstudio, und diskutieren darüber, ob wir aufgrund unserer Hautfarbe verbal diskriminiert werden dürfen oder eben nicht. Homib Mebrahtu muss Ähnliches erlebt haben, und er gibt es ja auch zu. Doch was ist mit ihm passiert? Warum macht er sich nicht gegen Diskriminierung stark? Ich verliere mich in meinen Gedanken, versuche aber, auf ihn und seine Aussage einzugehen. Vielleicht kriege ich ihn irgendwie auf meine Seite gezogen. Er ist doch auch schwarz, er muss verstehen, was ich meine: »Die Reaktion auf etwas Fremdes ist völlig normal, wenn diese Reaktion aber mit einem stark aufgeladenen Wort wie Neger einhergeht, dann ist das etwas, was erst erlernt wurde.« Gern hätte ich noch hinzugefügt, dass Kinder sich aber selbstredend zu Menschen mit rassistischen Tendenzen oder zu wirklichen Rassisten entwickeln, wenn man nicht mit ihnen darüber spricht, aber dafür fehlt mir gerade die Ruhe, und ich spüre, wie meine Schlagader am Hals schneller pocht.

Im Gespräch versuche ich, darauf hinauszukommen, dass es wichtig ist, genau über solche subjektiven Empfindungen zu sprechen, weil wir als Gesellschaft zukunftsfähig bleiben müssen. Fortschrittlich. Multikulturell.

Mebrahtu bleibt bei seinem Punkt. Er empfindet das Wort nicht als Beleidigung und nutzt es jetzt häufiger, ganz offensichtlich, um zu zeigen, wie unberührt er davon ist. Wir drehen uns im Kreis. Ich werde wütend und lehne mich weiter nach vorn auf die Couch. Ich will Klartext reden und nicht mehr so herumeiern, wie kann er anderen denn erklären wollen, ab wann sie sich rassistisch verletzt fühlen und ab wann nicht? »Weißt du, wie gefährlich das ist, wenn du dich hinstellst und sagst, weil es für dich keine Beleidigung ist, soll es für andere auch keine sein? Was sagst du mir, was mich verletzt und was nicht? Wenn ich ein Boxer bin, der es gewohnt ist, Schläge einzustecken, dann tangiert mich der Schmerz nicht so wie jemanden, der gerade erst mit dem Sport beginnt. Wenn ich ein Kacktyp und schlechter Trainer bin, dann sage ich: ›Reiß dich zusammen, das ist doch nicht schlimm. Sei kein Weichei!‹ Wenn ich ein guter Trainer bin, dann sage ich: ›Ich weiß, wie unangenehm das am Anfang ist, ging uns allen so. Da wirst du dich dran gewöhnen mit der Zeit.‹ Ich nehme den Schmerz also ernst und tue nicht so, als wäre er nicht da.«

Meine Emotionalität bricht durch. Ich dachte, ich wäre vorbereitet. Ich habe in den letzten Wochen und Monaten an diesem Buch gearbeitet. Ich habe mich durch meine Vergangenheit gewühlt, viele Gespräche geführt, Bücher gelesen, Diskussionen beigewohnt und habe mich in München mit an einen AfD-Stammtisch gesetzt. Aber das hier ist anders.

Mebrahtu fängt an, mich zu belehren, und bezeichnet mich als hypersensibel. Die Polizei müsse Leute wie mich kontrollieren, weil wir eben straffälliger seien als Deutsche. Er wirft mit irgendwelchen zurechtgelegten Zahlen durch den Raum. Ich entgegne ihm, dass mir Zahlen egal seien, wichtig sei doch in erster Linie zu wissen, wie solche Zahlen zustande kommen, es geht doch auch immer um den spezifischen Fokus der Studie.

Wir drehen uns wieder im Kreis. Am liebsten möchte ich sagen: »Bruder, du kannst mir doch nicht erzählen, dass du nicht psychisch verletzt wurdest, hier in deiner Zeit in Deutschland.« Er wiegelt ab und kontert mit seinem eingeübten »Das gehört eben dazu«. Ich fasse es nicht. Der Kerl ist unnahbar. Meine verschwitzten Hände kleben so sehr aneinander, dass ich Schwierigkeiten habe, sie voneinander zu lösen. Ich spüre, dass ich der Situation nicht gewachsen bin. Mit jedem Wort, das er spricht – und ich weiß, dass er ähnliche Situationen wie ich in seiner Vergangenheit erlebt haben muss –, werde ich zurückgeworfen. Erst in meine Kindheit. Dann in meine Jugend. Ich sehe alles wieder vor mir. Wie ich im Schlafzimmer meiner Mutter stehe und ihr unter Tränen sage, dass ich nicht mehr schwarz sein will. Die Aufforderungen am Schulhof, Schuhe zu putzen. Die Polizeikontrollen und der Schlag der Maglite auf meine kalten Fingerknöchel am Brückengeländer. Ein Typ in Jeansjacke, der mich am helllichten Tag in München anspuckt. Die abgebrochenen Radioantennen, mit denen die Hohenlinder Nazis uns jagen. Das alles sehe ich vor mir, während mir gegenüber ein schwarzer Mensch in einem Hemd sitzt und mir sagt, dass das »dazugehört«. Und dass man das abkönnen muss. Mein Magen zieht sich zusammen, und ich spüre die kalte Rotze des Jeansjackenträgers wieder in meinem Gesicht und die Demut und Erniedrigung, die damit einhergeht. Ich will mir ins Gesicht fassen und es wegwischen.

Mebrahtu sagt, dass er political correctness »hasst«, genau wie die »Sprachpolizei«. Hatte er nicht eben die Polizei als etwas Positives dargestellt? Jetzt ist die Sprachpolizei aber wieder der Feind. Ich erzähle von meiner Begegnung mit der Wirtin am AfD-Infotisch. Die, die mich vor allen einen Neger genannt hat. Und dass ich da rassistische Tendenzen sehe. Eigentlich fast schon eine satirische Aussage, dieses »Ich sehe rassistische Tendenzen«. Es ist natürlich mehr als eine

Tendenz, es ist ganz klar ausgesprochener Rassismus in meine Richtung, aber ich versuche eben, auf meinen Gesprächspartner zuzugehen. »Wieso sollte sie sich denn so ausdrücken, wie du es willst, nur weil du es sagst?«, ist seine Antwort.

Der Moderator schaltet sich ein und fragt, warum es so schlimm sei, auf das Wort Neger zu verzichten, wenn man damit ausschließt, dass man andere Menschen verletzt. Warum würde Mebrahtu selbst nicht darauf verzichten, um Menschen wie mich nicht zu verletzen? Mebrahtu hat keine wirkliche Antwort auf die Frage, lächelt das aber elegant weg. Es gehört halt dazu. Aber das ist kein empathisches Lächeln, es ist ein selbstgerechtes. Seine Realität hat er sich zurechtgelegt, und es ist die einzig existente. Die Gesprächsrunde nähert sich dem Ende, und ich bin – ähnlich wie nach dem AfD-Infotreffen – physisch und psychisch schon ziemlich fertig.

Jedes strukturierte Argument meinerseits braucht mindestens doppelt so viel Energie. Ich rede gegen eine Wand. Eine Wand aus Fleisch und Blut und rassistischem Gedankengut. Es geht um Volksgruppen und Kulturen. Es gibt schlechte und gute Kulturen, sagt er. Die Gute sei ja die westliche. Aha. Ich versuche, ihn als Rassisten zu entlarven, indem ich es einfach sage. Direkt und unzensiert – wie beim Rap. Realtalk! Er erinnert mich daran, dass es Kulturen gibt, in denen die weibliche Beschneidung praktiziert würde. Ob ich die also als unserer westlichen Kultur gleichwertig sehen würde? Jetzt werde ich richtig wütend. Ich versuche, ruhig zu bleiben und sage, dass jede kulturelle Rechtfertigung für Misshandlung nicht die komplette Kultur, sondern nur die Menschen widerspiegelt, die ihr Tun einem moralischen Korrektiv entziehen wollen. »Unsere Kultur«, fahre ich fort und versuche, ihn mit seinen eigenen argumentativen Waffen zu schlagen, »hat auch den Holocaust mitverursacht, trotzdem definieren wir uns nicht allein dadurch.«

Er hebt die Arme, als wäre er ernsthaft empört, und sagt: »Ja, ja, die gute alte Nazikeule.« Alter! Das kann doch nicht sein fucking Ernst sein. »Wenn du Kulturen auf eine abscheuliche Sache reduzierst, ist es also in Ordnung. Und wenn ich im Gegenzug eine abscheuliche

Sache aus unserer Kultur anbringe, wird es weggewischt mit dem Wort ›Nazikeule‹? Du hast diese Kultursache doch angefangen.« Jetzt werde ich richtig laut. Ich bin nicht mehr ruhig, es geht nicht.

Der Moderator geht dazwischen und fasst zusammen, dass wir in diesem Punkt gerade einfach nicht weiterkommen und zum nächsten gehen sollten. Ich fühle mich, als hätte ich gerade einen Kampf verloren. Ich spüre, dass ich definitiv emotionaler bin, als ich es eigentlich vorgehabt hatte. Nicht weil meine Meinung nicht gehört wird, sondern weil ich neben einem nett grinsenden ruhigen Rassisten sitzen muss und ihm nicht in der Ruhe und Besonnenheit begegnen kann, von der ich dachte, dass ich sie hätte. Aber dafür ist diese Begegnung zu krass. Das geht mir zu nah. Das wühlt mich auf. Mein ganzes Leben lang ist dieses Rassismus-Ding ein Thema für mich und Millionen andere Menschen gewesen und ist es immer noch. Und wird es auch bleiben. Und er tut einfach so, als wäre das Thema nicht existent und bedürfe keiner weiteren Beachtung. Das macht mich richtig wütend. Ich versuche mein Bestes, um diesem rassistischem Müll meine Argumente entgegenzusetzen, habe aber das Gefühl, das schaffe ich heute nicht mehr. Ich verliere gerade gegen den Rassismus. Wir kommen zum Ende. Der Moderator bittet uns um Schlussworte.

»Es ist wichtig, den Alltagsrassismus ernst zu nehmen und darüber zu sprechen, weil wir als Gesellschaft nur so wachsen können, wenn wir uns solcher Probleme annehmen«, sage ich. Sein Schlusswort höre ich gar nicht mehr. Die Kameras werden abgebaut. Der Moderator bittet um ein letztes abschließendes Statement in eine zweite Kamera am anderen Ende des Studios.

Ich stehe auf und sage, dass ich so viel noch hätte sagen sollen. Ich hätte die wachsende Komplexität der Welt ansprechen sollen und eine Sensibilität gegenüber anderen Kulturen dem modernen Umgang mit Informationen gleichsetzen sollen. Man kann keine Nachrichten, die einem nicht passen, mit Fake News wegwischen, und man kann auch nicht verletzte Gefühle eines Mitbürgers mit »das gehört dazu« verharmlosen. Mebrahtu sagt irgendwas. Es interessiert mich nicht. Ich schaue auf die Uhr. Mein Zug geht in 27 Minuten. Das Taxi braucht 25. Keine Zeit für lange Verabschiedungen. Ich hetze zu meinen Sachen und laufe durchs Studio, wo er gerade sein Abschlussstatement aufzeichnet.

Ich gebe ihm die Hand und verabschiede mich. »Hat mich wirklich gefreut«, sagt er. Ich antworte nichts. Es ist für mich nicht einmal wirklich seltsam, dass jemand wie er sich der AfD annähert. Ich packe meine Sachen und verlasse das Studio, um ein Taxi zu nehmen. Er hatte zwischendurch auch einmal angedeutet, dass er in seiner Jugend viel mit Rumänen zu tun gehabt hatte, er aber immer lieber deutsch mit ihnen hatte sprechen wollen anstatt englisch. Am allerliebsten wäre er Deutscher, glaube ich. So ein richtiger Deutscher, der dazugehört. Vielleicht ist diese Nähe zur AfD sein Weg, damit klarzukommen. Vielleicht ist sein individueller Weg, mit Rassismus umzugehen, der, ihn einfach wegzureden mit »das gehört alles dazu«.

Ich bin anders mit dem Rassismus umgegangen, ich habe mich dazu entschlossen, den Menschen aufzuzeigen, welche Dynamiken sich hier in diesem Land zeigen, wenn es um Alltagsrassismus geht. Ich möchte einen Beitrag leisten zum Fortschritt und zur Zukunftsfähigkeit unserer Gesellschaft. Und Herr Mebrathu? Er ist das lebendige Totschlagargument gegen Menschen, die natürlich vollkommen zu Recht behaupten, die AfD hätte etwas gegen Ausländer. Denn immerhin haben sie einen Schwarzen in der Partei, oder? Wie kann so eine Partei also gegen Ausländer sein?

Im Taxi angekommen unterhalte ich mich mit dem Fahrer.

»Fährst du weg oder fährst du heim?«, fragt er mich.

»Nach München geht es. Nach Hause.«

»Auweia, Bayern. Bist du da großgeworden?«

»Japp.«

»Da ist es sicher schlimm mit Rassismus und so, oder?«

Ich nicke, denke an die vergangene Aufzeichnung und erlaube mir einen Scherz. »Schon. Aber weißt du, das gehört einfach dazu. Nein Quatsch. Klar gibt es da Rassismus, und wenn ich zurückblicke, wie es war, dort großzuwerden, dann erinnere ich mich auch ziemlich genau an alles und jede Situation und frage mich, warum wir heute immer

noch an dem gleichen Punkt sind wie damals. Dass Menschen, egal,
ob bewusst oder unbewusst, rassistisch handeln und dieses Gedankengut weitertragen.«

»Weißt du«, sagt der Taxifahrer und lenkt den Wagen durch
die Berliner Nacht, »wir Typen mit Migrationshintergrund, die alle
irgendwie ihren persönlichen Struggle haben, der sich mit durchs
Leben zieht, wir müssen alle einfach mehr zusammenhalten.«

»Na ja«, sage ich und schaue aus dem Fenster in die dunkle Berliner Nacht. Dann denke ich an eine Textzeile von Paris, dem Rapper,
der mich damals in meinem Kinderzimmer in Markt Schwaben zum
Rappen bewegt hat: *Every Brother ain't a Brother.*

Mit deutlichen Worten richtet sich Autor Graeme Maxton an seine Leser, und das zu Recht! Die Menschen müssen aufhören, die Erde zu zerstören. Jahrhundertelang haben wir ihr zugesetzt – und konnten weiterleben wie bisher. Wir haben Müll im Meer entsorgt, Regenwälder gerodet und die Luft verunreinigt. Die Folgen waren nicht lebensbedrohlich. Bis jetzt. Die Menschheit scheint nicht zu begreifen, wie dringend wir handeln müssen. Unser Überleben steht auf dem Spiel, und die nächsten Jahrzehnte werden in keinster Weise einfach werden.

Dieses Buch zeigt schonungslos in welchem Zustand sich unsere Welt momentan befindet, und was wir tun müssen, um eine noch größere Katastrophe für die Menschheit abzuwenden. Wir müssen etwas ändern, und das am besten sofort. Tun wir das nicht, gibt es keine Chance mehr auf eine für das menschliche Leben sinnvolle Zukunft.

160 Seiten • ISBN: 978-3-8312-0474-8 • Preis: 18,00 € [DE], 18,50 € [AT]

KOMPLETTMEDIA

MURIEL MARONDEL

Lieber Tod, wir müssen reden

WARUM TRAUER VOLL OKAY IST

KOMPLETTMEDIA

Der Tod ist ein Tabuthema. Er wird verdrängt und ausgegrenzt, obwohl wir uns alle früher oder später mit ihm auseinandersetzen müssen. Für einen bewussten Umgang mit Verlust und Trauer ist in unserer Gesellschaft kaum Platz. Das jedenfalls erfährt Muriel Marondel am eigenen Leib, als ihr geliebter Vater mit Mitte 50 qualvoll aus dem Leben scheidet. Sein Tod verursacht in Muriels Leben eine radikale Zäsur. Von einem Moment auf den anderen ist nichts mehr, wie es war.

Wie sie trotz des Verlustes wieder glücklich – und sogar bewusster – leben lernte, erzählt sie in diesem sehr persönlichen Buch. Ihre Gefühle, Fragen und Antworten sollen dem Leser als Inspirationsquelle dienen und ihm zeigen, dass er damit nicht alleine auf der Welt ist. Dabei wird eines deutlich: Jeder Mensch trauert anders, aber egal wie und wie lange es dauert, es ist okay, so, wie es ist. Mit ihrem Buch möchte Muriel all jenen helfen, die sich in einer ähnlichen Situation befinden oder die sich für einen bewussten Umgang mit Verlust und Trauer entschieden haben.

220 Seiten · ISBN: 978-3-8312-0449-6 · Preis: 18,99 € [DE], 19,50 € [AT]

KOMPLETTMEDIA